经济体制改革与国家治理现代化研究前沿论丛

丛书主编：黄凤羽

我国地方政府执行力研究

◎ 杨书文／等著

A Study on the Executive Ability of Local Government in China

中国财经出版传媒集团

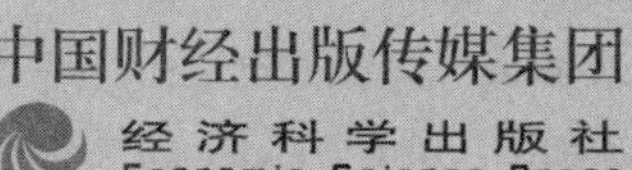

图书在版编目（CIP）数据

我国地方政府执行力研究/杨书文等著．—北京：经济科学出版社，2017.7

（经济体制改革与国家治理现代化研究前沿论丛）

ISBN 978-7-5141-8171-5

Ⅰ.①我… Ⅱ.①杨… Ⅲ.①地方政府-行政管理-研究-中国 Ⅳ.①D625

中国版本图书馆 CIP 数据核字（2017）第 150438 号

责任编辑：周胜婷　卢元孝
责任校对：刘　昕
责任印制：邱　天

我国地方政府执行力研究

杨书文　等著

经济科学出版社出版、发行　新华书店经销

社址：北京市海淀区阜成路甲 28 号　邮编：100142

总编部电话：010-88191217　发行部电话：010-88191522

网址：www. esp. com. cn

电子邮件：esp@ esp. com. cn

天猫网店：经济科学出版社旗舰店

网址：http：//jjkxcbs. tmall. com

北京密兴印刷有限公司印装

710×1100　16 开　12.5 印张　220000 字

2017 年 7 月第 1 版　2017 年 7 月第 1 次印刷

ISBN 978-7-5141-8171-5　定价：48.00 元

（图书出现印装问题，本社负责调换。电话：010-88191510）

总　　序

中国，因经济体制改革的激发而腾飞与崛起，以其特有的家国天下情怀而开启了国家治理体系现代化征程。伴随经济体量的增长、"一带一路"等重大战略的推进，中国正在以更加开放的姿态融入全球现代化的进程，并再次发挥其久远历史中孕育的内在影响力。这些变化，对于20世纪晚期和21世纪上半叶的世界而言，无疑可以算作最为重要也最值得记载的宏大叙事之一。对于当代研究者而言，这一值得浓墨重彩的时代，确实是一种值得后代研究者钦羡的难得机缘。

这套丛书是"天津市高等学校创新团队培养计划"的总括性研究成果。丛书聚焦于经济体制改革与国家治理现代化的宏阔研究命题，其目的在于，将中国的经济体制改革与国家治理现代化的建设，置于中国经济社会发展的长程尺度上来加以考察，既关注其变革与演进的深层机理，又解读具体制度变迁和设计的脉络与轨迹，更期望能够探求中国未来经济改革和现代国家建设的发展轴线与关键节点。正如恩格斯所指出的那样，"如果您画出曲线的中轴线，您就会发现，研究的时间愈长，研究的范围愈广，这个轴线就愈接近经济发展的轴线，就愈是跟着后者平行而进。"（《马克思恩格斯选集》，第四卷，第506~507页，北京：人民出版社，1972）从这个意义上讲，我们也希望这套丛书的出版，能够成为一个开放性和长期性的事业。

经济学的基本精神是合作比不合作要好，从人类历史的发展来看，这似乎也是一个帕累托改进的路径。在两千多年前"枢轴时代”的世界，几个主要文明的先贤圣哲，分别促成了东西方文明各自的伟大突破。今天，我们恰逢人类文明史的第三个千年开启之际，中国之命运与世界之前途，同样又处于伟大突破的前夜。

我们期待这套丛书不仅能够解码这一伟大时代变迁的关键节点与演变规律，也能够发挥面向未来世界的探索性功能，这是值得我们共同为之努力的事业！

是为序。

黄凤羽

2017 年 2 月

前　言

对于中国这样一个实行单一制的超大型国家来说，如何保证并提升地方政府的执行力无疑具有重要的意义。提升地方政府执行力的价值目标在于实现善治、推进国家和社会的和谐发展，最终实现国家治理体系和治理能力现代化。本研究对中国地方政府执行行为的理论总结与提升，一定程度上形成了具有中国特色的地方政府执行力理论，从理论上明确了政策执行研究的重点和方向所在。本研究通过对“十一五”期间关停小火电政策、中小企业税费减免政策、滨海新区医疗卫生服务改革政策、节能家电补贴推广政策等四个典型政策案例的深入剖析，分别揭示了我国政策执行模式的特征、地方政府执行力的影响因素、地方政府执行力的变迁、地方政府执行力的关键症结等问题，在此基础上提出应从理顺官僚制结构和构建协调的公共治理网络两个层面来提升地方政府执行力的“双层建构”。

通过对“十一五”期间成功关停小火电案例的深入剖析，揭示了我国政策执行模式的三个重要特征：(1)“层级加压+重点主抓型”的体制架构。这是中国政策执行在体制架构上的突出特点，即上级政府在向下级政府层层下派政策执行任务的同时，自己也通过所属的企事业单位，有重点地执行政策中的某些部分。所谓“层级加压”，即在执行政策时，中央政府和上级政府运用组织控制、绩效考核等手段，能够较为顺利地将任务层层分解到地方政府和下级政府；同时，地方政府和下级政府为了在“官员晋升的政治锦标赛”中获得“好成绩”，也总会想方设法完成甚至超额完成中央政府和上级政府派来的任务。所谓“重点主抓”，是指中央政府和上级政府在将政策执行任务层层分解给地方政府和下级政府的同时，自己往往也通过所属的企事业单位，有重点地执行政策的某些部分。(2) 自上而下的政策执行过程。在上述政策执行体制架构中，政策执行过程表现出由中央政府到地方政府，由上级政府到下级政府层层执行、层层下派的“自上而下”的特点。(3)“恰当的政策+高层的决心”构成政策执行到底的充分条件。在“中国场景下”的政策执行中，中央的政策能够得以较好地执行的条件主要是：首先，“恰当的政策”，即能够照顾到各方，尤其是政策执行方利益和执行能力的政策；其次，“高层的决心”，即中央政府是政策执行的“原动力”，当中央有巨大的决心并且这一决心能够被地方负责人强烈地感觉到的时候，中央的政策往往能够被较好地执行。当这两者同时具备的时候，构成政策执行到底的充分条件。

通过对地方政府中小企业税费减免政策执行的分析，概括出影响地方政府执行力的五大因素：(1) 政策自身因素。中央和上级政府制定的政策是各级地方政府执行的依据，能不能制定出切实可行的政策，在很大程度上决定着地方政府的执行力。(2) 利益因素。公共政策本身是对相关主体利益关系的重大调整，而各级地方政府又是具有一定利益诉求的主体。在我国单一制的国家结构中，各级政府在总体利益一致的前提下，地方政府在具体的利益追求上又有所差别。由此导致公共政策执行过程中，各级地方政府在中央的统一领导下，就会产生不同的利益追求。这些利益追求一方面是地方政府政策执行行为的重要驱动力，另一方面又推动少数地方政府“变形性”地执行中央政策。(3) 政绩考核因素。在我国的政府体制和干部管理体制下，上级政府提名下级政府的党政领导班子及其负责人，并且对其政绩进行考核，而政绩考核又始终与国家的发展战略紧密联系。由此造成考核的结果在很大程度上影响甚至决定这些人员的晋升和政治前途。因此，下级政府的领导班子，尤其是党政负责人，对政绩考核问题必然给予高度重视，成为影响政策执行的重要因素。（4）信息因素。在政策执行中，相关的政策信息发挥着重要的作用，信息畅通是保证政策执行的重要条件，而信息的阻隔和断裂则在很大程度上影响政策执行的效果。在我国，制定政策的政府（主要是中央政府和省级政府）和政策的对象（尤其是来自市场和社会的政策对象）距离较远，二者之间的信息沟通和反馈机制不很顺畅，这造成了政策执行的特殊困难，成为影响政策执行效果的特殊因素。（5）环境因素。包括宏观环境因素和微观环境因素两个方面。宏观环境即国家所处的时代背景以及国家的发展战略所规定的环境。微观环境是指地方政府所在的具体的、微观的、能够对政策执行行为产生直接影响的环境，如气候、地理、历史、人文以及不同领导人的风格等，都会影响其政策执行。至于具体哪些或哪个环境因素影响政策执行，则需要根据具体的政策及其执行过程来分析。

通过对天津滨海新区医疗卫生公共服务改革政策执行的研究，分析了地方政府执行力变迁，特别是由弱变强的条件：（1）行政管理体制改革为地方政府执行力提升提供了体制支持。2010年滨海新区成立后进行的三次行政管理体制改革在很大程度上理顺了包括医疗卫生管理在内的滨海新区行政管理体系，从而从体制上保证了医疗卫生公共服务诸项政策的有效执行。（2）政策组合的系统创新为地方政府执行力的提升提供了政策支持。“十二五”期间，滨海新区政府实行了发展社区医疗服务、推进医疗卫生公共服务均等化、完善公共卫生服务体系、加强医疗基础设施建设、推进医药卫生信息化建设等一系列政策组合创新，为提升滨海新区的医疗卫生公共服务政策执行力提供了强有力的政策支持。（3）引入体制外力量参与政策执行是提升地方政府执行力的重要条件。“十二五”期间，滨海新区积极发展民营医疗机构，鼓励居民与私营医疗卫生机构签订“家庭责任医生服务协议书”，由这些机构的医生为居民提供政府规定的医疗卫生服务。这样的做法有力地提升了滨海新区政府的医疗卫生公共服务能力。(4) 实施政策工具创新为地方政府执行力的提升提供了技术支持。政策工具是政策目标和政策效果之间的桥梁，滨海新区医疗卫生公共服务改革过程中通过综合运用自愿性政策工具、强制性政策工具和混合性政策工具，有效地实施了医疗卫生公共服务改革，也有力地提升了地方政府的执行力。(5) 建立强有力的政策执行联盟为提升地方政府执行力提供组织保障。为了有效执行医疗卫生公共服务改革的各项政策，滨海新区政府还成立了政策执行的联盟组织——相关的“领导小组”。这些“领导小组”的成立及其运行为医疗卫生公共服务改革政策的实施提供了强有力的组织保障。

通过对2009~2013年间的“节能家电补贴推广政策”执行的分析，来揭示中国地方政府执行力的薄弱环节及其作用机制。研究发现，在当前中国的政策执行系统下，各主体的行为选择事实上构成了一种“断裂型”的结构。这一结构中的“断裂带”位于政府组织和作为政策对象的普通公众之间，由互动规则的断裂、信息流的断裂、利益流的断裂所构成。其作用机制是：政策在经过政府组织和普通公众之间的执行主体时往往要发生互动规则的转换，同时多任务的政策执行方式致使政府的监管职责和惩戒措施虚化。在上述两个前提之下，政府组织和普通公众之间的执行主体的违规行为使得互动规则的转换失控，从而导致政策执行失效。

通过以上研究，笔者指出提升我国地方政府的执行力，应遵循如下三大原则：一是充分发挥我国政策执行模式的特征和优势；二是整合地方政府执行力的影响因素；三是有效克服地方政府执行力的薄弱环节。据此，提升地方政府执行力应从如下两大层面入手：(1) 理顺官僚制结构。具体措施包括：进一步明确地方政府及其部门的职责分工；有效规制和引导地方政府的不合理利益诉求；理顺信息传输和反馈机制；为地方政府的政策执行提供足够的财力保障。(2) 构建协调的公共治理网络。具体措施是：构建协同合作的政策执行主体间关系；加强对各类政策执行主体的规制；积极探索并实行有效的政策执行方式。

杨书文

2017年3月8日

目　录

第一章　导　论

由省（自治区、直辖市）、地级市（自治州、盟）、县（区、旗）、乡（镇、街道）构成的多层级地方政府，是中国政策执行过程中的主体，他们的执行力代表着中国地方政府执行力的水平。因此，研究地方政府执行力问题必须研究一项政策从中央到地方的执行过程及其具体执行程序。通过各级地方政府的政策执行结果，我们可以分析判断中央政府的执政能力问题。同时，中国的政府执行力与其他国家相比具有非常特殊的特点，因此，对中国地方政府执行力的研究不仅有着现实意义，也将有助于中国政策执行领域的理论发展。本章的重点在于，对既有研究进行系统述评的基础上，论述本研究的理论基础、基本概念和研究路径，以期为进一步的研究奠定基础。

第一节　研究意义与文献综述

一、研究意义

作为一个有着五级政府的单一制国家，中国的政策执行有其特殊的复杂性和困难性。因为其执行的逻辑顺序大体上都是：中央政府制定宏观政策，省级政府结合本地实际将政策细化，市级、县级、乡级等三级政府具体执行政策。这样一种顺序就意味着我国的政策执行链条过长，其结果就是，执行失败的风险会随着链条的加长而增大。在中国政策执行的长链条中，地方政府一方面要服从中央政府的领导和指挥；另一方面，又不可避免地有其地方利益和诉求。由此造成，地方政府在执行中央政策时，往往不会完完全全、不折不扣地执行中央的政策，这就必然会加大政策执行的复杂性。随着经济的发展和社会利益的多元化，我国的企业（尤其是私人企业）、各类社会组织以及社会公众的自主性日益增强，追求自身利益的最大化成为各类企业、社会组织与社会公众的首要选择。因此，这些社会主体在遵循政府政策时，首先会衡量自己的利害得失。这自然增加了政策执行的困难性。在这样一个由多主体构成的政策执行网络中，每一级地方政府都是政策执行的关键环节，也就是说，地方政府的执行行为与执行策略在很大程度上决定着政策执行的成功与否。因此，对于中国这样一个超大型国家来说，研究地方政府执行力的最根本问题就是要研究地方政府的政策执行行为。

（一）理论意义

从理论上看，国内学术界关于地方政府执行力的研究已经出版了较多的专著与学术论文，尤其是2006年中央提出提升地方政府执行力的问题以来，相关的研究更加深入与具体。如地方政府执行力的概念、影响因素、绩效评估、提升路径等（见下文献综述）问题都进入了学者们的研究视野，但同时不可否认的是，目前总体上还处于起步阶段，相关理论研究还不够深入、不够具体，对于实践的启发和指导意义还不够强。因此，应进一步加强这项研究，重点是加强对中国地方政府执行行为的理论总结与提升，进而形成具有中国特色的地方政府执行力理论，从而让理论继续指导地方政府的执行实践。地方政府作为政府执行力的主要承载者，在国家意志的实施方面肩负着重要使命，本研究以中国近年来政策执行方面的五个典型案例为研究对象，通过对这些案例的政策内容（政策群）、政策执行过程、政策执行结果的分析，一方面深刻把握地方政府执行力的特点和各种影响因素，另一方面要对我国特殊的政策执行体制进行理论总结，为相关研究提供一些思考。

（二）实践意义

从实际来看，在政府施政能力体系中，政府执行力是维系一个政府机构生存和发展的关键性因素，政府执行力是将政策目标转化为行政效果的关键环节，政府执行力的强弱关系到整个政府大系统建设，因此提高政府执行力是加强执政能力建设，贯彻落实党的十八届三中、四中全会精神，提升国家治理体系和治理能力现代化的重中之重。通过研究地方政府执行力，可以总结并推导出优化政府政策制定科学化、政策执行流程化和人员配置的合理化的方法和措施，有利于提高地方政府的组织绩效。

二、地方政府执行力研究文献综述

从静态上看，现代社会的政策执行是一个多主体参与的网络。从动态上看，则是这一网络中多主体互动的过程。在这样一个多主体互动的网络过程中，地方政府仅是其中的一类主体和环节（当然是非常重要的、关键性的主体和环节）。因此，研究地方政府的政策执行力问题，除了要关注地方政府本身之外，还要从政策执行的整体来着眼。因此，本书对于文献的整理包括两个方面：一个是关于地方政府执行力的相关研究，另一个是关于政策执行的相关研究。

作为政策执行的主体和重要环节，各级地方政府在政策执行中发挥着重要的作用。保持和提升地方政府的执行力，对于完善中国的政策执行体制，提升政策执行的效果，无疑具有重要的意义。近年来，特别是2006年以来，随着中央政府对提升地方政府执行力的强调，学界也对地方政府执行力问题给予了持续的关注。综合而言，学界对地方政府执行力的研究主要体现在地方政府执行力的概念、地方政府执行力的影响因素、地方政府执行力议价与评估、地方政府执行力的提升路径等四个方面。

（一）关于地方政府执行力概念与内涵的研究

执行力的概念是企业管理中最先使用的，其意思是指企业为落实发展战略，完成预定目标的本领和能力。20世纪90年代以来，地方政府在执行中央政策方面出现了各种各样的问题，这些问题引起中央政府的持续关注。于是，执行力的概念被引入到政府管理中来，在2006年十届全国人大四次会议的《政府工作报告》中，温家宝总理首次提出政府执行力这一概念，由此，政府执行力被纳入了国家治理的范畴。在此之后，政府执行力这一课题成为学界研究的一个热点问题。美国政策学家艾利森认为，在政府工作中，政府政策目标的实现，方案确定只占10%，而其余的90%取决于有效的执行。① 地方政府执行力是评价政策执行效果和地方政府绩效的核心要素，它直接关系着地方政府的治理能力和行政效率。因此，加强执行力建设，不断

① 陈振明：《公共政策分析》，中国人民大学出版社，2003年。

提升执行力是当前各级地方政府的一项重要任务。地方政府执行力是影响政策执行效果的核心要素，直接关系到地方政府的治理效果。如何改善地方政府执行力，进而有针对性地提升地方政府执行力，成为日前迫切需要解决的问题，也是学界关注的一个热点问题。目前诸多学者对政府执行力的概念进行了论述，概括而言可以分为以下三种理解：

1. 广义视角的理解

它的基本出发点是纵观整个政府行政活动的全过程，将执行力的概念融合到整个政府职能之中，对政府执行力做出综合的分析和定义。例如，莫勇波指出，政府执行力可以解释为，在政府组织内所存在的，通过准确理解政府的目标及方向和精心设计方案、实施方案，并对政府的各种组织资源包括人财物、信息、法规、制度等进行集中有效的使用、调度和控制，从而有效地执行实施政府的公共政策、决策、法令、战略、计划以及完成政府既定目标的政府内在的能力和力量。[①] 此观点较为普遍地为学者们所接受并广泛引用。学者于秀琴、刘国刚、张创新、韩艳丽、呼晶、肖艾林等也支持此观点。学者徐珂从中国行政管理体制改革和政府管理创新意义上指出，广义的政府执行力是指政府为达到既定目标，通过贯彻实施党的路线方针政策、法律法规、决策、战略计划等行为，对各种资源进行使用、调度和控制，有效处理政府日常事务所表现出来的政府内在的能力和效力。[②] 学者蔺全录认为，政府执行力就是政府把社会经济发展目标变成现实的实施能力，他根据这种质的规定性，对政府执行力做出了三个层面的解释：一是政治思想方面，即国家公务员的政治信念、精神风貌、意志与道德品质；二是制度安排方面，即行政体制理论；三是能力方面，主要表现为公务员的创造力。[③] 部分学者还从广义的定义中细化，从提供公共物品的效益和公共服务能力角度来定义政府执行力。例如，麻宝斌、郭蕊认为政府执行力是政府在公共精神的指导下，按照公共政策实现公共利益、提供公共产品和公共服务的能力。也就是说，政府执行力是在公共行政目标转化为公共行政结果或公共效益的过程中，政府利用公共权力，承担公共责任并促进公共利益实现所应具备的能力、水平和效力。[④] 还有的学者将政府执行力归结为一种综合的、系统性

① 莫勇波：《政府执行力刍议》，《上海大学学报》2005 年第 5 期。

② 徐珂：《政府执行力解析》，《社科之窗》2007 年第 5 期。

③ 蔺全录：《关于提高政府执行力的一些思考》，《中国行政管理》2006 年第 8 期。

④ 麻宝斌、郭蕊：《从责权利关系视角解读政府执行力》，《学习论坛》2011 年第 11 期。

的能力。例如，胡象明、孙楚明认为，地方政府执行力是指政府部门及其工作人员整合各方面力量、贯彻执行国家的大政方针、政策法令以及上级的指示、决定、决议、依法办事，执政为民，有效完成既定目标和任务的能力。[①] 薛瑞汉指出政府执行力是各级政府及其公共部门和工作人员贯彻执行国家大政方针、法律法令和公共政策的能力。它是一种综合、系统的能力，主要包括理解力、判断力、结合力、推进力和纠错力。[②]

2. 狭义视角的理解

一些学者从狭义的角度研究政府执行力，他们把政府执行力看作是政府在制定和执行相关政策时所表现出来的能力和水平，以及政策被执行的效果。学者徐珂在《政府执行力解析》一文中提到，政府执行力是指各级政府做出决策、执行决策、监督决策执行所表现出来的行动、操作和实现的能力及效力。[③] 还有一些学者从具体“执行力”中“能力”的不同种类对政府执行力进行定义。例如，学者袁曙宏认为，既不同于传统行政法上行政行为，也不同于党的执行力，政府执行力是行政机关及其工作人员实施法律规范、方针政策、战略决策以及执行行政命令和处理行政事务的能力。[④] 陈朝宗以及其他一些学者也根据“能力”的不同定义将政府执行力分为七大能力，认为政府执行力是指政府职能部门贯彻实施政府政策、计划、命令的能力，它包括领悟能力、计划能力、指挥能力、控制能力、协调能力、判断能力、创新能力。[⑤] 有的学者将政府执行力从技术与非技术角度进行分析。例如，陈伟认为，政府执行力在非技术层面上的含义是指政府在执行政策时的自觉性或执行意愿、内在动力等。[⑥] 还有部分学者从狭义的角度认为当前中国政府执行力主要表现为政府执行政策的能力。例如，李慧卿把地方政府执行力理解为地方政府组织及其行政人员，在公共精神的指导下，充分结合地方政府所处的环境，合理地调度、使用地方政府现有的人力、物力、财力、制度、信息、权威等资源，执行中央政府及地方政府自身制定的正确可行的

① 胡象明、孙楚明：《地方政府执行力弱化的新制度经济学分析》，《深圳大学学报》2010年第5期。

② 薛瑞汉：《地方政府执行力：存在问题及研究对策》，《北京行政学院学报》2008年第3期。

③ 徐珂：《政府执行力解析》，《社科之窗》2007年第5期。

④ 袁曙宏：《加强政府执行力建设，提高政府行政效能》，《开放潮》2006年第3期。

⑤ 陈朝宗：《关于提升政府执行力的思考》，《东南学术》2006年第6期。

⑥ 陈伟：《地方政府执行力：概念、问题与出路》，《社会主义研究》2014年第3期。

政策的过程中所体现出来的能力。① 有的学者将政府执行力看作是一种政府机关做事的能力。如顾杰认为，政府执行力是指政府及其部门和公务人员，执行法律法规、规划计划、决策政策、法令政令的一种能力，执行就是做事、办事、干事，就是面对问题、研究问题、解决问题。② 一些学者将狭义的政府执行力细化为一种政府机关的实施能力。例如，杨白宇认为政府执行力是把思路、战略、决策、规划与部署付诸实施的能力。③ 王春福认为政府执行力从一定意义上可以看作政府实施政策，最大限度实现政策有效性的能力。④ 姜作培认为地方政府执行力是指各地方政府善于理解和把握中央和上级政府的精神，结合本地实际情况创造性开展工作，确保党的执政理论、路线、方针、政策和策略得以全面实施的能力。⑤ 宋煜萍等学者认为地方政府执行力是指地方政府及其工作人员在内外部环境的作用下，制定符合本级政府或政府某一部门需要的行动方案并加以实施的能力。⑥

3. 动态过程视角的理解

部分学者从政府活动的过程角度理解政府执行力，认为不能用一个统一的描述来进行界定政府执行力，因为在不同的时期和不同阶段，政府执行力都会有不同的表现形式。例如，张波认为，政府执行力在政府活动过程的不同阶段具有不同的内涵和外延。首先，在政策制定阶段，政府执行力指的是政府行使公共权力的能力；其次，在政策执行阶段，政府执行力与政府依法行政的能力可以等同起来；最后，在政策执行后阶段，政府执行力是政府行政效率与收益的综合。⑦ 杨强等学者认为，从微观层面上看，政府执行力就是公务员在面对执行问题时所体现的能力，这种能力在政府执行活动前期主要表现为领会力、预测力、计划力等；在执行活动过程中，主要表现为组织力、控制力、决断力、应变力、指挥力、沟通协调力等；在执行活动后期主要表现为评估力、调整力、问责力等。⑧

---

① 李慧卿：《政策执行视角下的地方政府执行力刍议》，《汕头大学学报》2008 年第 1 期。

② 顾杰：《论政府执行力建设的深层影响因素》，《中国行政管理》2008 年第 11 期。

③ 杨白宇：《对提高政府执行力的思考》，《探索》2006 年第 4 期。

④ 王春福：《政策网络视域的政府执行力解析》，《山东社会科学》2006 年第 12 期。

⑤ 姜作培：《转变经济发展方式与地方政府执行力》，《当代经济研究》2008 年第 5 期。

⑥ 宋煜萍、王生坤：《地方政府执行力评估指标体系研究》，《江海学刊》2010 年第 6 期。

⑦ 张波：《责任政府视域下的政府执行力建设研究》，《理论探讨》2013 年第 3 期。

⑧ 杨强、刘江杰：《地方政府执行力存在的问题及对策初探》，《中国行政管理学会 2011 年年会暨“加强行政管理研究，推动政府体制改革”研讨会论文集》，2011 年。

（二）关于地方政府执行力影响因素的研究

当前中国正处于社会转型期，社会问题频发，迫切需要各级政府，特别是地方政府提升其执行力。然而，在现实中，地方政府执行力提升不是一个简单的问题，它的改进与提升是多种因素共同作用的结果，而且各种因素对它的影响和制约程度是不一样的。因此，学界对于地方政府执行力的影响因素问题也进行了广泛的研究与探讨。综合而言，学者们将影响地方政府执行力的因素分为以下五种：政策本身、执行主体、执行客体、执行资源、执行环境。

1. 政策本身

学者们普遍认为政策能否有效执行的一个重要因素就是政策本身的科学性和适用性。薛瑞汉认为政策本身会有两方面的问题，一是政策不切合实际。二是政策制定主体没有考虑政策执行主体的利益。① 谭九生从政策方案的科学性、合理性探讨了政策本身对于政府执行力的影响，认为政策目标不合理、针对性不强、制定过程中缺乏公开民主，都将影响政策执行的效果。② 陈朝宗在研究中指出：政策制定者考虑的往往是整体利益，而执行者往往主要考虑其局部利益，这种局部利益与整体利益的差别性，往往制约着地方政府政策的执行力。③

2. 执行主体

任何一项政策都是由具体的主体来执行，因此，执行主体的意愿和能力将深刻影响政策执行的效果。相关的观点主要分为两类：一类观点认为，政策执行的效果很大程度上取决于执行主体的动机和意愿。卢美圆指出，地方政府官员在执行公共政策过程中为了追逐个体私利，追逐本部门的利益，对公共政策的执行态度和力度进行选择性的执行，影响了政策效果的发挥。④ 颜如春在其论文中提到，由于政府执行主体不合理的逐利动机，导致抵制性执行、肢解性执行、歪曲性执行、寻租性执行等现象，使

---

① 薛瑞汉：《地方政府执行力：现存问题及对策研究》，《地方政府与治理》2008 年第 3 期。

② 谭九生、杨建武：《服务型政府理念下提升政府执行力的对策探讨》，《吉首大学学报（社会科学版）》2012 年第 7 期。

③ 陈朝宗：《关于提升政府执行力的思考》，《东南学术》2006 年第 6 期。

④ 卢美圆：《公共选择理论视野下的地方政府执行力研究》，《公共管理》2011 年第 3 期。

政策执行的效果降低。[①] 莫勇波认为，地方政府及人员对利益的不恰当的、过分的追求，却会导致政府歪曲政策执行，使政策执行偏差，降低政府执行力的效果。[②] 另一类观点认为，执行主体素质、能力低下导致执行出现问题。蔺全录认为，地方政府执行力的关键在于领导，即政府执行力是衡量领导绩效的关键指标。[③] 王济萍提出，政府部门领导往往重政策制定而轻政策执行，导致空有决策却不能认真执行，致使决策收效甚微，而执行主体的能力不足更是影响执行力的重要问题。[④] 伍世孟提出，行政人员素质偏低导致对政策曲解造成执行偏差。[⑤]

3. 执行客体

所谓执行客体，指的是政策执行的目标群体。政策执行是一个复杂的过程，其执行效果往往要经过执行客体表现出来，因此，执行客体也是影响政策执行效果的重要因素。唐雪敏认为，政策执行中，政策目标群体不了解政策的真正意义，因此不能正确执行政策，甚至拒绝执行政策，这都直接影响了政策执行的效果，降低了政府执行力。卢美圆认为，政策执行中主客体之间信息不对称，致使在政策执行过程中，处于弱势的执行客体因掌握的信息较少而不能及时对政策进行执行，导致政策执行力不足。[⑥]

4. 执行资源

任何一项政策的执行都离不开资源支持，资源不足将直接影响执行结果。例如，周定财认为，政策在执行过程中需要充足的资源支持，否则，执行所要达到的政策目标就不可能很好地实现。而公共财政投入不足是导致政策执行力提升受阻的重要因素。[⑦] 邵茹花在其研究中提到，一些地方由于财政困难，经费短缺，投入政策执行的资金有限，造成政策由于缺乏资金保障而无法实施，影响政策目标的实现程度。[⑧]

5. 执行环境

政策执行是在特定的环境下进行的，因此，执行环境自然是影响政策执

① 颜如春：《我国地方政府执行力存在的问题及治理对策研究》，《探索》2010 年第 2 期。

② 莫勇波：《行政体制与政府执行力：逻辑、难题与求解》，《探索》2008 年第 5 期。

③ 蔺全录：《关于提高政府执行力的一些思考》，《中国行政管理》2006 年第 8 期。

④ 王济萍：《地方政府执行力建设中的问题及对策》，《山东省农业管理干部学院学报》2007 年第 6 期。

⑤ 伍世孟：《需求理论视角下的地方政府执行力研究》，《法制与社会》2014 年第 32 期。

⑥ 卢美圆：《公共选择理论视野下的地方政府执行力研究》，《公共管理》2011 年第 3 期。

⑦ 周定财：《试论我国乡镇政府政策执行力现状及提升路径》，《当代经济管理》2015 年第 2 期。

⑧ 邵茹花：《新时期我国地方政府执行力建设》，《今日中国论坛》2013 年第 19 期。

行效果的重要因素。关于执行环境对政策执行的影响，学者们主要从体制环境，人口、经济等环境，文化环境等方面进行了论述。这方面的研究比较多，这里仅举几例以说明问题。在体制环境方面，学者们认为，执行组织的相互协调不足，监督问责机制缺失导致执行不力。楚德江指出，政府执行机制设计不合理导致政府层级过多，各职能部门重叠，政府沟通交流非常烦琐，导致政府各部门交流沟通的障碍，增加了政府内部沟通与协调的困难，使政策不能顺利执行。① 谭九生等认为，中国的监督问责往往只是针对重大事件进行的，缺乏对整个体系的监督问责，导致低层政府在政策执行中往往处于没有监督问责的环境中，从而肆无忌惮地滥用执行权。② 在人口、经济等环境方面，薛瑞汉指出，各个地区政治经济文化发展不平衡，集中制定的政策无法充分考虑各个地区的特殊情况，因而政策执行时出现执行难的情况。③ 陈朝宗提出，经济不发达地区市场经济的发育程度、市场体系的完备程度、市场机制的健全程度都比较差，政策执行起来难度比较大。④ 对于政策执行的文化环境方面，学者们认为，行政文化建设不完善阻碍地方政府执行力的发展。姚玫玫等认为，官本位及权力管制思想、行政道德意识缺失、固化守旧的行政文化、行政价值观扭曲是制约地方政府执行力提升的四大障碍。⑤

（三）关于地方政府执行力评价与评估问题的研究

为了增强政府执行力，在政策执行过程中对政府执行效果进行评估和反馈就显得尤为重要，通过科学、完善的政府执行力评估体系来对政策进行评价，可以及时发现政策执行中存在的问题，从而进行纠正，也可以将成功经验加以保留和推广。因此，加强政府执行力建设离不开政府执行力评估体系的建立和完善。刘雪明等学者认为，地方政府执行力评估是在明确公共政策执行力相关理论的基础上，构建地方政府政策执行力的评价指标群。并按照

① 楚德江：《政府执行力：阻滞因素与政策选择》，《吉首大学学报（社会科学版）》2013 年第 7 期。

② 谭九生、杨建武：《服务型政府理念下提升政府执行力的对策探讨》，《吉首大学学报（社会科学版）》2012 年第 4 期。

③ 薛瑞汉：《地方政府执行力：现存问题及对策研究》，《北京行政学院学报》2008 年第 3 期。

④ 陈朝宗：《关于提升政府执行力的思考》，《东南学术》2006 年第 6 期。

⑤ 姚玫玫、袁维海：《地方政府执行力提升的行政文化障碍及消除对策分析》，《长春大学学报》2015 年第 1 期。

一定的程序对地方政府政策执行力相关内容进行系统、全面地测量，依据测量数据得出相关结果的一系列活动。① 关于地方政府执行力评估的研究绕不开的一个焦点问题就是评估指标。关于这一问题，学者们主要提出了三指标论、四指标论、五指标论等观点。

1. 三指标论

葛小抱从公共政策执行的影响因素出发，认为衡量地方政府政策执行力的指标包括政策执行能力、政策着力方向、政策执行力度等三个方面。② 关静认为，政府执行力评估体系的指标可以从政府执行的层次性、政府执行的阶段性、政府执行的影响因素等三个维度中选取。③

2. 四指标论

丁煌根据政府合法性理论，依据公共政策执行过程的特点，借助平衡计分卡，将政府执行力的评估指标设置为：政策目标共识、学习与成长、政策执行流程、政策执行成效等 4 个一级指标和 28 个二级指标。④ 李红岩等从政府执行的动态运行机制出发，构建了一套包括执行效力、执行条件、执行环境、执行文化等 4 个一级指标，6 个二级指标、13 个三级指标和 47 个四级指标的执行力评估体系。⑤ 刘雪明等认为，政府执行力评估的一级指标主要包括 4 个：政策共识、执行协同、执行文化、执行公信力，此外，还有 13 个二级指标和 31 个三级指标。⑥

3. 五指标论

高彩萍等在借鉴拉里·博西迪与拉姆·查兰提出的评价指标的基础上，设置了部门协调力、公职人员实行力、流程畅通力以及环境支持力和效能实现力等地方政府执行力的 5 个一级评价指标和 22 个二级指标。⑦ 宋煜萍等

---

① 刘雪明、廖东岚：《地方政府政策执行力评价体系的运用分析》，《西北工业大学学报（社会科学版）》2012 年第 4 期。

② 葛小抱：《公共政策执行力评估的指标体系构建》，《学理论》2014 年第 11 期。

③ 关静：《政府执行力评估指标设定的多维思考》，《行政与法》2010 年第 11 期。

④ 丁煌：《地方政府公共政策执行力测评指标设计——基于地方政府合法性的视角》，《江苏行政学院学报》2014 年第 4 期。

⑤ 李红岩、刘海燕、王紫尧：《我国地方政府执行力评价指标体系的构建》，《山西财经大学学报》2012 年第 10 期。

⑥ 刘雪明、廖东岚：《地方政府政策执行力评价体系的运用分析》，《西北工业大学学报（社会科学版）》2012 年第 4 期。

⑦ 高彩萍、李景萍：《地方政府执行力模糊层次评价模型的构建》，《统计与决策》2014 年第 14 期。

从计划确定力、组织运行力、资源整合力、领导影响力和控制实施力等维度出发，设计出的地方政府执行力评估指标体系包括 5 个一级指标、15 个二级指标、40 个三级指标。① 莫勇波等从政府执行力的生长机理出发，提出应设置执行刚度、执行力度、执行高度、执行速度、执行效度等 5 个一级指标和 16 个二级指标。② 魏红英等从地方政府执行力的生成结构出发，认为应建立一套包括执行战略、执行主体、执行资源、执行环境、执行绩效等 5 个一级指标，14 个二级指标和 42 个三级指标的地方政府执行力评估指标体系。③ 张霖依根据地方政府执行力水平，把地方政府执行力考核指标分为：拟定战略目标的考核、执行者能力指标考核、制度建设指标考核、执行过程指标考核、资源保障与风险控制指标考核等 5 个一级指标和 24 个二级指标。④

（四）关于地方政府执行力提升路径的研究

如何提升地方政府执行力，是地方政府执行力研究的目标和落脚点。关于这点，学者们在既有的研究中从多个层面提出了建议，其中较为直接的提升路径包括执行机制、政策制定、执行主体等三个层面。

1. 优化政策执行机制

实现政府政策落实到位、行政效率提高的关键是构建科学、合理、有效的地方政府政策执行机制。对此，学者们主要从构建有效的绩效考核机制、监督激励机制、责任追究机制、利益整合机制等方面提出了对策建议。周定财、陶学荣、薛瑞汉、吴礼明等十多位学者认为，政府绩效考核机制的建立和完善对于提升地方政府执行力来说至关重要，应将其作为政府管理的主要手段以及衡量地方政府执行力高低的重要标准。应当运用科学的评价方法，针对不同的主体进行分类考核，坚持“以人为本”、构建和谐政府的原则，以工作业绩为核心，把考评结果与执行主体的薪酬、奖惩和晋升联系起来，通过正面激励不断提高执行主体的积极性、主动性和创造性，从而带动政府

① 宋煜萍、王生坤：《地方政府执行力评估指标体系研究》，《江海学刊》2010 年第 6 期。

② 莫勇波、刘国刚：《地方政府执行力评价体系的构建及测度》，《四川大学学报（哲学社会科学版）》2009 年第 5 期。

③ 魏红英、李慧卿：《我国地方政府执行力测评指标体系研究》，《国家行政学院学报》2008 年第 1 期。

④ 张霖：《地方政府执行力特征与考核指标的研究》，《河南科学》2014 年第 11 期。

执行力的提升。

有了科学合理的绩效考评，就要奖优惩劣，针对考评不合格的人员和组织，通过建立责任追究制来确定政策执行的责任部门和人员，以便在执行失误时进行责任追究。莫令娥、陶学荣、刘雪明、黄钦、冯翠、张创新等学者认为，要建立并完善首长负责制，对执行不力、不认真执行等问题，行政首长和相关人员要承担主要责任。而且要明确行政过错追究的责任层次，准确界定批准、审核、承办等行政管理各环节相关人员所应承担的具体过错责任，确保责任落实到每一层次、每一职级、每一岗位①；要建立执行情况与享受待遇挂钩的考核机制，使机关干部的薪酬、培训、奖惩、晋升与工作目标完成情况统一起来，保证干部管理的效率与公平②。

莫勇波、黄钦、颜爱妮、楚德江等学者则提出，要真正落实责任追究制度，还需要对各级政府组织及官员问责的标准、问责的内容、问责程序、问责的范围以及问责主体做出明确的规定，使得问责制具有可操作性。在实行行政问责的同时，还应与绩效管理相结合，对绩效较差的官员进行问责，在奖优罚劣的措施下不断提升政府执行力。

利益是行为的驱动力，建立利益整合协调机制是确保地方政府执行的基本条件。莫勇波、陶学荣、刘晓峰、卢美圆、邵茹花、刘雪明等学者认为，要建立健全地方政府利益的表达、引导、约束、调节机制。通过通畅的利益表达渠道来吸纳社会力量的参与；通过引导机制的建立避免地方主义和分散主义；通过法律和制度的约束将执行人员的行为限定在法律准予的范围内；注重中央与地方特别是地方政府之间利益的协调和整合以协调处理中央及各地政府之间的利益关系，正确化解各级政府之间利益矛盾；通过利益补偿机制以提升地方政府政策执行的积极性。③

2. 提高政策制定的科学性

政策执行的前提是政策制定，政策本身质量的好坏是地方政府执行力高低的关键因素，提高政策制定的科学性无疑将有利于提升政策执行的效果。对此，薛瑞汉、陈慰萱、谭九生、楚德江、吴礼明、卞苏辉、于会珍等学者认为，首先，为确保政策质量，一定要进行科学决策，深入基层调查研究，

① 冯翠：《提升我国地方政府执行力的路径分析》，《理论探讨》2010 年第 8 期。

② 张创新、韩艳丽：《服务型政府视阈下政府执行力提升新探》，《中国行政管理》2010 年第 10 期。

③ 莫勇波：《加强政府执行力建设视域下的政府重塑》，《改革研究》2008 年第 5 期。

坚持从群众中来到群众中去，倾听民众心声，减少政策失误，使政策更为符合客观实际。其次，还要建立严格的决策程序和法律法规，将政策的制定纳入法治的轨道，接受法律的监督。再次，各地方政府为保证科学决策还应做到因地制宜，结合本地区的实际来做出决策，以免出现决策失误。最后，政策制定需要具体、详细、具有可操作性，每项政策都要有具体的实施细则来确保各级地方政府按要求来执行政策。

3. 提高政策执行主体的素质和水平

一个有执行力的政府，必须首先是一个由拥有高执行素质的政府执行人员组成的政府组织①，政策执行人员的素质与水平决定着政府执行力的高低。综合蔺全录、陈华平、张创新、谭九生、张礼建、刘智勇、连维良等多位学者的观点，提高政策执行主体的素质和水平的措施主要是：第一，要增强公务人员的服务意识。树立执政为民的理念，强化道德意识、责任意识和敬业精神。第二，要强化法治观念。特别是在大力倡导依法治国的现阶段，政府及其公务人员要在遵循法律法规的范围内坚持依法行政，牢固树立立法先行的理念，以此来约束自身的行为。第三，要提升专业知识和水平。地方政府的领导层要有及时发现问题、解决问题的能力，以及较强的沟通能力、创新能力。相关的行政人员要具备公共管理、行政管理、行政岗位专业知识和技能以及其他相关知识。

在地方政府执行力提升路径方面，还有一些学者提出要加强不同部门之间的沟通协调、提高广大公众的参与度、创设适宜的执行环境等建议。这些建议无疑都是有价值的。本研究囿于篇幅所限，对于这些建议就不再一一赘述了。

三、政策执行的研究综述

研究地方政府执行力问题，不仅要关注地方政府自身，还要从政策执行的整体来看。因此，在对国内学者关于地方政府执行力研究状况进行综述之后，还要对政策执行的研究进行文献综述。需要指出的是，对这部分的研究综述，重点是对国外政策执行研究状况进行总结和评价，以开阔地方政府执行力研究的视野，为本研究奠定坚实的理论基础。

① 莫勇波：《关于加强地方政府执行力建设的理性探讨》，《江淮论坛》2007 年第 3 期。

在20世纪60年代以前的公共政策研究领域，学者们将关注的焦点主要集中于政策制定与政策评估等环节，政策执行往往成为一个被遗漏的环节。[①] 20世纪60年代以来，随着西方福利国家的不断发展，社会问题层出不穷，政府颁布实施的政策很多时候没有实现预期目标。尤其是1965年，美国总统约翰逊提出了“伟大社会”计划，致力于建立一个富裕和民权至上的社会。然而备受社会和民众期望的“伟大社会”改革大部分目标并没有实现，社会公众逐渐对公共政策目标能否有效落实产生了质疑，理论家们开始重视政策执行问题研究。1973年，普雷斯曼（Jeffrey Pressman）和韦达夫斯基（Aaron Wildavsky）共同出版《执行：华盛顿的伟大期望是如何在奥克兰破灭的》一书，标志着政策执行研究的正式兴起。

在理论上，政策执行研究的核心问题是寻找、确认、阐释并试图解决“执行差距”。所谓“执行差距”，即在特定的环境下，政策预定目标与政策执行结果之间的“距离”。围绕着这一问题，以美国为主的20世纪70年代兴起的政策执行研究基本上经过了四个时期，形成了四种理论视角。分别是：20世纪70年代“自上而下”的视角、20世纪80年代“自下而上”的视角、20世纪80年代后期到90年代的“综合视角”（即综合“自上而下”和“自下而上”视角），以及21世纪以来的“治理网络视角”。各视角的主要研究成果如下：

（一）自上而下视角的研究

自上而下视角将高层政府（尤其是中央政府/联邦政府）的既定政策目标作为研究的出发点，探讨政策目标与其实现程度之间的差距及其原因，进而提出可能的完善对策。这一视角的研究主要活跃于20世纪70年代，其代表人物主要有普雷斯曼和韦达夫斯基（Jeffrey Pressman and AaronWilavsky，1973）、范米特和范霍恩（Donald Van Meter and Carl Van Horn，1975）、巴达奇（Eugene Bardach，1977）、霍格伍德和冈恩（Brian Hogwood and Lewis Gunn，1978）、萨巴蒂尔和马兹曼尼恩（Paul Sabatier and Daniel Mazmanian，1979）等人。这些学者的主要观点如下：

1. 普雷斯曼和韦达夫斯基

美国学者普雷斯曼和韦达夫斯基因其在1973年出版《执行：华盛顿的

---

① 宁骚：《公共政策学》，人高等教育出版社，2003年，第127页。

伟大期望是如何在奥克兰破灭的》一书而被称为政策执行研究的奠基人。在这部著作中，他们第一次将政策目标和政策执行分开，认为“政策通常包括目标和实现目标的手段”①。通过研究美国加利福尼亚州奥克兰市执行某个联邦项目的情况，他们认为，执行的成功依赖于参加项目的不同组织和部门之间的联系与互动程度，在这些联系与互动过程中，一些微小的偏差很可能就会造成一个大失误，从而导致执行失败。在研究方法上，该著作运用的主要是“理性模型”方法：政策执行被认为是政策目标的自上而下的贯彻，政策执行研究就是要关注对那些影响目标实现的障碍问题的思考。

2. 范米特和范霍恩

1975 年，美国学者范米特和范霍恩发表了《政策执行过程：一个概念框架》（The Policy Implementation Process：A Conceptual Framework，Administration and Society）一文，基于组织理论、政府间关系理论、公共政策执行影响研究等，构建了一个包括六个变量的政策执行模型。这六个变量分别是政策标准和目标、可获得的资源与激励手段、组织间关系的性质、执行机构的特征、环境（包括经济、社会与政治环境）、执行人员。对于政策执行而言，范米特和范霍恩的政策执行模型提供了一个非常有价值的起点。

3. 尤金·巴达奇

1977 年，尤金·巴达奇出版了《执行博弈》这一政策执行研究的重要著作，该著作在评析现有研究成果的基础上，加入自己的个案研究材料。作者认为，政策执行过程可以被认为是一个博弈的过程，这一过程中包含着多种形式的博弈。对于高层决策者而言，政策执行的过程可以基本上分为两个部分：建构博弈和控制博弈。建构博弈即高层决策者进行政策方案设计。控制博弈即高层决策者对政策执行过程的控制。巴达奇提出，以自上而下的视角来看，如果想自上而下地成功实施政策，就必须对既定政策一以贯之，坚持到底。

4. 霍格伍德和冈恩

1978 年，两位英国学者霍格伍德和冈恩为公务员做了一次讲座，其后，根据这次讲座，他们共同出版了《现实世界的政策分析》一书，从而奠定了他们在政策执行研究中的地位。霍格伍德和冈恩认为，在“完美的执行”中，高层政策制定者应确保如下条件：政策项目的实施需要获得足够的时间与资源；外部环境不对执行机构施加过多的限制；执行机构不需要依赖其他

① 《执行：华盛顿的伟大期望是如何在奥克兰破灭的》第一版前言。

机构就能执行政策；需要执行的政策是基于正确的因果关系原理；原因与结果之间的关系是直接的；执行主体对政策目标有一致的理解和同意；政策执行的各要素之间有理想的沟通与协调；政府政令畅通并得到正确的遵从。当然，霍格伍德和冈恩也认识到上述“完美执行”的条件是不可能完全具备的，因此，他们正是基于探讨关于上述“完美执行”的无法达到来表述他们的主张的。

5. 萨巴蒂尔和马兹曼尼恩

1979 年，萨巴蒂尔和马兹曼尼恩在《政策分析》杂志上共同发表了《有效执行的条件：实现政策目标指南》一文，探讨了有效政策执行的条件问题。根据这篇文章以及这两位作者的其他研究成果，可以发现他们试图解决的问题是：执行官和政策目标群体的行动在多大程度上与政策目标一致；什么是影响政策输出以及政策效果的主要因素；随着执行时间的推进，政策目标在多大程度上能实现；政策如何在其实施进程中依据经验重新规划。① 通过对这些问题的研究，萨巴蒂尔和马兹曼尼恩发现，影响政策执行过程的因素可以分为三类：影响政策问题可处理的因素、非法定的影响政策执行的变量、法令对于规制政策执行的能力。② 正是这些因素与规制执行实施的努力之间的相互作用，对执行过程产生了关键性的影响。

（二）自下而上视角的研究

如前所述，自上而下视角主要关注高层政府的既定政策是怎样贯彻的。因此，这一视角在理论上倾向于将政策执行中的问题归罪于各级执行机构和人员。这样一种研究，将政策执行看得过于理想化，从而在一定程度上忽视了政策执行的复杂性。由于存在这样的缺陷，自上而下研究在取得了一定的研究成果后，就难以发展下去了。与这种研究视角相对，在 20 世纪 80 年代初期，自下而上的视角一度兴起，在政策执行研究中占据了突出的地位。概括而言，“自下而上”视角将基层政策执行者（街头官僚）作为研究中心，探讨其在政策执行中的行为选择（自由裁量权的运用），进而上溯到高层政府，直至中央政府/联邦政府的政策制定。“自下而上”研究视角代表人物有利普斯基

① Sabatier, P. A.. “Top-down and bottom-up approaches to implementation research: A critical analysis and suggested synthesis”, *Journal of Public Policy*, 1986. 6 (1): 21 -48.

② Sabatier, P. A. and Mazmanian D. A.. “The implementation of public policy: A framework of analysis”, *Policy Studies Journal*, 1980. 8 (Special issue): 538 -560.

(Michael Lipsky, 1980)、杰恩 (Benny Hjern, 1981)、巴雷特和富奇 (Susan Barrett and Colin Fudge, 1981) 等人。① 这些学者的主要观点如下:

1. 利普斯基

利普斯基因关注"街头官僚"在政策执行中的行为和作用而被称为自下而上研究的创始者。早在1971年,他在一篇论文中就第一次提出了"自下而上"的政策执行研究方法(这要早于普雷斯曼和韦达夫斯基《执行》一书的出版),但直到1980年,他才出版了那本影响深远的著作《街头官僚:公共服务中个体的两难困境》。利普斯基认为,在政策执行过程中,和政策对象直接接触的街头官僚发挥着关键性的作用,"街头官僚所做出的决定,所确定的办事程序,所创造的用于处理不确定性和工作压力的方法,都卓有成效地成为他们贯彻的公共政策"②。然而,由于等级森严的体制、繁重的工作压力、匮乏的资源以及工作方法的不确定性和服务对象的不可预知性,街头官僚在工作中受到很大的压力。为了应对这些压力,街头官僚往往调整自己的工作行为和期望值来进行适应。这就形成了街头官僚行为的矛盾性:一方面,这些街头官僚认为自己就像一个系统的齿轮,在其所处官僚机构的压抑下工作;另一方面,他们又常常被认为拥有相当大的自由裁量权和自主权。正是在这样的困境下,街头官僚做出自己选择,而他们的选择也就是政策执行的结果。因此,成功政策执行的关键主要取决于具有高度服务理念的街头官僚在巨大的重压之下,发挥他们的决断能力和主动精神所做的工作。

2. 杰恩

瑞典学者杰恩认为,政策执行活动发生于一定的执行结构之中,这样的结构产生与相关的组织群体中并经由基于共识的自行选择过程形成。③ 杰恩和波特使用的方法是,开始于一群已确定的相关组织,然后像滚雪球一样聚集将在一起合作共事的响应者。基于这一方法,他们依据经验建构网络。在该网络内,需要实地决策者在没有事先确定结构的情况下进行工作。

3. 巴雷特和富奇

英国学者巴雷特和富奇对杰恩研究"执行结构"的方法大为赞扬。与

---

① Michael Hill and Peter Hupe. *Implementing Public Policy*, SAGE Publication, 2007, p82.

② Lipsky, M.. *Street-level Bureaucracy: Dilemmas of the Individual in Public Services.* New York: Russell Sage Foundation. 1980, p11.

③ Hjern, B. and Porter, D, O.. "Implementation Structures: A new unit of administrative analysis", *Organization Studies*, 1981, 2 (3): 211-227.

杰恩一样，他们的研究也得益于组织理论的发展。20 世纪 70 年代以来，研究者们逐渐突破了组织行为一定是按等级结构运行的观念，一些研究者提出，组织的运行除了按照等级结构运行之外，往往还包含着大量的谈判和妥协行为。基于这样的理论发展，巴雷特和富奇指出，政策执行的完成在很多时候实际上取决于官僚组织内来自不同部门的或是相关组织中的人员之间所达成的妥协。在对政策的认识上，巴雷特和富奇也提出了自己的观点，他们认为，在政策执行的参与者那里，政策更像是一种“资产”，不同的参与者会依据自己所认定的政策的真正性质提出不同的权利要求。基于上述认识，巴雷特和富奇提出，“政策执行不能被视为一个持续不断的恒量。政策会被执行者调适，因为他们对政策环境的理解有可能与政策制定者相异。政策执行者往往要根据自己所认识的政策环境进行解释和修改政策，甚至在某些情况下对政策做颠覆性的变动。”①

（三）综合视角的研究

一段时间内，自上而下视角和自下而上视角的研究都获得了一定的发展，并且进行了相互的批评和竞争。但是，就政策执行的现实而言，这两种研究视角又都存在一定的局限性。主要是，自上而下视角看到了地方政府（州政府和地方政府）应遵循中央政府（联邦政府）制定的政策，但却在一定程度上忽视了地方政府（州政府和地方政府）在政策执行中的自主性和积极性。自下而上视角重视了基层政府和街头官僚在政策执行中的巨大作用，但却对中央政府（联邦政府）和高层地方政府（州政府和地方政府）在政策执行中的重要作用重视不够。因此，随着研究的深入和理论的进一步发展，这两种视角之争逐渐演变为汲取双方核心理念以综合二者的努力，综合视角即由此而来。② 概括而言，综合视角即试图综合自上而下和自下而上两种视角的优点，既考虑高层政策制定者对政策执行的影响，又关注基层政策执行者所拥有的自主权对政策结果的影响的一种政策执行研究视角。其代

---

① Barrett, S. M. and Fudge, C.. “Reconstructing the field of analysis”, in Barrett, S. M. and Fudge, C. (eds). *Policy and Action: Essays on the Implementation of Public Policy*. London: Methuen. 1981, pp249 – 278.

② 综合视角的研究兴盛于 20 世纪 80 年代后期和 90 年代，但早在 70 年代后期，即有学者运用这样的研究视角展开研究。例如，埃尔默尔（Richard Elmore）在 1978 年出版的《社会项目执行的组织模型》一书，萨尔夫（Fritz Scharpf）在同年发表的《组织间政策研究：议题、概念和视角》一文中，就在一定程度上运用了综合视角。

表人物主要有萨巴蒂尔（Sabatier，1986）、奥图尔（O' Toole，1986）、莱恩（Lane，1987）、戈津（Goggin，1990）、帕隆博和凯利斯特（Palumbo and Calista，1990）等人。这些学者的主要观点如下：

1. 萨巴蒂尔

在前面的论述中，我们将萨巴蒂尔归入自上而下视角的范畴，但是，就如一个人的认识会发生变化一样，理论家的研究视角和理论观点也会随着研究的深入而发生变化。在1979年时，萨巴蒂尔还是一个持自上而下视角的学者，然而，其在1986年发表的一篇文章①表明，其已经成为一名综合视角的论者。在这篇文章中，萨巴蒂尔愿意承认自下而上途径在方法论方面的一些长处：自下而上途径对网络研究拥有的有效方法、在评价政策结果的影响方面拥有优势，以及在应对若干不同政策项目之间的相互作用方面的价值。萨巴蒂尔进而指出：既有的执行研究往往在两个方向之间难以抉择，一边是要进行精确构建的、严格的自上而下研究；另一边是要对一个长期而复杂的过程进行宽泛的、自下而上的研究。为了进一步推进政策执行研究，萨巴蒂尔提出了“支持者联合架构”的方法。所谓“支持者联合”，是指政策执行应取得来自所有层面的参与者的支持。这样的方法引入了自下而上论者的分析系统——包含对所有来自不同领域的公共部门和私营部门的参与者对某一个政策问题的认识，以及他们对所有卷入该政策的参与者（包含计划倡导者在内的人和组织）的观念和策略的理解。由此，把这里的起点与自上而下论者对社会经济条件及法律工具制约行为的方式的关注相结合。并且，把这样的综合理念应用于对十年或更长时期内政策变化的分析。②

2. 奥图尔

奥图尔（Laurence O' Toole）对政策执行研究的发展做出了突出的长期的贡献。他强调要以一种开阔的而不是狭隘的眼光来研究执行文献。在1986年发表的《对多主体参与类型的执行的政策建议》一文中，奥图尔提出：“必然地，由于执行研究起源于其他社会科学的许多子领域，因此应当投入更多努

① Sabatier, P. A.. “Top-down and bottom-up approaches to implementation research: A critical analysis and suggested synthesis”, *Journal of Public Policy*, 1986. 6 (1): 21 – 48.

② Sabatier, P. A.. “Top-down and bottom-up approaches to implementation research: A critical analysis and suggested synthesis”, *Journal of Public Policy*, 1986. 6 (1): 21 – 48.

力来进行建构各子领域之间的联系和比较工作。”① 奥图尔研究工作的一个特别兴趣，是探讨需要多方参与者合作的执行中的问题，或是对之提出建议。他认为，在政策执行的研究中应引入网络管理模型，通过因政策目标而联系起来的组织之间的安排，从政策目标中得出最佳执行办法是有可能的。

3. 莱恩

莱恩（Jan-Erik Lane）是使规范性问题受到关注的一个重要学者。他认为，应把执行视为两个方面：执行的结果和执行的过程。在对这两个方面进行分析时，莱恩引入了两个概念：“职责（responsibility）”和“信任（trust）”，因为，对于各级官僚制组织来说，政策执行是其职责范围内的事情；对于基层执行者和政策对象来说，政策执行是基于其相互间的信任。莱恩指出，“职责”所关注的是政策目标与结果之间的关系，而信任所关注的则是政策实施的过程。莱恩指出：自上而下视角所特别关注的是强调“职责”的一面，而“自下而上”视角强调的则是“信任”的一面。“政策执行过程是职责与信任的结合……没有‘执行是实现政策’的观念，就没有评估政策、约束政治家、行政官员和专业人员的责任性的基础。另一方面，‘作为政策实施的执行’的观念给予政治家和执行官员信任和一定程度的自由，使他们能选择方案以实现政策目标。”②

4. 戈津

戈津和他的同事认为第一代研究者是那些对单一的权威性决定及其执行问题进行开拓性研究的学者。第二代研究者是所有那些早于他们并且致力于建构分析框架的学者。而对于以他们为代表的第三代研究者，他们认为是在他们的帮助下政策执行研究才进入了致力于发展和检测关于中观研究的解释性与预测性执行理论。因此，戈津及其同事的目标是促进一种“更加科学”的执行研究途径。为此，他们提出了一个政策执行分析的沟通模型。在这个沟通模型中，自变量主要包括联邦政府的诱导与约束；州和地方政府的诱导和约束。居间变量主要包括组织能力、生态能力、反馈与政策重新设计。③

① O' Toole, L. J., Jr.. “Policy recommendations for multi-actor implementation: an assessment of the field”, *Journal of Public Policy*, 1986. 6 (2): 181 – 210.

② Lane, J. – E.. “Implementation, accountability and trust”, *European Journal of Political Research*, 1987. 15 (5): 527 – 546.

③ ［英］迈克·希尔、［荷］彼得·休普：《执行公共政策》，黄健荣等译，商务印书馆，2011年，第95～96页。

戈津及其同事的分析表明，政府的不同层级——联邦政府、州政府、地方政府之间的沟通对于政策执行非常重要。总体而言，他们的著作《执行理论和实践》[①] 是旨在为确立一个执行研究的科学框架而进行的谨慎细致的尝试，它不仅避免了在处理政策执行和政策形成的反馈上存在困难的早期的静态研究的状况，而且避免了自上而下方法为试图控制执行过程而确定的特别规则的刻板与僵化。

5. 帕隆博和凯利斯特

帕隆博和凯利斯特（Dennis Palumbo and Donald Calista）的基本特点是，将政策执行置于整个政策过程中来进行研究。他们认为，政策执行不仅是政策制定之后的事，而是政策制定的一部分，即政策制定时就要考虑到执行的问题。因此，执行者也应参与政策制定过程。通过帕隆博和凯利斯特的研究，无疑加深了人们对政策过程的复杂性的认识，启发人们从整个政策过程来看待执行问题。

（四）治理网络视角的研究

无论是自上而下视角、自下而上视角，还是综合视角，都主要将政策执行视为政府组织内部的问题，即政策执行主要是政府组织中各个主体互动的过程。这样一种观察政策执行问题的视角一定程度上较为狭窄，因为，政策执行虽然需要政府组织中各个成员的参与，但并不仅仅是政策组织本身的事。现实中，政策执行往往也离不开各类社会主体（企业、社会组织、公民等）的参与。换句话说，没有各类社会主体的参与的政策执行也是难以实现的。20 世纪 90 年代以来，随着治理理论的兴起，以上这样一种理论诉求在政策执行研究中也日益凸显，从而形成了政策执行的“治理网络视角”。这一视角的最大特点是不再将政府视为政策执行的唯一中心，而是将政策执行置于多主体构成的治理网络之中，将政策执行视为多主体互动的过程。[②] 这一视角的主要代表人物有斯托克（Stoker，1991）、马特兰德（Matland，1995）、基科特（Kickert，1997）、罗斯坦（Rothstein，1998）等人。

1. 斯托克

斯托克（Rober Stoker）在 1991 年出版的一部专著中非常明确地对美国

---

① Goggin，M. L.，Bowman，A. O'M.，Lester，J. P. and O'Toole，L. J.，Jr. *Implementation Theory and Practice*：*Toward a Third Generation.* Glenview Ⅲ.：Scott Foresman/ Little，Brown and Company，1990.

② Michael Hill and Peter Hupe. *Implementing Public Policy*，SAGE Publication，2007，p195.

联邦政府的政策执行问题进行了研究。在对之前的自上而下和自下而上研究进行评析的基础上，他提出了“权威”和“交易”“治理”的研究途径。斯托克指出，政策执行其实是通过权威、交易和治理来进行的，权威途径包括寻找方法以简化或解决影响遵从行为的障碍，交易途径则旨在形成合作的局面。然而，这两种执行途径都存在一定的问题，其中，权威途径虽然可以使政策获得暂时性的执行，但很难使执行对象真正心悦诚服；交易途径一方面容易使人们混淆政策制定和政策执行的区别，另一方面其在一些紧急情况下的执行力也不能尽如人意。斯托克认为，治理是权威和交易之外的第三种选择。从政策执行的角度去理解，治理是一种劝说“不情愿的伙伴”去进行合作的活动。因此，在美国联邦制的政府间关系架构下，治理被视为现代社会政策执行的一种基本途径。

2. 马特兰德

美国学者马特兰德（Richard Matland）着重探讨了成功的政策执行的决定因素（变量）的问题。他认为，自上而下和自下而上之争说到底是关于自由裁量权的分配问题。通过对既有的研究的总结，马特兰德提出了五种关于成功的政策执行的标志：遵从法规的指令、遵从法规的目标、实现特定的成功指标、实现地方确认的具体目标、项目所处的行政氛围得到改善。[①] 然而，现实中的政策执行却往往受到各方面条件的制约，这些条件基本上可以分为两类，一类是自由裁量权的“清晰—模糊”程度，另一类是政策执行中各主体的“和谐—冲突”程度。据此，马特兰德提出了一个关于冲突与模糊对政策执行过程的影响模型（见表 1－1）。

表 1－1　马特兰德关于冲突与模糊对执行过程影响的分析

	低冲突	高冲突
低模糊	行政性执行	政治性执行
	资源	权力
	实例：根除天花	实例：公共汽车运营
高模糊	试验性执行	象征性执行
	背景条件	联盟力量
	实例：执行先机	实例：社区行动机构

资料来源：［英］迈克·希尔、［荷］彼得·休普：《执行公共政策》，黄健荣等译，商务印书馆，2011 年，第 107 页。

① ［英］迈克·希尔、［荷］彼得·休普：《执行公共政策》，黄健荣等译，商务印书馆，2011 年，第 106 页。

马特兰德将行政性执行描述为发生在“具备一个理性决策过程所需要的必备条件”下的执行。政治性执行是指执行结果由权力所决定的状况。在试验性执行的情况下，对结果有影响的环境因素非常重要。象征性执行包含高度的冲突，地方层次联盟的力量往往决定执行结果。马特兰德的研究为人们研究政策提供了一种新的思维方法，也启迪人们要选用新的思维方式与方法来分析不同的公共政策。

3. 基科特

荷兰学者基科特（Walter Kickert）和他的同胞克利金（Erik－Hans Klijn）、科彭赞（Joop Koppenjan）于1997年出版了《管理复杂网络：公共部门的战略》一书。该书强调，政策过程是众多政策参与者之间相互作用的过程，而不是以政府为中心的支配与控制过程。基于这样一种观点和研究路径，三位学者发展出了政策执行的网络理论。该理论认为，政策是众多参与者在相互依赖、相互影响的互动参与网络中通过复杂的相互作用而产生的。相互作用的模式源自政策问题和资源群集，因此，政策网络可以定义为互相依赖的参与者之间社会关系的稳定模式，这些模式产生于政策问题和/或政策项目。同时，一定的规则形成于参与者的互动和资源分配过程中。在这样的情况下，政策网络建构了参与者进行重大行动的背景。在这一背景下，围绕政策和其他问题所发生的相互作用可称作博弈，政策执行是否成功则取决于参与者采取的合作博弈的程度。一般而言，每个参与者都拥有相对的自主权，他们都有自己的目标。然而，由于政府特别的、多数情况下不可替代的地位，因此，其在政策网络中往往担负着政策过程的管理者和政策网络的建设者的角色。在政策执行中，关键是正确地发挥政策网络中各个参与者应有的作用。

4. 罗斯坦

瑞典学者罗斯坦（Bo Rothstein）在其1998年出版的《公正的政府机构至关重要——普遍福利国家的道德与政治逻辑》一书中对政策执行理论进行了很有价值的讨论。在这本书中，罗斯坦重点关注组织公共行政的不同方式是如何影响执行项目顺利完成的。罗斯坦虽然也主张应把政策设计问题从政策执行问题中分离出来，但他认为，在很多时候，要求政策设计者具有清晰的目标而且采用有效的因果理论来行事是不可取的。在政策执行所处的复杂网络中，罗斯坦把“职责漂移”的概念作为政策执行的一个基本概念。所谓“职责漂移”，是指政策执行组织在执行过程中，往往不能够囿于其纸面上规定的职责，而是根据执行任务的需要在自由裁量权许可的范围内灵活地履行其职责。在影响政策执行的多种因素中，罗斯坦认为合法性和信任问题——即来自公民的信任——至关重要。罗斯坦为政策执行合法化确定了六种理想的典型类型：法定官僚机构型、专业人员型、社团主义型、使用者导向型、政治家导向型、基于不可预测事件型。[①] 罗斯坦认为，以上六种类型都是可行的，而选择哪一种，则取决于所涉及的政策项目。

总体而言，起源于20世纪70年代的西方国家的政策执行研究已经经历了四个阶段，形成了四种研究视角。这些研究视角及其理论，为开阔国内学者的研究视野，推进政策执行、地方政府执行力研究奠定了一定的基础。

（五）国内学者的研究

在传统上，中国学者把研究目光主要聚焦在了公共政策制定领域，忽视了政策执行这一重要环节。改革开放以来，随着中国失败的政策执行带来的消极后果影响到社会的和谐稳定，政策执行问题逐渐引起社会各界的关注。国内关于政策执行的研究起步于20世纪90年代，政策学家把西方的政策理论研究成果与中国国情相结合，进行了本土化的研究。中国学者主要侧重于研究政策执行的影响因素、政策执行偏离现象、中国政策执行系统的有效性、解决政策执行问题的对策等问题。

1. 政策执行的影响因素研究

政策执行总是会受到相关利益主体的活动方式及外部环境的制约。赵凯农认为，政策执行中必然存在来自政策对象和政策执行者的阻力。[②] 陈丽珍认为，影响政策执行的因素主要包括政策本身、政策资源、目标团体以及执行机构之间的协调和沟通对政策执行的影响等方面。[③] 霍海燕指出，政策环境、政策执行效力、政策目标群体是影响政策执行的关键因素。[④] 钱再见等学者指出，政策执行者的价值观念、利益偏好都会影响政策执行过程，制约政策有效执行的深层次原因包括问责机制的不

① ［英］迈克·希尔、［荷］彼得·休普：《执行公共政策》，黄健荣等译，商务印书馆，2011年，第114页。

② 赵凯农：《公共政策》，天津人民出版社，2003年。

③ 陈丽珍：《开放条件下区域自主创新能力测度研究》，《商业时代》2012年第2期。

④ 霍海燕：《当前我国政策执行中的问题与对策》，《理论探讨》2004年第4期。

健全、信息沟通协调机制失衡等。①

2. 政策执行偏离现象研究

在政策执行过程中，政策执行主体受到客观条件及主观情感的影响而导致政策执行出现扭曲、敷衍、替换等现象就是政策执行偏离。王国红指出，政策规避在政策执行中时常发生，制定主体的趋利行为以及制度缺陷是政策规避产生的主要原因。协调利益关系，健全管理机制等是防范规避的重要措施。② 王铭等学者指出，一些地方政府坚持“以我为主、为我所用”的做法，对自己有利的政策就执行，对自己没有太大利益的就不执行，导致了政策执行的偏离。③ 郭巍青等学者认为，公共政策执行容易受到忽视，在某种程度上和科层制的政府有紧密关系。科层制下的政府机构被看作是理所应当能够将政策有效执行实施的机构，在这种框架下，政策本身不是个问题，政策执行才是问题的关键。④ 丁煌等学者认为，执行阻滞是政策执行偏离的重要原因，造成这种现象的原因包括：纵向、横向间政府职能交叉重叠，政府间权利划分缺乏统一标准。规避政策执行偏离的关键在于：深化体制改革，明确政府间权利划分标准，防止相互间推诿、扯皮。⑤ 秦龙、张曙丽指出公共政策本身具有非公共性，它的非公共性是导致政策执行偏离的客观原因之一。公共政策的非公共性脱离了公共政策的自然属性，实质是利益的再分配过程。⑥

3. 中国政策执行系统的有效性研究

学者们对中国政策执行系统的有效性也进行了深入研究。所谓中国政策执行系统的有效性，指的是对中国政策执行系统的有效程度的基本判断。近年来，围绕这一问题形成了两类观点，一类认为中国政策执行系统是一个高效的系统，如“压力型体制”“职责同构”“官员晋升的政治锦标赛”等观点；另一类则认为，中国政策执行系统是一个低效的系统，如“中国式联

---

① 钱再见、邱淑莉：《以民为本与公共政策执行研究》，《长春市委党校学报》2007 年第 2 期。

② 王国红、马瑞：《地方政府公信力的流失与重塑——多元协同治理的视角》，《湖南师范大学社会科学学报》2013 年第 2 期。

③ 王铭、薛客：《论公共政策执行不力的问题与对策》，《求实》2010 年第 2 期。

④ 郭巍青、涂锋：《重新建构政策过程：基于政策网络的视角》，《中山大学学报（社会科学版）》2009 年第 3 期。

⑤ 丁煌、吴艳艳：《政策执行过程中的隐蔽违规行为及其约束机制探讨》，《社会主义研究》2012 年第 2 期。

⑥ 秦龙、张曙丽：《公共政策的非公共性及其克服》，《行政论坛》2009 年第 4 期。

邦制”“选择性执行”等观点。“压力型体制”认为，中国的政策执行靠的是一种自上而下的层层加压：为了完成经济赶超任务，各级政府组织（以党委和政府为核心）向下级组织和个人层层分解任务指标，责令其在规定时间内完成，并配之以相应的行政和经济方面的奖惩措施。[①] 与这一体制相适应的是“职责同构”的政府间纵向职责配置，即各级政府虽有层级的不同，但不同层级的政府在纵向职能、职责和机构设置上却高度统一、一致。在这样的职责配置下，上级政府不用建立自己的执行机构，其政策主要由下级政府来执行。[②] “压力型体制”运行的动力机制是“官员晋升的政治锦标赛”，即“上级政府对多个下级政府部门的行政长官设计的一种晋升竞赛，竞赛优胜者将获得晋升，而竞赛标准由上级政府决定，它可以是 GDP 增长率，也可以是其他可度量的指标”。[③] 与这些研究不同，有学者指出，早在改革开放之前，中国就已经形成了一种与苏联的 U 型结构不同的 M 型结构——“中国式联邦制”，这一结构使地方政府拥有了一定的“应付”中央政策的空间，地方政府能够保持一定的政策执行的“灵活性”。[④] 改革开放以来，随着地方利益主体性的凸显，地方政府在执行中央政策时，会基于自身利益和选择，对中央政策进行一定的“选择性执行”。[⑤]

4. 解决政策执行问题的对策研究

有些学者针对政策执行中的问题，提出了相应的对策。王国红等学者认为，矫正政策制定者的趋利行为及体制缺陷能更好防范政策规避，规范政策执行主体的行为方式是规避政策执行偏离的前提。[⑥] 定明捷、刘玉蓉将西方经济学中的委托代理理论引入政策执行问题的研究，他们指出政策执行主体的逆向选择、道德风险都会导致政策执行陷入“囚徒困境”，上下级间的信

① 荣敬本等：《从压力型体制向民主合作体制的转变——县乡两级政治体制改革》，中央编译出版社，1998 年，第 1 页。

② 朱光磊、张志红：《“职责同构”批判》，《北京大学学报（哲学社会科学版）》2005 年第 1 期。

③ 周黎安：《转型中的地方政府：官员激励与治理》，格致出版社、上海人民出版社，2008 年，第 89 页。

④ U 型结构下，中央和地方的关系表现为一种垂直的、纵向的计划管理关系，各个地方政府之间的经济联系根据专业化分工的原则加以组织，统一服从中央计划委员会以及专业部委的垂直管理和协调。钱颖一：《现代经济学与中国经济改革》，中国人民大学出版社，2003 年，第 185 页。

⑤ Kevin O'Brien and Lianjiang Li. “Selective Policy Implementation in Rural China”, *Comparative Politics*, Vol. 31, No. 2 (January 1999), pp167 - 186。这一观点虽然发表在国外期刊，但其作者之一（李连江）为华人，且这一观点非常重要，所以本书将其归入国内研究部分，特此说明。

⑥ 王国红、马瑞：《地方政府公信力的流失与重塑——多元协同治理的视角》，《湖南师范大学社会科学学报》2013 年第 2 期。

息不对称和社会公众的“搭便车”都有可能导致政策执行偏离，建立健全有效的信息沟通机制、激励机制可以防止政策执行偏离问题。①

总体上说，相对于国外的政策执行研究而言，国内关于政策执行的研究时间还较短，多是对政策执行中某一问题的研究，还没有形成较为成熟的研究阶段和系统化的理论成果，在一些重要的理论判断和观点上也还存在争议，因此，仍然需要进一步加强这方面的研究。

第二节 理论基础、研究方法、基本概念和研究路径

在对研究意义和既有研究进行了系统认识和梳理的基础上，下面我们将论述本研究的理论基础、基本概念和研究路径，以期为进一步的研究奠定基础。

一、理论基础

理论基础是进行一项理论研究所依据的主要的、基础性的理论。这样一种基础性的理论，应具有如下两大特质：其一，应是该项研究领域内公认的基础性理论，在既有的研究中有着广泛的认同；其二，应该能够反映该项研究的最新趋势，能够为该项研究的发展奠定良好的基础。基于这两大特质，通过对既有研究的深入考察，我们认为，官僚制理论和公共治理理论是本研究的理论基础。这是因为，首先，官僚制构成政府执行力和政策执行的体制背景。在现实中，政策主要是中央政府/联邦政府制定的，不可避免要经历一个在不同层级、不同部门间的执行过程，各级政府都是政策的执行主体。在关于政府执行力和政策执行的既有研究中，官僚制都是重要的体制背景。其次，公共治理理论标志着政府执行力和政策执行理论发展的基本方向。各级政府虽然是政策执行的重要主体，但无论是政府执行力的提升还是政策的有效执行，都离不开政府之外的主体，如企业、第三部门、公众等的参与、支持和配合。这些主体与政府共同构成政策执行的治理网络。这在既有的研究中实际上已经有所显现。例如，关注地方政府执行力影响因素的学者通常

① 定明捷、刘玉蓉：《政策执行的委托代理理论分析》，《兰州学刊》2003 年第 5 期。

认为，作为政策执行客体的执行目标群体也是影响政策执行效果的影响因素。20 世纪 90 年代以来，国外政策执行研究中“执行网络”的兴起，本身即是公共治理理论的兴起在政策执行研究中的体现，其最大特点是不再将政府视为政策执行的唯一中心，而是将政策执行置于多主体构成的公共治理网络之中，将其视为多主体互动的过程。

下面具体论述这两大理论基础的核心内容。

（一）官僚制理论

一般而言，官僚制理论是关于“官僚制”的内容、历史发展、运行过程、优势与弊端、未来发展等方面的理论。“官僚制”一词最早是在 1745 年提出来的，它的提出者法国学者 V. 德顾耐第一次用“官僚制”来描述普鲁士的政府形式。19 世纪以来，随着现代官僚制的发展，德国理论家马克斯·韦伯从理论上对官僚制进行了系统论述，形成了现代官僚制理论。从其内涵看，“官僚制”指的是国家中“一个由官方任命的，为完成某些公共事业而建构的层级节制的组织”①，或者说，是指按照职能和职位分工、分层管理原则建立起来的政府权力体系。

从历史发展看，官僚制主要经过了两个时期。

一个是古代官僚制时期，以秦始皇时期的中国，新王国时期的埃及和后期的罗马帝国为代表。这一时期的官僚制以人治为基础，法制不完备。在组织结构上，已经建立起了一整套体系。例如，早在中国的战国和秦汉时期，中央层面就建立起了“三公九卿制”②，后来又发展出了“三省六部制”③。在地方层面上，自秦代起中国就建立起了多层级且有直接隶属关系的地方政府体系。例如，“秦设郡、县二级行政体制；汉武帝时形成

① ［美］埃兹昂尼·哈利维著，吴友明译：《官僚政治与民主》，台湾：桂冠图书股份有限公司，1998 年，第 123 页。

② 战国、秦汉时期，在皇帝之下设有宰相（或丞相）府、太尉府、御史府三个机构，宰相、太尉和御史大夫位列“三公”，他们掌握中央大权以协助皇帝决策。所谓“九卿”就是指设在中央的主要行政部门共有九个。

③ 三省六部制是西汉以后逐渐形成，至隋朝正式确立，唐朝进一步完善而成的一种机构设置制度。即在中央设立三省：中书省、门下省、尚书省。其中皇帝和中书省、门下省两个政治决策机构形成一个决策中心，而尚书省则属于行政执行机构，即典型的官僚机构，其下设六部，即吏部、户部、礼部、兵部、刑部和工部，而每个部之下又下设四个司级部门。这样，在这一条权力线上，就形成了一种皇帝、尚书省、部、司之间的分级统辖和管理的垂直式的上下级节制关系。

州、郡、县的三级体制；唐宋时期形成了道（宋称路）、州、郡、县的四级行政体制；元朝时也形成了行省、府、州、县四级行政体制。而在最基层则设有乡、里等机构”①。

另一个是产生于资产阶级革命以后的现代官僚制时期。这一时期，西方国家的法制逐渐建立健全，科层组织日趋严密，正式的文官制度开始确立。这个时期的官僚制已经得到充分发展，并成为维持现实社会发展不可或缺的基本工具。根据马克斯·韦伯的研究，现代官僚制具有以下6个特征：第一，有正式的规章制度，这些规章制度往往以法律的形式表现出来，从而约束组织中的人与事。第二，有明确的分工，根据既有的法律对每个部门和人员的职责与权限都做出明确规定，从而实现各司其职。第三，权力具有等级性，上级可以对下级发布命令、进行指挥，下级要服从上级。第四，非人格化的管理，公务人员处理公务应照章办事，不能因私人关系而影响组织中既定的行为规则。第五，担任公职成为一种职业。普通公民可以通过公平竞争出任公职，以办理公务为职业，办公场所与私人场所分离，并且领导职务的公务人员都有任期。第六，现代官僚制强调档案资料的储存与管理，在所有正式场合都要留存必要的文字资料进行存档。总之，现代官僚制是伴随着社会生产力发展和社会分工细化而产生的，它适应了时代发展的需要，为现代政府管理活动提供了正式的规则与程序。其积极意义在于极大地提高了政府管理效率，有利于政府管理目标的实现；其不足之处在于因此而产生了官僚主义作风。

研究中国地方政府的执行力问题，自然离不开官僚制理论的支持。因为，首先，地方政府处于当代中国的官僚制体系之中，其行动本身就是官僚制体系行动的一部分，是当代中国官僚制特征的反映。其次，提升地方政府的执行力，从根本上说即是提升中国整个官僚体系的效能。

（二）公共治理理论

1989年世界银行首次以“治理危机”来概括当时非洲的发展情形。从此之后，“公共治理”一词便在社会科学界被大量使用。“治理（governance）”源于拉丁文和希腊语，原意为控制、引导和操纵，主要用于与国家公共事务相关的管理活动中，强调在这些活动中各主体的互动、竞争或合

① 张剑玉：《官僚制与现代民主政治》，厦门大学博士论文，2007年，第35页。

作。关于治理的含义，很多学者从不同的视角进行了讨论，比较著名的有：K. J. 霍尔斯蒂（K. J. Holsti）认为，治理旨在实现某种有意向性的秩序。星野昭吉认为，治理可以分为平行治理和垂直治理，本质是一种非暴力、非统治的管理机制，而不是强迫和压制。库伊曼（J. Kooiman）和范·弗利埃特（M. Van Vliet）认为，治理所要创造的结构或秩序不能由外部强加，其发挥作用是要依靠多种进行统治的以及互相发生影响的行为者的互动。然而，最为著名的定义还是联合国全球治理委员会（CDD）对治理概念的界定，即认为"治理"是指各种公共的或私人的个人和机构管理其共同事务的诸多方法的总和，是使相互冲突的或不同的利益得以调和，并采取联合行动的持续过程，这一过程既包括有权迫使人们服从的正式制度和规则，也包括各种人们同意或符合其利益的非正式制度安排。由此看出，公共治理的概念包括以下几个要点：第一，公共治理的参与主体既包括政府等权力主体，又包括企业、第三部门、公众等主体，这些主体只要参与特定的公共事务，即成为其治理主体。第二，各主体在特定公共事务的治理中是一种平等合作的关系。各参与主体并不能因为其固有的地位、资源等优势在特定公共事务的治理活动享有特殊地位，而是通过在特定公共事务治理中寻求特殊贡献而发挥自己应有的作用，获得自己应有的地位与尊重。第三，公共治理往往表现为一种由复杂的互动而形成的相互关系网络。各参与主体围绕特殊公共问题的解决而进行多次、多对象的互动，构成一种基于平等互动的公共治理网络，公共问题也在这一网络中得到解决。

基于公共治理的概念，公共治理理论主要包括下述一些内容：

第一，公共事务管理主体的多元化。即政府不再是国家管理的单一中心，在政府这一传统主体之外还存在着大量的其他公共事务的管理主体，在这一情况下，政府职能履行主体在很大程度上就不再不具有排他性和专属性了。对此，公共治理理论提出，传统上认为的将公共事务管理主体仅仅归结为政府的认识是不符合实际的，也是不全面的。例如，在瑞典等北欧一些福利国家中，在公共领域活跃着大量的从事生产经营性活动的企业，这些企业面向公众，成为公共服务的供给者，他们参与的范围在传统上都是由政府负责的领域。这样的做法在很大程度上增加了公共事务管理主体，也突破了原有的秩序与效率的界限，为公共事务管理带来了新气象。再如，在很多发达国家，甚至在我国一些发展较快的地区，非政府组织在公共工程、文化保护、社区管理、环境资源等领域发挥的作用越来越显著，很多非政府组织不仅仅只是提供公共服务，甚至还参与相关的公共政策制定。这些都表明，在现代国家和社会发展的大环境中，政府与其他社会组织实际上发生着大量具体而复杂的联系，相当多的公共事务和公共政策都可以吸收企业、社会组织、公民等主体来参与提供和制定。可以说，由包括政府在内的众多社会组织、企业、社会公众组成的多元网络已经成为现代公共事务的管理主体。

第二，公共事务管理责任分担。这是公共事务管理主体多元化的必然结果。各主体既然参与公共服务及其相关决策的提供和制定，也就需要承担相应的责任。在传统社会，由于公共事务管理主体的单一性，其责任也是单一的，即几乎全由政府来承担进行公共治理、维护公共利益、提供公共服务的责任。在西方国家，随着20世纪30年代"大萧条"后凯恩斯主义的兴起，政府责任的扩张有了其理论基础。第二次世界大战之后，由于战后重建的特殊需要，以及借鉴苏联等社会主义国家的做法，西方国家的政府职能大为扩张。但同时，伴随着政府责任的扩张，政府失灵的问题也日益严重。可以说，公共治理实践的出现，很大程度上是为了应对政府责任扩张后引起的政府失灵。由于公共服务供给的"刚性"，已有的公共服务难以削减。在这样的情况下，解决政府失灵问题，就只能扩大公共事务和公共服务管理与供给的主体范围，实行责任分担。公共治理理论在这样的背景下出现了，这一理论关注的问题是公共事务管理责任的重新分配，包括国家与社会关系以及公共部门与私人部门之间关系的重新界定，把公共事务的管理责任分散到不同性质的治理主体身上。而20世纪70年代后期以来，私人企业、第三部门等的大发展则为西方国家公共事务治理责任的分担提供了条件。例如，西方国家出现了大量的非政府组织，这些组织成为政府和市场之间的"社会中间地带"，这些组织的共同特点是在不动用政府资源和权威的情况下参与解决社会问题，这在很大程度上打破了原来公共领域和市场领域的界限。然而，从另一方面看，这也为公共治理责任的转移提供了条件。公共治理理论认为应当承认这种公共责任的转移，承认各级各类非政府组织所做出的贡献和发挥的作用。让非政府组织有权参与一些在传统上只有政府有权涉猎的事务，这种参与就要求从法律上和制度安排上将一部分政府责任转移到非政府组织身上。

第三，公共治理是多主体相互依赖、结伴同行的过程。与传统的政府单中心管理模式不同，公共治理由于其多元性和责任分担性，其治理过程呈现出多向性和互动性的特点。对此，治理理论认为，各公共事务治理主体之间的关系是依赖关系和伙伴关系。所谓依赖关系，是指参与公共事务治理的各主体拥有的资源不够充足，还不具备独立解决全部问题的能力，需要相互依赖，加强协商与合作，共同实现各自的管理目标以及共同的治理目的。这种模式区别于传统的以政府为中心，以社会组织、企业、公民等为辅助的关系模式。所谓伙伴关系，是指参与社会公共事务的社会组织之间平等合作，共同做事，成为伙伴。在公共事务的治理过程中，依赖关系和伙伴关系要求政府重新定位其功能，充分运用直接负责、引导、氛围营造等多种职能，有所为有所不为。同时，各主体通过协商对话来增进了解、加强信任，进而建立起长久合作的伙伴关系。

在公共政策的执行过程中也应看到，政策执行绝不仅仅是政府一家的事，政策涉及的各类企业、社会组织、公众等主体实际上既是政策对象，也是政策执行者，政策执行过程中这些主体也会以各种方式寻求其自身利益。因此，政策执行的过程也是多元主体互动的公共治理过程，政府既要以适当的方式调动其他主体的积极参与和协调配合，又要控制其利益诉求，特别是遏制其不合理的利益诉求，只有这样，公共政策才能得到准确执行。

二、研究方法

本研究主要使用三种方法。

（一）文献研究法

文献研究法是指通过收集、阅读、鉴别、整理已有的研究文献，通过对已有文献的研究形成对相关理论和事实的科学认识的一种研究方法。在社会科学研究工作中，文献研究法是一种古老而又富有生命力的研究方法，被广泛运用到各学科的研究中。在本课题的研究中，通过对既有研究文献的系统考察，可以全面了解中外学界关于地方政府执行力研究的已有成果、理论热点及关键性问题，从而为本课题的研究奠定良好的基础。

（二）案例研究法

案例研究法是一种以小见大的研究方法，通过对典型案例的深入研究来揭示某类事物的普遍特征和内在矛盾的一种研究方法。案例研究法在现代社会科学研究中被广泛应用，是一种受到高度重视的研究方法。本研究将广泛运用案例研究法，通过对“十一五”期间成功关停小火电、地方政府中小企业税费负担、“限塑令”、天津滨海新区医疗卫生公共服务、2009～2013年的节能家电补贴推广政策等典型案例的深入剖析，来揭示中国政策执行模式的特征、地方政府常规性政策执行、限制性政策执行、创新性政策执行以及政策执行中存在的问题。在此基础上提出提升地方政府执行力的路径。

（三）系统研究法

系统研究法是系统理论在社会科学研究中的应用，是指将影响和制约研究对象的各因素视为一个密切相关的系统，从而从系统的角度来观察、思考研究对象的一种研究方法。在现代社会，政府管理各因素之间的关系益发密切，往往牵一发而动全身。在政策执行和地方政府执行力问题中也是这样，执行中由政府、相关的企业、社会组织、公民等主体组成一个执行系统，其中任何一个主体的变化都会引起其他主体的连锁反应。因此，对于政策执行过程必须系统观察、统筹考虑。

三、基本概念

本研究主要涉及四个基本概念。

（一）公共政策

作为一个政策学的基本概念，学界已经对公共政策下了很多定义，本研究综合既有的定义，认为公共政策是政府、执政党以及其他参与主体为解决公共问题，实现公共利益利益，在特定的时空条件下制定并执行的一系列行动规划。这一概念的要点如下：首先，公共政策由特定的主体——政府、执政党、其他参与主体等——制定与执行。其次，公共政策具有特定的价值取向，即为了解决公共问题、实现公共利益。再次，公共政策的制定和执行是在特定的环境和特定时间里进行的，受到当时环境与时间的影响和制约。最后，公共政策表现为一系列行动规划，这些规划以特定的行为准则或行为规范的方式出现。

（二）政策执行

政策执行是政策过程的基本环节之一，指的是在政策制定完成之后，承担或经授权承担特定公共职责的主体，运用一定的资源和方式，将政策文本的规定尽力变为现实的动态过程。这一概念的要点主要有：第一，政策执行是政策过程的基本环节之一。一般而言，政策过程包括政策制定、政策执行、政策评估与监督、政策终结或调整等环节。政策执行环节处于政策制定环节和政策评估与监督环节之间，是政策过程不可或缺的环节之一。第二，政策执行的主体除了政府等承担公共职责的主体外，还包括经授权承担特定公共职责的企业（包括公有企业和私人企业）、第三部门（包括事业单位、社会团体等）等主体。需要注意的是，如果需要企业、第三部门等主体执行公共政策，则必须要对他们进行明确的授权。第三，公共政策的执行离不开资源支持，并且需要选择适宜的执行方式。例如，公共政策的执行离不开人力、物力、财力等的支持，执行中可以选择引导、说服、强制等执行方式。第四，政策执行的结果是将政策文本规定的内容尽力变为现实。政策文本规定了政策依据、内容、目标等，政策执行的结果是尽力将这些内容变为现实。政策执行过程中，在与政策制定者及时沟通的情况下，允许修改一些与现实并不相符的文本规定，因此政策执行是一个动态的过程。

（三）政策执行网络

现代政策执行越发具有“网络性”的特点，表现为政策执行的网络。所谓政策执行网络，是指由政府及经授权的企业、第三部门等主体，以及政策的最终对象在政策执行中构成的信息流、利益流的复杂图景。理解这一概念应把握下述三点：第一，这是公共治理视角下的一种政策执行图景。如前所述，按照公共治理的理论视角，政策执行不是政府一家的事，政府、经授权的企业、第三部门等都可能成为政策执行的主体，它们之间围绕政策执行展开频繁互动，构成政策执行网络。第二，政府及经授权的企业、第三部门等政策执行主体，以及政策的最终对象构成政策执行网络的节点。第三，政策执行网络的内容表现为信息流、利益流的复杂联系。戴维·伊斯顿指出：“公共政策是对全社会价值的权威性分配。”因此，公共政策的执行实际上是对特定利益的配置或重新配置的过程，这一过程的核心是利益的流动。而在政策涉及的利益流动的过程中，信息又具有特别重要的价值，谁掌握了信息，谁就有可能在利益流动中获得先机。因此，信息的流动在政策执行中也具有特殊的意义。总之，政策执行网络概念的引入，提供了一个深入观察政策执行问题的理论工具和理论视角。

（四）地方政府执行力

根据前述学界关于地方政府执行力概念的既有研究，基于我国政府体制及其运行的现实，本研究认为，地方政府执行力指的是各级地方政府在执行全国性或者地方性的法规政策时，能够指导、引导或调动相关部门、企业、社会组织、公众等主体共同实现特定目标的能力。这一概念的要点有以下四个：第一，在性质上，地方政府执行力指的是地方政府实现特定法规政策目标的能力。第二，在中国，地方政府包括省级、地市级、县级、乡级等四级政府。第三，按其来源分，各级地方政府执行的法规政策共有三类：来自中央政府的法规政策、来自上级政府的法规政策，本级政府制定的法规政策。需要指出的是，这里的“政府”和“法规政策”都是广义的，包括各级党组织和党内法规、政策在内。第四，各级地方政府不是单枪匹马地只是依靠自身力量来执行法规政策，而是指导、引导或调动相关部门、企业、社会组织、公众等主体共同执行法规政策。

四、研究路径与框架

（一）研究路径

本研究的基本路径如下：运用官僚制理论和公共治理理论，通过典型案例分析，探讨中国地方政府执行力的特征、现状及存在的问题，进而提出提升地方政府执行力的路径。

这一研究路径的要点如下：

第一，如前所述，本研究的理论基础为两大理论：官僚制理论和公共治理理论。至于选择这两大理论基础的原因，在前述介绍这两大理论基础的部分已经有所说明，这里不再赘述。

第二，与既有的研究不同的是，本研究主要通过对一系列典型案例的深入探讨来揭示中国地方政府执行力的特征、现状及存在的问题。这些将体现在后面的相关章节中。

第三，在此基础上，本研究将从理论上提出提升地方政府执行力的路径。

（二）研究框架

本研究可以分为三大部分。

第一部分是第一章导论，包括前述的研究意义、文献综述、研究基础、基本概念等内容，目的是表明本研究的重大意义，考察已有的研究成果，明确本研究用到的基本理论、研究方法和主要概念，为进一步的研究奠定基础。

第二部分是第二至第六章，通过对若干典型案例的深入分析，探讨中国政策执行模式的特征、现状和存在的问题。这四个案例分别是："十一五"期间成功关停小火电的案例、地方政府中小企业税费负担政策执行案例、天津滨海新区医疗卫生公共服务政策执行案例、2009～2013 年的节能家电补贴推广政策案例。

第三部分是第七章，从理顺官僚制结构和构建协调的公共治理网络两大方面系统提出提升中国地方政府执行力的路径。

第二章　我国政策执行模式的特征①

——以“十一五”期间关停小火电为例

我国的政策执行模式有哪些特征呢？这是研究我国地方政府执行力问题应首先搞明白的问题。对于这一问题，本研究主要通过一个典型案例来揭示。

第一节　“十一五”期间关停小火电的背景

一、问题的提出

根据《国务院批转发改委、能源办关于加快关停小火电机组若干意见的通知》（国发〔2007〕2号），小火电机组指的是：单机容量5万千瓦级及以下常规火电机组；运行满20年、单机10万千瓦级及以下常规火电机组；按照设计寿命服役期满的单机20万千瓦及以下各类机组；供电标准煤耗高出2005年本省（区、市）平均水平10%或全国平均水平15%的各类燃煤机组；未达到环保排放标准的各类机组；按照有关法律、法规应予关停或国务院有关部门明确要求关停的机组。

2011年2月27日，在十一届全国人大四次会议召开前夕进行的与网友在线交流中，温家宝总理诚恳且负责任地承认：中国没有完成“十一五”

---

① 这部分的主要内容已发表，请参阅薛立强、杨书文：《论中国政策执行模式的特征——以“十一五”期间成功关停小火电为例》，《公共管理学报》2011年第4期，第1~7页。

规划提出的节能减排目标，规划将目标定为单位GDP能耗下降20%，实际上只下降了19.1%。然而，通过仔细地研究我们发现，在节能减排的重点领域——小火电的关停方面，则早在2009年6月底就已经完成了规划中确定的关停指标，即关停5000万千瓦小火电机组容量。[①] 之后，关停小火电机组的政策继续实施，到“十一五”末期，总共关停小火电机组7210万千瓦[②]，5年累计执行的结果超出了原定指标的44.2%。

事实上，关停小火电是一件非常困难的事，除了电力供需以及技术上的原因外，电力企业本身在执行上也存在困难，因为对于投资者而言，突然关停一个已经存在了十几年甚至几十年的企业，是不能接受的。另外，电厂关停后，资产处置、债务清理、人员安置等都很棘手。这些问题导致无论是电力企业还是地方政府都对关停小火电的积极性不高。“九五”“十五”期间，中国曾试图关停一部分小火电，但效果并不佳。其中，“九五”期间仅关停小火电机组964万千瓦，“十五”前两年共关停479万千瓦。从2002年下半年开始，由于出现了新一轮电力供应紧张局面，小火电关停工作随之放缓。[③] 那么，在“十一五”期间遭遇国际金融危机的情况下，中国是如何提前一年半完成如此困难的工作的？换句话说，有关这样一件困难工作的政策是如何有效执行的？进而，既有的政策执行模式中哪些特征促进了这一政策的执行？这即是本研究关心的问题。为了回答这些问题，我们将还原“十一五”期间关停小火电政策的执行过程，进而，将探讨“中国场景”下成功的节能减排政策执行的模式特征。

二、“十一五”之前的小火电治理及其失败

（一）小火电的发展

中国的小火电是在20世纪60年代开始发展的，主要的发展时期是70年代末80年代初。当时中国的电力工业发展相当滞后，无论是大电源建设

---

① 据统计，截至2009年6月30日，全国已累计关停小火电机组7467台，总容量达到5407万千瓦。国家能源局：《电力工业淘汰落后产能取得明显成效，“十一五”关停小火电机组任务提前完成》，《中国能源》2009年第8期，第5~6页。

② 温家宝：《政府工作报告》，《人民日报》2011年3月16日。

③ 方君实、商全红、李琼慧：《我国小火电调研分析及建议》，《中国电力企业管理》2006年第10期，第49~50页。

还是大电网覆盖面都不能满足人民群众生活水平提高的要求，也跟不上经济发展的步调，由此导致的结果就是电力供应出现了供不应求的现象，电力缺乏成为一种普遍现象。在中央政府的默许和鼓励下，各级地方政府积极筹集进行电力企业建设，但受到各种因素制约，没能建成多少大型电力企业，而是极大地促进了小火电的发展，几年间，各个地方的小火电逐渐形成规模。小火电的规模化发展，在一定程度上缓解了中国的严重缺电问题。随着1992年中国改革开放步伐的加快，电力需求和中国经济社会的高速发展又进一步促进了小火电的发展。在30万千瓦和60万千瓦机组已逐步成为中国电力发展主力机型的情况下，小火电机组的建设进度并没有放缓。统计资料显示，截至2004年底，单机10万千瓦及以下小火电机组有0.597亿千瓦，大约占火电装机容量的20%。[①] 而到2005年底，单机10万千瓦及以下小火电机组发展到1.15亿千瓦，占火电装机容量的29.4%。[②]

（二）改革开放以来对小火电的治理（1986~2005年）

虽然小火电对缓解电力供应紧张局面发挥过积极作用，但与大型高效发电机组相比，其弊端是能耗高、污染重、效率低。例如，大型高效发电机组每千瓦时供电煤耗是290~340克，而中小机组每千瓦时的供电煤耗却能达到380~500克。以5万千瓦机组来看，其供电煤耗约440克/千瓦时，这就意味着，发同样的电量小火电机组比大机组要多耗煤30%~50%。因此可以说，小火电机组在供电企业中所占的比重过高，已经成为中国电力工业污染重、煤耗高的主要原因。[③] 数据显示，2005年小火电机组的二氧化硫排放量占电力行业总排放量的35%，烟尘的排放量占总排放量的52%。如果同样的电量由相应的大机组来发电，一年就可以节省9000万吨标煤，减少排放二氧化硫220万吨、二氧化碳2.2亿吨，分别占2005年电力工业排放总量的16.6%和10%。[④] 因此，在中国能源供应日益紧张、环境污染日益严峻

---

① 王楠：《我国关停小火电机组的形势分析》，《电力技术经济》2006年第3期，第17~19页。

② 赵小平：《上大压小，加快关停小火电机组——国家发展改革委能源局局长赵小平就电力工业上大压小、节能减排工作答记者问》，《中国经贸导刊》2007年第4期，第32~33页。

③ 电力工业是节能降耗和污染减排的重点领域，2005年全国发电用原煤11.1亿吨，占煤炭消费总量的近50%，占一次能源消费总量的36%，电力行业排放二氧化硫占全国排放总量的53%。参见文献［15］。

④ 朱娅琼：《关停小火电是一场攻坚战——专访国家发改委能源局局长赵小平》，《中国投资》2007年第12期。

的情况下，关停小火电成为一种必然选择。

其实，从20世纪80年代中期开始，中国即展开了对小火电的治理、整顿和引导工作，相关部门出台了一系列政策法规（见表2－1）。其中最重要的是1999年国务院办公厅转发的《关于关停小火电机组有关问题的意见》（国办发〔1999〕44号），以这个文件为标志，关停小火电工作正式启动。文件发布后至2002年底，各地积极响应，全国累计关停约1500万千瓦小火电机组。但是，在经济快速发展时期，对电力的需求却没有减少，保证电力供应成为首要任务，为环节电力供需矛盾，关停小火电工作放缓了。与此同时，各级地方政府也借机大力兴建或改建小火电机组，仅2004年一年，全国投产的2.5万千瓦以下的火电机组累计达到880万千瓦。2005年前后电力供需形势有所缓解，关停小火电问题又引起有关部门的重视。2005年8月15日国家发展改革委员会发布了该年的第50号公告再次启动了小火电关停工作，公告要求第一批关停的小火电机组到2010年要达到534.55万千瓦。

表2－1　　中国政府治理小火电的主要法规与政策（1986～2005年）

颁布时间	法规或政策	出台部门
1986年10月	关于发展小火电的暂行规定	国家计委、水利电力部
1988年	关于清理固定资产投资在建项目、压缩投资规模、调整投资结构的通知	国务院
1989年3月	关于严格限制凝汽式小火电厂建设的通知	能源部、国家计委
1995年12月	关于严格控制小火电设备生产、建设的通知	国家计委、国家经贸委、中国人民银行、机械工业部、电力工业部
1997年	火电机组建设管理暂行规定	电力工业部
1997年	关于严格管理电力“以大代小”退役机组的通知	国家经贸委
1998年	关于重申严格小火电项目审批程序的通知	电计
1998年	关于对在建小火电机组进行全面清理的紧急通知	电计
1998年	关于核查“以大代小”技改项目替代机组停运情况的通知	电计
1998年	关于做好中低压机组停运计划的通知	国家电力公司
1999年	关于关停小火电机组有关问题的意见	国务院办公厅
1999年	关停小火电实施意见	国家经贸委

续表

颁布时间	法规或政策	出台部门
2000 年	关于做好关停小火电机组工作中小型热电联产机组审核工作的通知	国家经贸委
2000 年	综合利用电厂（机组）认定管理办法	国家经贸委
2005 年 8 月	第 50 号公告要求到 2010 年第一批要关停的小火电机组规模为 534.55 万千瓦	国家发改委

资料来源：王楠：《我国关停小火电机组的形势分析》，《电力技术经济》2006 年第 3 期。

（三）小火电关停困难的主要原因

1. 长期电力供需紧张

按照“三步走”的发展战略，到 21 世纪中叶，中国人均国民生产总值要达到中等发达国家水平。而实现这一目标的首要任务是保持经济持续快速发展。而要实现经济快速发展就必须有充足的电力供应。可以说，这是小火电在中国出现并获得迅速发展，以及难以关停的根本原因。可以说是“缺电”引发了小火电的发展；几次治理小火电都不成功的根本原因是害怕影响经济发展。

2. 强劲的利益驱动

一是地方利益的驱动。在电力供需紧张的情况下，地方建设小火电不愁销路且利润可观，这不仅能增加本地的 GDP 产值和税收收入，还能解决本地的就业问题，甚至还有可能摘掉贫困的帽子。同时，小火电机组增加了煤炭的使用量，如果恰巧本地生产的煤炭可用，小火电又积极推动了本地煤炭及相关产业的发展。正是在强劲的利益驱动之下，一旦中央对发展小火电的态度有所松动，地方政府立即采取行动推动小火电发展；而当中央关停小火电时，地方则选择缓慢进行。二是民营经济等投资主体的利益驱动。在投资主体多元化的情况下，小火电对于民营经济等投资主体具有较大的吸引力。小火电建设周期较短，投资较少，门槛较低，用人机制灵活，人工、运行费用低，虽然固定资产比例较大，但一旦建成，变动成本较低，这些导致小火电虽然煤耗高，但总体上电价仍能低于大电网电价。三是企业自备电厂成本较低的利益驱动。与向大电网购电相比，企业自备电厂发电成本要低得多。大电网存在着收费、加价过多过滥的情况，且供电可靠性和质量也不是很高。而企业自备电厂发电不仅能大大降低电费等成本支出，还能有利于企业提高盈利能力以及提升产品市场竞争力。这也导致很多有能力的企业选择自备小火电。

3. 政策不完善

“十一五”之前几次关停小火电的政策工具主要是行政手段，关停小火电中央不但不给任何补偿，电厂关停后，资产处置、债务清理、人员安置等都要交由地方负责。行政手段一定程度上抑制了小火电的蔓延，但由于对地方、企业以及投资者的利益照顾不周，因此政令很难畅通，“严了老实人，宽了胆大人”的局面以及“上有政策，下有对策”的现象普遍存在，有些地方“一度形成了国家已开始关停中央所属、改革开放前建设的容量5万千瓦的小火电，而地方电力公司仍在变相建设和运行0.6万、1.2万、2.5万千瓦小火电的‘违反经济规律’的怪现象”①。

4. 认识不到位

这主要表现为在经济发展指标的压力下，有关地方政府及其部门对发展方式转变、能源供应瓶颈、环境承受力等的紧迫性认识还不到位，不能正确认识关停小火电的意义，或者是由于对政策意图的理解不深刻而导致对于关停小火电工作执行的不坚决，落实的也不到位。

第二节　“十一五”期间关停小火电政策的内容及其执行

如前文所述，关停小火电是很不容易的事。但就在这件事上，“十一五”期间却做出了很大的成绩。那么，“十一五”期间是如何成功关停“小火电”的呢？本节主要考察关停小火电政策的内容及其执行过程。

一、“十一五”期间关停小火电政策制定过程与主要分歧

2006年3月14日十届全国人大四次会议表决通过了“关于国民经济和社会发展第十一个五年规划纲要的决议”，即“十一五”规划。“十一五”规划经过全国人大通过后，即具有严肃的法律效力。“十一五”期间各级政府都要为完成“规划”提出的目标而努力。在这一过程中，首先需要中央

① 周国栋、李晓军：《小火电何以似停非停?》，《中国电力企业管理》2006年第10期。

政府制定相关政策，并对各级政府提出具体要求。这些政策中就包括关于关停小火电的政策。

（一）关停小火电政策的制定过程

如前所述，2005 年，随着电力供需形势的缓解，国家发展改革委员会制定并公布了到 2010 年第一批关停小火电机组 534.55 万千瓦的计划。但这一计划已经不能适应“十一五”时期的要求，因此要根据新的电力供需情况制定新的关停计划。为此，国务院节能减排工作的主要负责部门——国家发改委，于 2006 年 2 月 28 日发布了《做好小火电机组关停调查工作的通知》（发改办能源〔2006〕392 号），要求对过去已明确的关停机组进行一次全面核查，对过去已明确的关停计划逐一进行调查。《通知》下发以后，国家发改委、国家能源办、国家电力监管委员会、中国电力企业联合会等组成联合调查组就小火电关停办法到全国各地进行调研。能源办和国家电网公司还委托国网北京经济技术研究中心就关停小火电问题进行专题调研。[①] 在调研的同时，广东省、河南省也分别进行了试点工作。经过多次充分调研并在部分地区开展试点工作的基础上，国家发展改革委员会在 2006 年 11 月提出了《关于加快关停小火电机组的意见（讨论稿）》，意见出台后发改委还专门召集相关部门开展了座谈会，与有关部门和地方政府就“十一五”期间关停小火电的“执行性政策组合”进行了进一步讨论。

可以说，2006 年基本上是制定政策的一年，到年底，关停小火电的成效很不明显。据统计，该年全国仅关停小火电机组 313.98 万千瓦。[②] 这一“开局不利”的情况强烈刺激了中央决策层，从而加大了节能减排工作力度[③]，也加速了关停小火电机组政策的出台。于是，在 2007 年 1 月，国务院以国发〔2007〕2 号文件的形式批转了发改委、能源办《关于加快关停小火电机组若干意见的通知》，要求 2007 ~ 2010 年，全国要关停小燃煤机组 5000 万千

① 该研究中心提出了《我国小火电调研分析及建议》的调研报告，就淘汰小火电的必要性，淘汰小火电面临的机遇，淘汰小火电的原则、目标及实施步骤，政策措施建议等提出了自己的看法。

② 2006 年全国关停小火电机组情况表，国家发改委公告（2009［4］）。

③ 在 2007 年的政府工作报告中，针对 2006 年没有完成节能减排指标的情况，温家宝总理严肃指出：“‘十一五’规划提出这两个约束性指标是一件十分严肃的事情，不能改变，必须坚定不移地去实现，国务院以后每年都要向全国人大报告节能减排的进展情况，并在‘十一五’期末报告五年这两个指标的总体完成情况。”见温家宝：《政府工作报告》，《人民日报》，2007 年 3 月 17 日。

瓦以上，同时也不允许上马新的小火电项目，这标志着“十一五”期间关停小火电的政策正式出台。在这一意见指导下，中央有关部门和地方政府又从不同角度完善了相关政策，出台了一系列配套措施来保证政策的实施。

（二）关停小火电政策制定中的分歧及其解决

根据政策调研、酝酿过程中透露出来的信息，可以发现在制定关停小火电政策过程中存在着大量的不同意见。其中，最主要的分歧表现在关停目标的确定以及关停手段的选择两个问题上。

从关停目标确定来看，小火电机组的关停目标是逐步形成的。在目标确定之前经历了各种认识，不同地方、不同部门分别在不同时间表达了自己对于“十一五”期间关停小火电目标的不同认识。前面提到，2005 年国家发改委提出了到 2010 年第一批关停 534.55 万千瓦小火电机组的计划。仅在一年之后，国家发改委又在一份调整电力结构的文件中，将“十一五”期间关停小火电的目标确定为关停 5 万千瓦及以下凝汽式燃煤小机组 1500 万千瓦，关停老、小燃油机组 700 万千瓦。[①] 而国网北京经济技术研究中心课题组建议的关停目标是淘汰全部 0.6 万 ~ 10 万千瓦燃煤凝汽式小火电机组 3800 万千瓦，淘汰全部 0.6 万 ~ 5 万千瓦柴油机组 546 万千瓦，合计淘汰 4346 万千瓦。[②] 在各种争论之后，国务院最终做出了关停 5000 万千瓦小火电机组的目标。曾培炎副总理在 2007 年 1 月 29 日召开的“全国电力工业上大压小节能减排工作会议”上指出，“实行上大压小、节能减排是国务院做出的一项重要决策”[③]。

从关停手段选择来看。不同责任主体在关停手段选择上也曾提出不同的设想。作为中央政府关停小火电责任主体的国家发改委曾试图采用行政手段强行关停小火电。有报道显示，国家发改委在政策制定过程中，倾向于通过不给小火电发电指标的方式强行关停。行政手段是传统的方式，有人认为在目前的社会形势下，运用市场化手段进行关停更容易实现目标。而比较有效的市场化手段包括取消鼓励小火电的电力合同交易以及取消针对小火电的税

---

① 董于青：《小火电屡关不停，数部委联合调研》，《中国工业报》2006 年 11 月 14 日。

② 方君实、商全红、李琼慧：《我国小火电调研分析及建议》，《中国电力企业管理》2006 年第 10 期。

③ 曾培炎：《努力完成指标，淘汰小火电机组 5000 万千瓦》，《资源与人居环境》2007 年第 12 期。

收豁免等。[①] 从实际结果来看，国务院在制定最终政策时，吸取了上述两个意见中的合理成分，同时运用强制性行政手段和引导性的市场手段共同达到关停小火电的目标。行政手段与市场手段的有机结合，实现了优势互补，极大地推动了“十一五”期间关停小火电目标的实现。

二、关停小火电政策的内容

关停小火电其实是一套“组合拳”，即一系列政策的组合。其中既包括国务院出台的关停小火电意见，也包括中央有关部门和各级地方政府出台的若干政策措施。其主要内容体现在四个方面。

（一）综合性的政策目标

《关于关停小火电机组有关问题的意见》及其配套措施提出了一个综合性而非单一性的政策目标。我们将其界定为三重目标：第一重目标是节能，即确保全国关停小燃煤火电机组5000万千瓦以上（包括关停燃油机组700万~1000万千瓦）。第二重目标是减排，即通过关停小火电机组，实现节约5000万吨以上标准煤和减排160万吨以上二氧化硫的能力。第三重目标是发展，即在关停一批小火电的同时建成一批大型高效环保机组和其他清洁能源、可再生能源发电机组。

（二）以“上大压小”为中心的引导性政策组合

《关于关停小火电机组有关问题的意见》及其配套措施是在充分吸取之前治理小火电的经验教训基础上提出来的，因此体现了市场手段的引导性，我们将其称为引导性政策组合（见表2-2）。这些政策组合的中心内容是“上大压小”，即在建设大容量、低消耗、高参数、少排放机组的同时，关停一部分小火电机组，这种将新建电源项目与关停小火电机组挂钩的做法也是市场手段的体现，通过利益引导的方式促进地方政府和相关企业积极推动节能减排政策的贯彻落实。当然，政府也出台了一系列与“上大压小”政策相匹配的政策措施，如通过改进发电调度方式，优先调度可再生能源和高效、清洁的机组发电的方式来促进“上大”目标的实现；通过限制能耗高、

① 董于青：《小火电屡关不停，数部委联合调研》，《中国工业报》2006年11月14日。

污染重的机组发电来达到“压小”的目标。

表2－2　引导性政策组合

“上大压小”	为了调动地方和企业的积极性，在实施上大压小的时允许按一定比例折算。例如，建设30万千瓦机组要关掉24万千瓦小机组，建设60万千瓦机组要关掉42万千瓦小机组，建设100万千瓦机组要关掉60万千瓦的小机组
改进发电调度方式	根据节能、环保、经济的原则，优先调度可再生能源和高效、清洁的机组发电，限制能耗高、污染重的机组发电，逐渐减少小火电机组的发电小时数
加强小火电机组上网电价管理	要求各地改革电价和趸售体制，将所有燃煤（油）小火电机组上网电价降到不高于本地区标杆上网电价，并逐步实现同网同价
将自备电厂与公用电厂“公平对待”	对自发自用电量征收国家规定的基金和附加费，并按规定收取备用容量费
严格执行国家环保政策	加强环保监督检查和排污收费管理，提高发电企业的环保违法成本
实行发电量计划补偿政策	机组关停后在一定期限内可继续享受发电量计划指标，并可通过转让电量指标获得一定经济补偿。关停越早的机组，获得的电量补偿和享受期限越长
开展排污、取水许可指标交易	按期关停的机组可转让污染物排放指标、取水许可指标，获得一定经济补偿
对遵守规定的自备电厂和趸售电网实行鼓励	关停机组的自备电厂企业或趸售电网在用电价格方面可享受一定优惠

资料来源：根据《国务院批转发改委、能源办关于加快关停小火电机组若干意见的通知》（国发〔2007〕2号）整理。

（三）强制性政策组合

在前面我们谈到，在《关于关停小火电机组有关问题的意见》及其配套措施出台以前，国家相关部门采用了行政手段与市场手段相结合的方式。因此，为了突出行政手段的重要性，《意见》及其配套措施实际上也可以看作是强制性政策组合。强制性主要体现在以下两个方面：一方面是到期应实施关停的机组必须关停，否则相关的强制措施将立刻启动。如电力监管机构会吊销其电力业务许可证，电力调度机构不再调度其产出的电力，电网及相关企业不再收购其电量并会将其解网，银行等金融机构停止对其发放贷款。另一方面是机组关停后就地报废，不得易地建设，也不得转供电或解列运行。

（四）保障机制和责任机制

在强制性政策与引导性政策发挥作用的同时，《关于关停小火电机组有关问题的意见》及其配套措施也提出了强有力的责任机制和有针对性的保障机制。这是在对关停小火电机组工作复杂性和艰巨性的认识基础上所采取的必要措施。在责任机制方面，《意见》将各省（区、市）政府作为本地区小火电机组关停工作的责任主体，要求根据国家确定的关停目标，制订符合本地区实际的小火电机组关停方案和年度关停计划，并由其主动向社会公布并组织落实。对于发电企业而言，它们的任务就是按照省（区、市）政府制定的关停计划和关停方案实施关停，作为直接责任人负责本单位的关停及善后处理。在保障机制方面，《关于关停小火电机组有关问题的意见》要求地方政府按照“一厂一策”的原则实施关停工作，把人员安置、土地处置、企业债务等后续问题解决好，同时要改造符合条件的小火电企业，把符合条件的企业改造为生物质能发电或热电联产机组。对供热机组实行“先改造后关停”或“先建设后关停”。[①] 通过这些方式最终实现机组关停后的电力接续工作。这就意味着各级地方政府要积极制定电力供应应急预案，在关停和改造的同时进行配套电网建设工作，保障相关地区和企业的电力供应不出问题。

三、关停小火电政策的执行过程

纵观“十一五”期间小火电政策的实施过程，可以分为四个阶段，第一阶段为政策执行动员阶段，第二阶段为政策指标分解与任务认领阶段，第三阶段为制定配套政策并贯彻实施的阶段，第四阶段为政策执行监督检查阶段。下面我们分别介绍具体的执行过程。

（一）政策执行动员

任何一项政策在实施前都必须经历政策动员阶段，把政策目标与价值传递给政策执行对象，从而促进政策的落实。关停小火电政策也是如此，而且

① 即在大中型热电联产机组建成投产或现役大中型机组改造完成之后，再对供热小机组实施关停。

需要动员的力度更大。从动员的层级来看，从中央到地方，动员是分级进行的；从动员的方式来看，各级政府主要采取的形式是召开会议。全国性的第一个动员会是2007年1月29日在北京召开的“全国电力工业上大压小节能减排工作会议”，这次会议的规格和规模都是非常高的。从参加人员来讲，既包括国务院副总理级别的国家领导人，也包括省、自治区和直辖市的负责人，还包括五大发电集团和两大电网公司的负责人。从内容上来讲，主要是负责关停小火电的国家发改委和国家环保总局对上大压小、节能减排工作的阐述和部署。为了起到较好的示范效果，会上还邀请了相关单位负责人介绍本地区、本企业关停小火电机组的经验，这些地区是广东省和河南省，企业包括中国电力投资集团公司和国家电网公司。他们在介绍经验的同时也对于下一步关停目标做了展望，表示完全可以完成关停小火电的各项任务。在这次会议之后，各省级政府也按照要求在本省区内进行了广泛的动员，要求下级政府积极完成关停目标与任务。例如，浙江省长吕祖善在全省节能降耗和关停小火电工作电视电话会议上强调，各地、各部门务必进一步提高思想认识，采取更有效的措施，千方百计确保浙江省节能降耗任务的顺利完成。① 江苏省常务副省长赵克志在江苏省电力工业上大压小节能减排工作会议上强调，要加强组织领导，落实工作责任，力争超额完成目标任务。②

（二）政策指标分解和任务认领

从一定意义上说，中央政府和省级政府的“动员会”实质上也是政策指标分解和任务认领会。一般是会议召开前，上级政府对各地的实际情况进行调研，在掌握具体数据和基本情况的基础上对各省关停小火电的指标进行分派；会议召开时，中央政府会公布各省的任务与关停指标，在下达任务的同时与下级政府和有关企业签订关停目标“责任书”，下级政府和企业在认领关停任务的同时要向上级政府表明完成任务的决心与信心。在“全国电力工业上大压小节能减排工作会议”上，30个省、自治区和直辖市以及五大发电集团和两大电网公司分别与国家发改委签订了“目标

① 吕祖善：《在全省节能降耗和压小火电工作电视电话会议上强调确保节能降耗任务顺利完成》，http：//news. zj. com/zhejiang/zjsz/2007－03－03/757450. html。

② 《江苏省部署“上大压小”节能减排工作》，http：//finance. sina. com. cn/chanjing/b/20070314/09511264268. shtml。

责任书”，明确了各自在“十一五”期间关停小火电机组工作中的责任、应采取的措施和考核办法。[①] 在江苏省的“动员会”上，省发改委与有关市人民政府和发电企业签署了责任书。在浙江省“动员会”上，省政府与各市政府签订了当年的节能目标责任书和关停小火电机组目标责任书。需要注意的是，在我国的政策执行中，上级政府与下级政府之间以及同级政府和企业之间签订责任书并不是平等协商的结果，在这一过程中，下级政府和企业几乎没有与上级政府“讨价还价”的空间。签订责任制书的目的只是表明上级政府下达的任务量是确定的，下级政府和相关企业要明确任务并按照要求按时完成任务，这实际上也是“压力型政府”的表现。

（三）制定配套政策并贯彻实施

《关于关停小火电机组有关问题的意见》是一个总体性政策，为了有效执行这一政策，中央和地方政府制定了一系列配套政策来辅助实施。从总体上看，这些配套政策可以分为两类。一类是国家发改委、国家电监会等中央政府有关部门针对某一项或某几项政策目标而制定的细化措施。例如，2007 年 3 月初国家电监会提出的用市场机制促进小火电机组关停的 8 项措施就属于此类配套措施。另一类是各级地方政府为了贯彻落实《关于关停小火电机组有关问题的意见》所确定的各项目标，而结合本省实际情况制定的实施方案。例如，作为开展改进发电调度方式的试点省份，河南省早在 2007 年 1 月 4 日即向所辖各级政府发出了《关于进一步加快关停小火电机组的有关意见》。广东省政府也在 2007 年 3 月 27 日印发了《广东省小火电机组关停实施方案》（粤府办〔2007〕28 号）。中央政府的细化措施和地方政府的实施方案都在不同程度上完善了《关于关停小火电机组有关问题的意见》，使得《意见》中的原则和目标更加具体可行，极大地促进了关停小火电政策的落实。除此以外，还有一些省份为了保证能够按时完成认领的关停任务，又在既定目标的基础上向下级政府和所属企业下达了更为“艰巨”的小火电关停任务。例如，广东省的任务目标是“十一五”期间关停小火电机组 900 万千瓦，但实际上广东省对其所属企

① 曾培炎：《努力完成指标，淘汰小火电机组 5000 万千瓦》，《资源与人居环境》2007 年第 12 期。

业和下级政府分派的任务总量是关停小火电机组1000万千瓦。[①] 湖南省的任务目标是“十一五”期间关停75万千瓦，实际上湖南省在省内确定的目标是力争关停100万千瓦。[②]

（四）政策执行监督检查

为了确保完成《关于关停小火电机组有关问题的意见》提出的关停目标，中央和地方各级政府普遍加强了政策执行监督检查的力度。这种监督检查主要表现在两方面：一是监督检查的具体责任与措施[③]在《关于关停小火电机组有关问题的意见》及其配套措施里面体现的比较充分。这就为进一步监督检查提供了依据和标准。二是主管小火电关停工作的中央以及有关地方政府负责人不仅重视监督检查工作，还经常亲自检查本地关停小火电工作的进度。例如，2007年6月13日，云南省常务副省长罗正富在华电云南巡检司电厂亲自断开了4台2.5万千瓦发电机组连接系统的高压断路器，这一组发电机的关停意味着华电云南巡检司电厂的关停任务提前半年完成。

四、关停小火电政策执行的结果

无论怎样，“十一五”期间中国成功关停了超过7000万千瓦的小火电机组，并且提前一年半完成了“十一五”的目标，实现了小火电治理的巨大成功，这是之前的任何时期都难以做到的。那么，是哪些因素促成了中国在“十一五”期间迅速而顺利地关停了如此多的小火电呢？经过分析，我们得出以下结论。

---

① 《广东省小火电机组关停实施方案》（粤府办〔2007〕28号），http：//www. gd. gov. cn/govpub/zfwj/zfxxgk/gfxwj/yfb/200809/t20080910_63922. htm。李强：《小火电关停的“多赢阐释”——华电云南公司提前半年关停巡检司电厂10万千瓦小机组》，《中国经贸导刊》2007年第16期。

② 《湖南省发展改革委关于加快关停小火电机组实施意见》（湘政发〔2007〕17号），http：//law. baidu. com/pages/chinalawinfo/1695/55/4f61001ab57580eb80a7b1ee0270bd72_0. html。

③ 《关于关停小火电机组有关问题的意见》规定，电力监管机构要加强小火电机组监督管理，建立监管信息系统，对不符合设计要求和有关规定的，不予颁发电力业务许可证。对应关停而拒不关停的小火电机组，省级以上政府有关部门和单位可责令其立即关停，并暂停该企业新建电力项目的资格，直至完成关停任务；对弄虚作假逃避关停或关停后易地建设的机组，一经查实，应责令其立即关停并予以拆除，同时追究相关人员的责任。

（一）电力供需持续趋缓为关停小火电创造了有利的客观条件

电力供需状况是制约中国治理小火电成败的关键因素。“十一五”期间之所以能够成功关停小火电，重要原因在于这一期间电力供需的持续趋缓。如前所述，“十五”后期（2005 年）中国电力供需形势趋于缓解。“十一五”期间的 2006 ~ 2010 年，由于“上大压小”政策效果的持续释放和应对金融危机的大量投资激励政策，中国电源建设保持了较大规模，全国发电装机容量持续高速增长（见图 2 - 1）。这有力地促进了电厂设备利用小时数的下降（见图 2 - 2），为关停小火电机组提供了有利的客观条件。

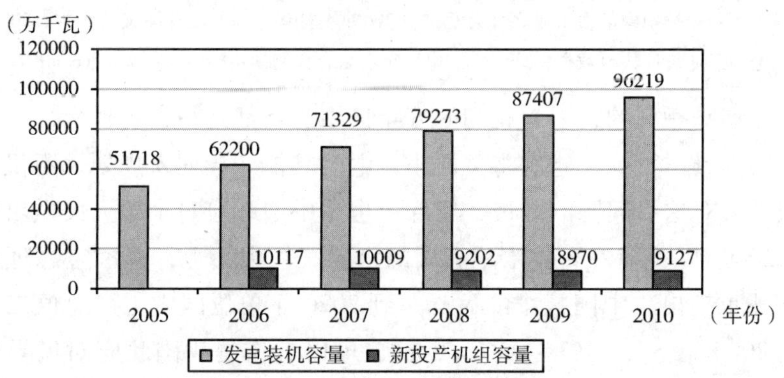

图 2 - 1　全国发电装机容量和新投产机组容量（2005 ~ 2010 年）

资料来源：根据中国电力企业联合会发布的 2005 年全国电力工业发展统计年报，2006 ~ 2010 各年全国电力工业统计快报数据整理。中国电力企业联合会网站：http：//www. cec. org. cn/。

（二）中央高层对节能减排的重视为关停小火电提供了有利的主观条件

近年来，中国日益受到能源和环境的严重制约。对此，中国领导人有着迫切且清醒的认识。江泽民退休后曾撰文深入分析了能源问题对中国经济社会发展的重要性、世界能源基本状况和发展趋势、中国能源发展面临的机遇、中国能源发展的战略思路等问题。[①] 由此可以看出能源和环境问题在中国领导人心中的重要性。“十一五”规划明确提出了节能减排的目标在我国

① 江泽民：《对中国能源问题的思考》，《上海交通大学学报》2008 年第 3 期。

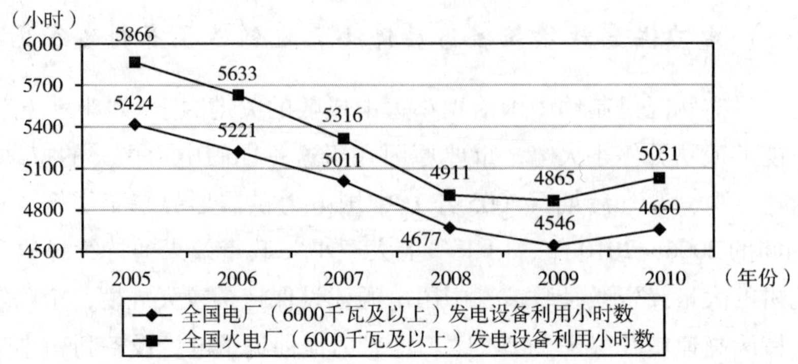

图 2-2　全国电厂、火电厂平均设备利用小时数（2005～2010 年）

资料来源：根据中国电力企业联合会发布的 2005 年全国电力工业发展统计年报，2006～2010 各年全国电力工业统计快报数据整理。中国电力企业联合会网站：http：//www. cec. org. cn/。

也是有着特殊意义的，因为我们的五年计划通常都是写宏观目标，很少针对某一事项提具体目标，这次将关停小火电的具体任务列入规划，不仅意味着国家领导人对这一问题的重视，实际上也是中国政府对全国人民做出的郑重承诺。2009 年 12 月在哥本哈根召开的世界气候大会上，温家宝总理代表中国政府郑重提出，中国减排的目标是到 2020 年单位国内生产总值二氧化碳排放比 2005 年下降 40%～45%。① 这也可以看作是我国政府对世界做出的承诺。由此可见，无论是对内还是对外，国家领导人都对节能减排这个问题表现出了高度的重视，也在一定程度上为小火电关停工作提供了有利的主观条件和巨大动力。

（三）适当的政策及其严格执行有力地推动了关停小火电工作的进行

可以说，以《关于关停小火电机组有关问题的意见》为代表的“十一五”期间关停小火电的一系列政策措施是迄今为止治理小火电的最为全面、适当的政策措施。特别是其中以“上大压小”为核心的一系列引导性政策组合，充分考虑了地方政府和相关小火电企业的利益，通过利益引导让地方政府和相关企业意识到关停小火电的目的是为了发展清洁高效机组的作用，

① 在哥本哈根世界气候大会上，温家宝代表中国政府郑重提出，中国减排的目标是：到 2020 年单位国内生产总值二氧化碳排放比 2005 年下降 40%～45%。这一目标将作为约束性指标纳入国民经济和社会发展的中长期规划，保证承诺的执行受到法律和舆论的监督。《温家宝全面阐述中国政府立场主张》，《人民日报》2009 年 12 月 19 日。

只有关停小火电才有利于自身的发展。这种利益引导极大地调动地方政府和相关企业的积极性，让他们主动去建设清洁高效的新能源机组。此外，如前所述，“十一五”期间各级政府普遍加大了对关停小火电政策执行监督检查的力度。来自上级政府的压力也迫使地方政府和企业主动去关停小火电。正是在这些政策及其严格执行的“双重挤压”下，地方政府和相关企业开展积极调研，积极推动相关工作的开展，这在实际上出现了从“要我关停”到“我要关停”是良好局面。例如，华电云南公司党组在对“上大压小”政策和云南电力市场进行认真调查分析的基础上，认为提前关停其下辖的巡检司电厂是利大于弊的，于是集团党组决定加快该电厂的关停步伐，将关停时间提前到2007年上半年完成。①

（四）一些“偶然性”因素也促进了小火电机组的关停

这些因素主要是，第一，“十一五”之前关停小火电不顺利为之后的关停累积了较大的容量。“十一五”之前几次治理小火电都没有贯彻到底，这虽然比较遗憾，但其“好处”是为“十一五”期间关停小火电累积了较大的关停容量，从而为顺利关停小火电创造了有利条件。例如，“十五”期间计划关停小火电机组1500万千瓦，最终只关停830万千瓦，这实际上就积累了670万千瓦应关停而未关停的小火电机组。② 第二，为了应对金融危机，国家出台了大量投资激励政策。“十一五”期间中国遭遇严重的国际金融危机，为了应对危机，振兴经济，2008年下半年起，中国出台了大量加大投资、刺激消费、促进出口的政策措施。这些政策措施，特别是其中加大投资的政策措施，契合了“上大压小”的要求，成为关停小火电的有利促进措施。在投资激励政策下，2006～2010年，每年都有大量高效节能机组投入运营（见图2－1），这进一步促进了小火电的关停。

第三节　中国政策执行模式的三大特征

虽然“十一五”时期的节能减排总目标没有完成，但是关停小火电却

① 李强：《小火电关停的“多赢阐释”——华电云南公司提前半年关停巡检司电厂10万千瓦小机组》，《中国经贸导刊》2007年第16期。

② 发改委：《以强力手段关停小火电》，《电业政策研究》2007年第1期。

成为了中国节能减排政策执行的一个成功的案例。通过我们得研究发现，关停小火电的案例比较完整地反映了中国节能减排政策的执行过程，在这个执行过程中我们发现了中国政策执行的模式特征。我们认为这些特征可以概括为三个方面。

一、“层级加压+重点主抓型”的体制架构

在进行文献综述的时候我们发现中国的政策执行带有自己独特的体制性特征。“层级加压”这一特点可以体现在几乎所有的政策执行领域。在中国中央集权制的政治体制下，中央政府和上级政府可以自上而下的运用多种方式对地方政府施加压力，也可以通过绩效考核的方式迫使地方政府去主动执行。可以说，这种“层级加压”的方式能够比较顺利地将任务分解到地方政府及其下级政府。与此同时，中国特有的“官员晋升的政治锦标赛”也发挥了积极作用，在上级压力下，地方政府和下级政府都希望自己在某一轮竞争中取得“好成绩”，于是他们会想方设法完成甚至超额完成中央政府或上级政府分派的任务。在“层级加压”与“官员晋升的政治锦标赛”的同时作用下，中国的政策执行就出现了被动性与主动性共存的局面。从另一个角度看，中国共产党是各级政府的领导核心，具有“一条主线贯穿到底”的组织基础。在共产党“民主集中制”原则下，下级必须服从上级，全党必须服从中央，因此各级地方政府在党的号召下也能做到政令统一、行动一致。在这样的结构和逻辑之下，中央政府和上级政府的政策完全可以分解到地方政府和下级政府，乃至最基层政府去贯彻落实，而不需要像“职责异构”国家①那样建立自己的执行系统。

“层级加压”只是“十一五”期间关停小火电政策执行中表现出的部分特点，为了完整反映中国政策执行的体制特征，我们进一步考察发现，中央和省级政府一方面通过政策目标的层层分解，以签订小火电关停“责任书”的方式把任务分给地方政府和下级政府，另一个重要方面是中央和省级政府直接把任务分给自己所属的国有企业去完成，这也是中国政策执行的特殊性

① 所谓“职责异构”即与“职责同构”相对的，各级政府具有不同的职能，履行不同的职责，并建立不同的机构的一种政府间纵向关系模式。参见文献［10］。

所在。据统计，在小火电关停工作中，大型国有企业发挥了主力军的作用。截至2009年6月底，中央所属五大发电集团共关停小火电2233万千瓦，占全国关停总量的41.3%。[①] 由此可以看出，在小火电关停工作中，中央政府和省级政府采用了“重点主抓”的方式自己去执行一部分政策。这里的重点就是自己所属的大型国有企业。在中国受计划经济的影响，大型国有企业始终处于国家政策执行的一线，在各级各类政策执行中都发挥着至关重要的作用。如果和国外“职责异构”对比的话，我们可以将中国各级政府所属的企事业单位也看作是一种特殊的执行机构。在“单位中国”的状况下，企事业单位所负担的执行任务并不比同级政府少。这也是中国政策执行体制架构的重要特征。

综上所述，我们将“层级加压＋重点主抓型”的体制架构看作是中国政策执行在体制架构上的突出特点。在这种架构之下，上级政府在向下级政府层层下派政策执行任务的同时，自己也通过所属的企事业单位有重点地执行政策中的某些部分。

二、自上而下的政策执行过程

从前面的研究综述可以发现，关于政策执行的研究中包含两种基本研究路径，一种自上而下的模式，另一种是自下而上的模式。我们这里所说的“自上而下的政策执行过程”特征与此不同，它是中国政策执行在运行过程中体现出的特征，它指的是一项政策在中国各级政府间被执行的过程。因为在中国“层级加压＋重点主抓型”的政策体制架构中，几乎所有的国家政策都经历了从中央政府发出，由下级政府及其再下一级政府来具体实施和执行的过程，这是一种明显的“自上而下”的执行过程。从我们研究的关停小火电案例中可以发现，一系列“执行性政策组合”都是由国务院及其相关部委在调查研究的基础上制定完成的，之后经历了自上而下的政策执行动员过程而把政策目标传递给下级政府，下级政府结合本地实际情况制定配套政策并再次经过政策执行动员之后把政策目标分解给自己的下属企业与下级政府，下级政府和企业再结合自己的实际情况与所领取的任务数量采取具体

① 国家能源局：《电力工业淘汰落后产能取得明显成效，“十一五”关停小火电机组任务提前完成》，《中国能源》2009年第8期。

的执行行动。由此可以看出，中国政策执行的效果主要体现在基层政府的执行过程中，因此在这样一种体制架构中，加强和重视地方政府执行力研究具有非同一般的价值与意义。

需要指出的是，我们这里所说的自上而下的政策执行，指的是国家的公共政策在作为“整体”的各级政府之间的执行过程。在这个政策执行过程中，我们是把一级政府看作一个“整体”的，即中央政府是一个整体，省级政府是一个整体，市级政府、县级政府、乡镇政府也都是一个整体。政策执行是一个整体向另一个整体的转移和传递，但同时也要看到，中国的各级政府是条块结合的架构，也就是中国每一级政府都是由履行不同职责的、处于不同等级的政府职能部门构成的。这样在自上而下的政策执行过程中，地方政府的执行往往是和“条条”联系在一起的，因为不同的公共政策涉及的职能部门是不一样的，这就会导致在中国的政策执行过程中，一些具体执行环节会表现出非常复杂而特殊的情况。也就是说某一级地方政府作为整体接受上级分派的政策目标与任务之后，会根据政策内容来确定政策执行的主管职能部门，再由这个职能部通过垂直管理的方式层层下派任务，在任务分配的过程中也会出现一些自下而上的情况。中国的政策执行环境非常复杂，有些时候单单依靠基层政府难以解决问题，因此在遇到特殊困难时，上级政府就会出面协调解决，从而体现出反反复复的上下沟通与相互督促执行的情况。

另外，这种自上而下的执行过程也体现在执行监督环节，所有政策执行中的监督几乎都表现为上级政府对下级政府或其下属企业进行的监督检查。这种监督检查的效力因官僚制的存在而更加明显。

三、政策执行到底的前提条件是“恰当的政策＋高层的决心”

中央政府和上级政府制定政策之后，都希望下级政府能够全面地贯彻落实政策目标，尤其是在我国这种特殊的自上而下的政策执行过程中，政策目标能否实现很大程度上取决于地方政府的接受程度、理解程度及其执行情况，因此，要实现中央的政策“不走样”地执行到底就必须充分发挥地方政府执行政策的积极性。但是，由于地方利益的多元化，以及 M 型结构下地方政府在政策执行中具有较多的“灵活性”，政策被“选择性执行”的可能性大大提高。① 从中国政策执行的整体情况来看，有一些中央的政策得到了较好的执行，政策目标几乎完全实现，也有一些政策存在着执行偏差，甚至执行错误的情况。因此，我们就需要分析，在中国特殊的政策执行体制下，中央的某项政策被完全执行或较好执行的前提条件包括什么，是哪些必要因素促进了地方政府的政策执行、催生了较好的执行效果。据此我们根据政策执行过程的相关理论，再次认真分析“十一五”时期关停小火电的政策执行情况，发现任何成功的政策执行都离不开两个基本条件，那就是政策本身要恰当以及制定政策的高层要有决心。

恰当的政策是从政策本身角度提出的，因为政策执行的前提是政策制定，恰当的政策必须充分体现政策制定的科学性和民主性，在民主性和科学性基础上确定的政策目标才是合理的、符合实际的，才是有可能被很好地贯彻落实的。例如，“十一五”时期关停小火电主政策的出台一方面经过了多轮次的上下沟通与协商，政策目标充分体现了地方政府的特殊性，这也是政策制定民主化的表现；另一方面主政策目标是在充分调研和吸取“十五”期间关停小火电失败的经验教训基础上提出的，因此科学性大大提高。同时，恰当的政策往往也不是单一的政策，因为中国幅员辽阔，全国情况差距巨大，要使得中央政策在全国一刀切地执行也是不现实的，因此在一个主政策目标下，必须附带制定若干辅助性政策。尤其是在政策执行过程中遇到困难和问题时，要结合实际情况及时修正相关政策，确保政策目标全方位的实现。“十一五”期间能够顺利关停小火电的重要原因是制定出了引导性政策和强制性政策相结合的政策组合。

高层的决心主要指的是党和国家领导人的决心。可以说，在我国的政策执行体系中，政策执行的“原动力”是中央政府，“原动力”的强弱直接决定了地方政府的配合程度与执行力度，也在一定程度上间接决定了政策执行的结果。作为“原动力”的中央政府可以理解为政治局及其常委会，因为中国的政党体制决定了中国共产党的地位是最高的，政治局及其常委会是中国共产党的核心决策层。大量实践表明，当党的核心决策层有巨大的决心且这种决心被地方政府强烈地感觉到的时候，中央的政策往往能够比较顺利地执行。节能减排问题是近年来中国面临的重要问题，党和国家领导人无论是

---

① 在一些情况下，地方政府的“灵活性”和“选择性执行”也避免了中央政府的失误性政策给地方带来的危害。

在国内还是在国际舞台上都就此问题表明过立场和决心，而且是多名领导人分别对这个问题表示关注和重视，这就使得地方政府充分感觉到了党的核心决策层在节能减排问题上是有巨大决心的。尤其是在关停小火电的问题，更是再三强调，全方位宣传中央高层的这种决心。正是这种坚决关停决心让地方政府意识到问题的重要性与严重性，这给政策执行带来了巨大的“原动力”。因此可以说，恰当的政策和高层的决心是成功关停小火电政策的前提条件。不仅仅是在这个政策上，用这一原理去分析任何其他成功的政策执行案例都会发现这一特点。

四、进一步的思考和探讨

在本章的研究中，我们重点还原了“十一五”期间成功关停小火电的“执行性政策组合”的制定和执行过程，进而探讨了“中国场景”下节能减排政策执行的体制背景。关于这两大问题，还有以下两方面的思考和探讨。

（一）能否制定出适合特定情境的政策组合是决定政策执行成败的关键要素

虽然既有的研究指出，20 世纪 90 年代以来，中国的节能政策越来越注重经济手段的运用，但是，仅仅依靠某一个或某一组“单一力源，单一指向”的政策往往是难以达成政策目标的。“十一五”期间之所以能够成功关停小火电，依靠的首先是恰当的“政策组合”。在这样的“政策组合”中，既有“拉力”——以“上大压小”为中心的引导性政策组合，又有推力——强制性政策组合，还有保障机制和责任机制。而纵观“十一五”之前治理小火电的失败，以及近年来其他方面一些失败的政策，可以说与政策本身的“单一性”不无关系。受体制特点和计划经济传统的影响，中国的中央政府和省级政府等“高层政府”在制定政策时，虽然在努力“学习”运用经济手段，但还是习惯于运用自上而下的“行政手段”。如果单从政策本身层面来看，这应该是中国一些政策失败的重要原因。此外，认识到政策目标的成功达成需要“不同力源，同一指向”的“政策组合”这一点，还能澄清学界研究中的某些“迷点”。包括节能减排政策在内的一些研究在探讨中国政策失败的原因时，往往将其归结为部门的分割性。[①] 我们则认为，部门的分割性与政策失败并没有直接关系。一个不可否认的事实是，部门的分割性是世界各国的普遍现象，没有哪个国家的政府只有一个部门，也不可能每执行一个政策就建立一套单独的执行体系。退一步讲，即使在中国这样部门分割性“严重”的国家，同样有成功的政策执行。因此，用部门的分割性直接解释政策失败的原因是值得商榷的。据此我们认为，政策目标的成功达成需要的不仅仅是单一的政策，而是由“不同力源，同一指向”的具体政策构成的“政策组合”，即能否制定出适合特定情境的政策组合是决定政策执行成败的关键要素。

（二）应充分利用既有体制的优势，同时尽力避免和克服其不足，以推进政策的有效执行

从政策执行的视角来看，中国的体制有其优势：纵向上，中国共产党“一条主线”贯穿到底的政党体制有利于形成一个高效、统一的政策执行体系，在这个体系中，下级政府服从上级政府，地方政府服从中央政府，这就从总体上保证了政策执行的高效性和一致性。关于这一点，朱镕基在回答记者提问时曾指出：“任何一个国家都不能保证他们中央政府所做的决定百分之百地都能得到实行，但在中国基本上能实行。”[②] 在横向上，每一级政府以党委为核心，用民主集中制的方式将所属的行政机关、组成部门、事业单位和国有企业统和起来，这实际上是极大地提升了政策执行的统一性和每一级政府的“整体性”。当然，这样的体制也有其缺陷和不足，其中最主要的问题是下级政府和民众在政策执行中的“被动性”。对于地方政府和下级政府而言，主要是执行中央和上级的政策，鲜有讨价还价的权利。这将加剧政策本身对政策执行效果的影响程度，即如果中央和上级的政策是恰当的，则

---

① 肯尼斯·李侃如，米歇尔·奥森伯格（Kenneth Lieberthal and Michel Oksenberg）等人在20世纪80年代就提出了关于这一命题，他们将中国政治体制的特点概括为“分割的权威主义”，认为中国的政治体制是“一个分割的权威主义官僚制结构，其中使政策取得一致的是中央，而取得一致的过程却是一个拖拉、各行其是、增量的过程”。参见 Kenneth Lieberthal and Michel Oksenberg. *Policy Making in China: Leaders, Structures, and Process.* Princeton, Princeton University Press 1988. p22。吴木銮在近年来的一项研究中认为，中国四次公务员工资改革政策执行走样的原因之一即在于有依赖关系的多部门共同执行政策。吴木銮：《我国政策执行中的目标扭曲研究——对我国四次公务员工资改革的考察》，《公共管理学报》，2009 年第 3 期。

② 《朱镕基答记者问》，人民出版社，2009 年，第 371 ~ 372 页。

其执行较为顺畅；如果中央和上级的政策存在缺陷（包括对地方和下级利益考虑不周），则地方和下级陷入两难境地：抗拒或修改政策则陷入“不合法”境地，强硬执行则自身和民众遭受损失。对于民众而言，其更多的是政府政策执行的“接受者”，在某些情况下甚至是有缺陷的政策和不当地方利益的受害者。这在节能减排政策执行中也有所表现。温家宝在2011年2月27日的与网友在线交流中，一位工人反映说在2010年下半年，其家乡政府“为完成节能指标，强制拉闸限电，搞得百姓摸着黑喝水、上厕所，打着手电做早餐”①。因此，为了克服这些不足，中央政府和上级政府需要充分考虑地方政府和下级政府的正当利益，创新机制以吸收地方政府、下级政府及民众参与政策制定和政策执行监督，以构建一个中央和地方、上级和下级、政府和民众适当平衡的体制。

最后，需要说明的还有以下三点：一是，尽管“十一五”期间关停小火电的工作成功实现了政策目标，但仍存在着“一刀切”的情况。例如，国家发改委2007年第84号公告宣布，按照上大压小项目方案，决定关停吉林长春热电一厂扩建工程等13个电站建设项目。但是，有人发现，被关停的13个项目中，多数不是小火电而是小热电。小火电与小热电存在重大区别，为了改善大气环境，也为了节约燃煤，不但不应该关停真正的“小热电”，而且还应鼓励其大力发展。② 二是，小火电关停以后仍存在后续性的资产（包括土地）处置、债务清理、人员安置，以及大电网的安全运行等问题。这就需要在关停小火电的同时进行配套电网建设与调试，而真正形成安全稳定运行的大电网是需要一段时间的。此外，在大电网建设中有必要考虑遭遇战争或恐怖袭击情况下的“黑启动”问题。③ 在存在较多小火电和小电网的情况下，即使部分电网出现停电，影响也较为有限，“黑启动”也较为容易。在关停小火电，普遍运行大电网的情况下，“黑启动”的技术要求必然大大提高，相应的技术攻关和准备工作应及早进行。三是，到“十一五”期末，中国仍有相当数量的能耗高、污染重的小火电机组在运行。因此，中国关停小火电工作仍然任重而道远。

---

① 《温家宝总理与网友在线交流》，［EB/OL］．［2011-02-27］http：//www. xinhuanet. com/2011wjbft_wzzb. htm。

② 黄毅诚：《小热电和小火电不能混谈——看发改委关停十三个电站项目有感》，《节能与环保》2008年第4期。

③ “黑启动”即电网大面积停电后的紧急恢复措施。

第三章　地方政府执行力的影响因素

——以中小企业税费减免政策执行为例①

在前一章认识了我国政策执行模式特征的基础上，本章旨在探究中国场景下地方政府执行力的影响因素，以进一步揭示中国地方政府执行力的内在规律。对于地方政府执行力的影响因素这一问题，本章将在参考既有研究的基础上，主要通过一项常规性但却对地方政府而言非常重要的政策执行来研究，这就是中小企业税费减免政策。

第一节　中小企业税费减免政策的内容

在我国国民经济中，中小企业占有非常重要的地位，发挥着重要的作用，其对经济发展、就业、社会稳定的贡献日益重要和显著。国家为推动中小企业的发展，实施了税费减免政策，这一政策无疑会对中小企业的发展发挥重要作用。近年来，各级地方政府为此制定并实施了一系列税费减免政策，这些政策对促进中小企业的发展起到了很大的促进作用，但在执行中也还存在着一些不足。这些政策的执行过程，较为显著地反映了地方政府政策执行的影响因素。

① 本章的部分内容已发表，请参阅刘畅：《中国企业税费负担分析：政策执行的视角》，《经济问题探索》2011 年第 7 期。

一、“中小企业”的界定

中小企业是一个普遍存在的现象，但对于什么是中小企业，各个国家却有着不同的界定。每个国家划分中小企业的标准会因其历史条件、自然资源、社会形态、经济发展水平与状况以及产业结构的不同而不同。但是基本上，对于中小企业的划分还是可以从量的角度来具体把握的。划分中小企业的数量标准一般有资本金、生产能力、从业人员、销售额、总资产等。目前较为常见的划分方式有两种：一种是把从业人员与资本金标准或销售额相结合来划分；另一种任意选择从业人员、资本金或销售额中的某一个单独标准来划分。除了从数量上划分以外，企业的控制方式、经济特性等指标是中小企业划分的定性标准。从我国的实践来看，不同时期我们对中小企业的界定如下：

从新中国成立后到20世纪80年代，我国主要是按照工业门类和所有制性质来划分各类企业的。在新中国成立初期，我们逐渐对各种企业的所有制做出了质的规定，并根据企业的职工人数划分其规模，即职工人数在3000人以上的为大企业，职工人数在500~3000人之间的为中型企业，职工人数在500人以下的为小企业。从1962年开始，我们对企业规模的划分标准改为主要按固定资产价值划分。国家计委在1978年下发的《关于基本建设项目的大中型企业划分标准的规定》中，把划分企业规模的标准改为依据其“年综合生产能力”，并在1988年对这一标准进行了修改和补充后重新发布了《大中小型企业划分标准》。

《大中小型企业划分标准》对各类型企业划分的方法是：产品单一的企业按照产量划分，生产多品种产品的企业按生产能力和固定资产原值划分。企业规模分为特大型、大型、中型、小型。我国的工业行业包括154个小行业，每一个行业又有不同的划分标准。比如在炼油行业，年加工原油在250万吨（不含250万吨）以下的属于中小企业；而在钢铁行业，年产钢量在100万吨（不含100万吨）以下的是小企业。这种划分标准时与过去的计划经济相适应的，随着我国经济的发展，中小企业的力量日益壮大，过去的划分标准已经完全不适应经济发展的需要。

在2001年8月的第八届APEC中小企业部长会议上，国家计委、财政部等有关部门联合提出新的划分标准，即统一按资产总额、销售收入和营业收入分类，主要考察指标为资产总额和销售收入。此次划分标准的制定既参照了其他国家的标准也结合了我国的实际情况，具体划分标准如下：资产总额和年销售收入均在50亿元以上的为特大型企业；资产总额和年销售收入均在5亿元及以上的为大型企业；资产总额和年销售收入均在5000万元及以上的为中型企业；资产总额和年销售收入均在5000万元以下的为小型企业。

2003年2月以后，根据《中小企业促进法》，由国家经济贸易委员会、国家计划委员会、财政部和国家统计局共同研究制定了《中小企业标准暂行规定》（国经贸中小企业〔2003〕143号）、《统计上大中小型企业划分办法（暂行）》（国统字〔2003〕17号）和《部分非工业企业大中小型划分补充标准》（国资厅评价函〔2003〕327号）。这些标准主要是结合行业特点，依据企业的资产总额、企业职工人数、销售额等指标制定，这些标准基本上构成了我国现行的、适用于各种组织形式和各类所有制的中小企业标准（见表3-1）。

表3-1　　我国大中小型企业划分标准

行业名称	指标名称	计算单位	大型	中型	小型
工业企业	从业人员数	人	2000及以上	300~2000	300以下
	销售额	万元	30000及以上	3000~30000	3000以下
	资产总额	万元	40000及以上	4000~40000	4000以下
建筑业企业	从业人员数	人	3000及以上	600~3000	600以下
	销售额	万元	30000及以上	3000~30000	3000以下
	资产总额	万元	40000及以上	4000~40000	4000以下
批发企业	从业人员数	人	200及以上	100~200	100以下
	销售额	万元	30000及以上	3000~30000	3000以下
零售业企业	从业人员数	人	500及以上	100~500	100以下
	销售额	万元	15000及以上	1000~15000	1000以下
交通运输业	从业人员数	人	3000及以上	500~3000	500以下
	销售额	万元	30000及以上	3000~30000	3000以下
邮政企业	从业人员数	人	1000及以上	400~1000	400以下
	销售额	万元	30000及以上	3000~30000	3000以下
住宿和餐饮业	从业人员数	人	800及以上	400~800	400以下
	销售额	万元	15000及以上	3000~15000	3000以下

续表

行业名称	指标名称	计算单位	大型	中型	小型
农牧渔企业	从业人员数	人	3000 及以上	500～3000	500 以下
	销售额	万元	15000 及以上	1000～15000	1000 以下
仓储企业	从业人员数	人	500 及以上	100～500	100 以下
	销售额	万元	15000 及以上	1000～15000	1000 以下
房地产企业	从业人员数	人	200 及以上	100～200	100 以下
	销售额	万元	15000 及以上	1000～15000	1000 以下
金融企业	从业人员数	人	500 及以上	100～500	100 以下
	销售额	万元	50000 及以上	5000～15000	5000 以下
地质勘察和水利环境管理企业	从业人员数	人	2000 及以上	600～2000	600 以下
	销售额	万元	20000 及以上	2000～20000	2000 以下
文体、娱乐企业	从业人员数	人	600 及以上	200～600	200 以下
	销售额	万元	15000 及以上	3000～15000	3000 以下
信息传输企业	从业人员数	人	400 及以上	100～400	100 以下
	销售额	万元	30000 及以上	3000～30000	3000 以下
计算机服务及软件企业	从业人员数	人	300 及以上	100～300	100 以下
	销售额	万元	30000 及以上	3000～30000	3000 以下
租赁企业	从业人员数	人	300 及以上	100～300	100 以下
	销售额	万元	15000 及以上	1000～15000	1000 以下

二、中小企业税费减免政策的历史发展

中小企业不仅是地方经济发展的重要动力，也是国家经济发展的依托。改革开放以来，为了促进经济发展，中央一直在采取多项措施减轻企业（包括中小企业）的负担。尤其是 1982 年以后，相关减免政策不断出台，总体上看，我们可以把这些政策发展历程分为两个阶段。

（一）20 世纪 80 年代到 90 年代中期：重在制止政府对企业的乱收费、乱罚款、乱摊派

这一时期，经济体制总体上还在计划经济之下，中小企业还处于萌芽和发展初期，还比较弱小。中小企业面对的主要问题，是地方政府，尤其是基层政府对各类企业干预过多，特别是乱罚款、乱摊派过多。针对这一情况，

中央出台了多个政策制止政府对企业的乱罚款、乱摊派。主要的政策文本有：国务院1982年颁布的《关于解决企业社会负担过重问题的若干规定》，中共中央办公厅、国务院办公厅1983年下发的《关于坚决制止"以集资"为名向企事业单位和个人乱摊派的通知》，国务院1986年下发的《坚决制止向企业摊派的通知》，国务院1988年颁布的《禁止向企业摊派的暂行条例》，中共中央、国务院1990年下发的《坚决制止乱收费乱罚款和各种乱摊派的决定》和1993年中共中央办公厅、国务院办公厅转发财政部《关于治理乱收费的规定》。这些规定采取了上收审批权、组织监督检查、公布取消收费目录、实行收支两条线管理等一系列措施，着力于制止针对各类企业的乱收费、乱罚款和各种乱摊派。

（二）20世纪90年代中期以来：全面减轻企业负担

为了全面减轻企业负担，国务院于1997年成立了"减轻企业负担部际联席会议办公室"（简称国务院减负办）。国务院减负办由工业和信息化部、发展改革委、公安部、民政部、财政部、住房城乡建设部、交通运输部、农业部、审计署、国资委、工商总局、质检总局、银监会等13个部门和单位组成，工业和信息化部为牵头单位。国务院减负办的职责是：第一，研究拟订减轻企业负担的政策措施、年度计划和工作要点，协调解决减轻企业负担的重大问题；第二，指导各地区、各部门开展减轻企业负担工作，加强组织协调和监督检查，建立企业举报和督办制度，并针对企业负担问题实施专项治理；第三，开展企业负担调查评价，加强政策宣传培训，完善工作机制。在国务院减负办的协调和推动下，相关部门出台了一系列减轻企业负担的政策，切实减轻了包括中小企业在内的各类企业的负担。除此之外，国务院还出台了相当数量的政策文件，以减轻企业负担。例如，原国家经贸委等部门于1999年发布的《控制对企业进行经济检查的规定》，国务院于2000年发布的《违反行政事业性收费和罚没收入收支两条线管理规定行政处分暂行规定》，国务院于2004年发布的《财政违法行为处罚处分条例》，国家发改委于2010年发布的《关于治理规范经营服务性收费的通知》以及同年6月主管中小企业的工业与信息化部公布的《关于2010年减轻企业负担专项治理工作的实施意见》等。这一系列政策都切实为中小企业减负提供了支持。

三、现行中小企业税费减免政策的内容

在了解了改革开放以来中小企业税费减免政策发展过程的基础上，本研究分析总结了我国针对中小企业税费减免政策的相关内容。我们认为，我国的中小企业税费减免政策包括两个部分，一部分是税收减免政策，另一部分是收费减免政策。根据相关法律法规的规定，现行中小企业税费减免政策的内容如下。

（一）税收减免政策

关于中小企业的税收减免政策，很多法律法规都进行了规定，其中的主要规定有：

1.《企业所得税法》及《企业所得税法实施条例》规定

对企事业单位、社会团体和个人等社会力量通过公益性的社会团体和国家机关向科技部科技型中小企业技术创新基金管理中心用于科技型中小企业技术创新基金的捐赠，企业在年度利润总额12%以内的部分，个人在申报个人所得税应纳税所得额30%以内的部分，准予在计算缴纳所得税税前扣除。

对创业投资企业采取股权投资方式投资于未上市中小高新技术企业2年以上（含2年），凡符合国家规定条件的，可按照其投资额的70%在股权持有满2年的当年抵扣该创业投资企业的应纳税所得额；当年不足抵扣的，可以在以后纳税年度结转抵扣。

企业从事蔬菜、谷物、薯类、油料、豆类、棉花、麻类、糖料、水果、坚果的种植，农作物新品种的选育，中药材的种植，林木的培育和种植，牲畜、家禽的饲养，林产品的采集、灌溉，农产品初加工，兽医，农技推广，农机作业和维修等农、林、牧、渔服务业项目，远洋捕捞项目的所得，可以免征企业所得税；从事花卉、茶以及其他饮料作物和香料作物的种植和海水养殖、内陆养殖项目的所得，减半征收企业所得税。

企业从事港口码头、机场、铁路、公路、城市公共交通、电力、水利等国家重点扶持的公共基础设施项目的投资经营的所得，自项目取得第一笔生产经营收入所属纳税年度起，第一年至第三年免征企业所得税，第四年至第六年减半征收企业所得税。

企业从事国家规定的符合条件的公共污水处理、公共垃圾处理、沼气综合开发利用、节能技术改造等环境保护、节能节水项目的所得，自项目取得第一笔生产经营收入所属纳税年度起，第一年至第三年免征企业所得税，第四年至第六年减半征收企业所得税。

居民企业一个纳税年度内的技术转让所得不超过500万元的部分，免征企业所得税；超过500万元的部分，减半征收企业所得税。

符合条件的小型微利企业，减按20%的税率征收企业所得税。

拥有核心自主知识产权并同时符合一定条件的高新技术企业，减按15%的税率征收企业所得税。

企业为开发新技术、新产品、新工艺发生的研究开发费用，未形成无形资产计入当期损益的，在按照规定据实扣除的基础上，按照研究开发费用的50%加计扣除；形成无形资产的，按照无形资产成本的150%摊销。

企业以《资源综合利用企业所得税优惠目录》规定的资源作为主要原材料，生产国家非限制和禁止并符合国家和行业相关标准的产品取得的收入，减按90%计入收入总额。

企业购置并实际使用《环境保护专用设备企业所得税优惠目录》《节能节水专用设备企业所得税优惠目录》和《安全生产专用设备企业所得税优惠目录》规定的环境保护、节能节水、安全生产等专用设备的，该专用设备的投资额的10%可以从企业当年的应纳税额中抵免；当年不足抵免的，可以在以后五个纳税年度结转抵免。

2.《财政部、国家税务总局关于企业所得税若干优惠政策的通知》（财税〔2008〕1号）规定

软件生产企业实行增值税即征即退政策所退还的税款，由企业用于研究开发软件产品和扩大再生产，不作为企业所得税应税收入，不予征收企业所得税。

我国境内新办软件生产企业经认定后，自获利年度起，第一年和第二年免征企业所得税，第三年至第五年减半征收企业所得税。

国家规划布局内的重点软件生产企业，如当年未享受免税优惠的，减按10%的税率征收企业所得税。

软件生产企业的职工培训费用，可按实际发生额在计算应纳税所得额时扣除。

企事业单位购进软件，凡符合固定资产或无形资产确认条件的，可以按照固定资产或无形资产进行核算，经主管税务机关核准，其折旧或摊销年限可以适当缩短，最短可为2年。

集成电路设计企业视同软件企业，享受上述软件企业的有关企业所得税政策。

集成电路生产企业的生产性设备，经主管税务机关核准，其折旧年限可以适当缩短，最短可为3年。

对生产线宽小于0~8微米（含）集成电路产品的生产企业，经认定后，自获利年度起，第一年和第二年免征企业所得税，第三年至第五年减半征收企业所得税。已经享受自获利年度起企业所得税“两免三减半”政策的企业，不再重复执行本条规定。

自2008年1月1日起至2010年底，对集成电路生产企业、封装企业的投资者，以其取得的缴纳企业所得税后的利润，直接投资于本企业增加注册资本，或作为资本投资开办其他集成电路生产企业、封装企业，经营期不少于5年的，按40%的比例退还其再投资部分已缴纳的企业所得税税款。再投资不满5年撤出该项投资的，追缴已退的企业所得税税款。

自2008年1月1日起至2010年底，对国内外经济组织作为投资者，以其在境内取得的缴纳企业所得税后的利润，作为资本投资于西部地区开办集成电路生产企业、封装企业或软件产品生产企业，经营期不少于5年的，按80%的比例退还其再投资部分已缴纳的企业所得税税款。再投资不满5年撤出该项投资的，追缴已退的企业所得税税款。

3.《财政部、国家税务总局关于提高劳动密集型产品等商品增值税出口退税率的通知》（财税〔2008〕144号）规定

上调部分劳动密集型和高技术含量、高附加值商品的出口退税率，调整涉及3486项商品，约占海关税则中全部商品总数的25.8%。部分纺织品、服装、玩具出口退税率提高到14%。尽管如此，仍有很多企业表示适用的税收政策未发生变化。

自2008年12月1日起，提高部分商品的增值税出口退税率：（1）将部分橡胶制品、林产品的退税率由5%提高到9%。（2）将部分模具、玻璃器皿的退税率由5%提高到11%。（3）将部分水产品的退税率由5%提高到13%。（4）将箱包、鞋、帽、伞、家具、寝具、灯具、钟表等商品的退税率由11%提高到13%。（5）将部分化工产品、石材、有色金属加工材等商品的退税率分别由5%、9%提高到11%、13%。（6）将部分机电产品的退税率分别由9%提高到11%，11%提高到13%，13%提高到14%。[①]

4.《财政部、国家税务总局关于提高纺织品服装出口退税率的通知》（财税〔2009〕14号）规定

从2009年2月1日起，将纺织品、服装出口退税率提高到15%。

5.《工业和信息化部、国家税务总局关于中小企业信用担保机构免征营业税有关问题的通知》（工信部联企业〔2009〕114号）规定

对符合条件的中小企业信用担保机构从事中小企业信用担保或再担保业务取得的收入（不含信用评级、咨询、培训等收入）3年免征营业税。

6.《财政部、国家税务总局关于中小企业信用担保机构有关准备金税前扣除问题的通知》（财税〔2009〕62号）规定

自2008年1月1日起至2010年12月31日，中小企业信用担保机构可按照不超过当年年末担保责任余额1%的比例计提担保赔偿准备，允许在企业所得税税前扣除。中小企业信用担保机构可按照不超过当年担保费收入50%的比例计提未到期责任准备，允许在企业所得税税前扣除，同时将上年度计提的未到期责任准备余额转为当期收入。中小企业信用担保机构实际发生的代偿损失，应依次冲减已在税前扣除的担保赔偿准备和在税后利润中提取的一般风险准备，不足冲减部分据实在企业所得税税前扣除。

7.《财政部、国家税务总局关于扶持动漫产业发展有关税收政策问题的通知》（财税〔2009〕65号）规定

从2009年1月1日起，对符合认定标准和程序的动漫企业，在增值税、企业所得税、营业税、进口关税和进口环节增值税方面给予优惠。

8.《财政部、国家税务总局关于部分行业广告费和业务宣传费税前扣除政策的通知》（财税〔2009〕72号）规定

对化妆品制造、医药制造和饮料制造（不含酒类制造，下同）企业发生的广告费和业务宣传费支出，不超过当年销售（营业）收入30%的部分，准予扣除；超过部分，准予在以后纳税年度结转扣除。

对采取特许经营模式的饮料制造企业，饮料品牌使用方发生的不超过当年销售（营业）收入30%的广告费和业务宣传费支出可以在本企业扣除，

① 但根据《财政部、国家税务总局关于取消部分商品出口退税的通知》（财税〔2010〕57号）要求，自2010年7月15日起取消部分钢材，部分有色金属加工材，银粉、酒精、玉米淀粉，部分农药、医药、化工产品，部分塑料及制品、橡胶及制品、玻璃及制品的出口退税。

也可以将其中的部分或全部归集至饮料品牌持有方或管理方，由饮料品牌持有方或管理方作为销售费用据实在企业所得税前扣除。饮料品牌持有方或管理方在计算本企业广告费和业务宣传费支出企业所得税税前扣除限额时，可将饮料品牌使用方归集至本企业的广告费和业务宣传费剔除。

9.《财政部、国家发展改革委、工业和信息化部、海关总署、国家税务总局、国家能源局关于调整重大技术装备进口税收政策的通知》（财关税〔2009〕55 号）规定

自 2009 年 7 月 1 日起，对国内企业为生产国家支持发展的重大技术装备和产品而确有必要进口的关键零部件及原材料，免征进口关税和进口环节增值税。对国产装备尚不能完全满足需求，仍需进口的，作为过渡措施，经严格审核，以逐步降低优惠幅度、缩小免税范围的方式，在一定期限内继续给予进口优惠政策。

10.《财政部、国家税务总局关于金融企业涉农贷款和中小企业贷款损失准备金税前扣除政策的通知》（财税〔2009〕99 号）规定

金融企业根据《贷款风险分类指导原则》（银发〔2001〕416 号），对其涉农贷款和中小企业贷款进行风险分类后，按照以下比例计提的贷款损失专项准备金，准予在计算应纳税所得额时扣除（1）关注类贷款，计提比例为 2%；（2）次级类贷款，计提比例为 25%；（3）可疑类贷款，计提比例为 50%；（4）损失类贷款，计提比例为 100%。

11.《国务院关于进一步促进中小企业发展的若干意见》（国发〔2009〕36 号）规定

自 2010 年 1 月 1 日至 2010 年 12 月 31 日，对年应纳税所得额低于 3 万元（含 3 万元）的小型微利企业，其所得减按 50% 计入应纳税所得额，按 20% 的税率缴纳企业所得税。中小企业投资国家鼓励类项目，除《国内投资项目不予免税的进口商品目录》所列商品外，所需的进口自用设备以及按照合同随设备进口的技术及配套件、备件，免征进口关税。中小企业缴纳城镇土地使用税确有困难的，可按有关规定向省级财税部门或省级人民政府提出减免税申请。

12.《财政部、国家税务总局关于个人金融商品买卖等营业税若干免税政策的通知》（财税〔2009〕111 号）规定

自 2009 年 1 月 1 日起，对个人（包括个体工商户及其他个人）从事外汇、有价证券、非货物期货和其他金融商品买卖业务取得的收入暂免征收营业税；对境内单位或者个人在境外提供建筑业、文化体育业（除播映）劳务暂免征收营业税；对境外单位或者个人在境外向境内单位或者个人提供的文化体育业（除播映），娱乐业，服务业中的旅店业、饮食业、仓储业，以及其他服务业中的沐浴、理发、洗染、裱画、誊写、镌刻、复印、打包劳务，不征收营业税。

13.《财政部、海关总署、国家税务总局关于研发机构采购设备税收政策的通知》（财税〔2009〕115号）规定

从2009年7月1日至2010年12月31日，满足规定条件的对外资研发中心进口科技开发用品免征进口税收，满足规定条件的对内外资研发机构采购国产设备全额退还增值税。

14.《财政部、国家税务总局关于农村金融有关税收政策的通知》（财税〔2010〕4号）规定

自2009年1月1日至2013年12月31日，对金融机构农户小额贷款的利息收入，免征营业税，同时在计算应纳税所得额时，按90%计入收入总额；对保险公司为种植业、养殖业提供保险业务取得的保费收入，在计算应纳税所得额时，按90%比例减计收入。

自2009年1月1日至2011年12月31日，对农村信用社、村镇银行、农村资金互助社、由银行业机构全资发起设立的贷款公司、法人机构所在地在县（含县级市、区、旗）及县以下地区的农村合作银行和农村商业银行的金融保险业收入减按3%的税率征收营业税。

15.《财政部、国家税务总局关于国际运输劳务免征营业税的通知》（财税〔2010〕8号）规定

自2010年1月1日起，对中华人民共和国境内（以下简称境内）单位或者个人提供的国际运输劳务免征营业税。

16. 国家税务总局关于“公司+农户”经营模式企业所得税优惠问题的公告（国家税务总局公告2010年第2号）规定

自2010年1月1日起，以“公司+农户”经营模式从事农、林、牧、渔业项目生产的企业，可以按照《中华人民共和国企业所得税法实施条例》第八十六条的有关规定，享受减免企业所得税优惠政策。

（二）收费减免政策

除了上述的税收减免政策外，财政部、国家发改委以及一些地方政府还出台了一系列收费减免政策，以减少不必要的收费，减轻企业负担，促进经济发展。主要的收费减免政策有：

1.《财政部、国家发展改革委关于对从事个体经营的有关人员实行收费优惠政策的通知》（财综〔2008〕47号）规定

自2008年7月8日起，残疾人、登记失业人员、退役士兵以及毕业2'年以内的普通高校毕业生，凡从事个体经营（除建筑业、娱乐业、广告业、转让土地使用权、房屋中介、桑拿、按摩、氧吧、网吧）的，其自在工商部门首次注册登记之日起3年内免收管理类、登记类和证照类等有关行政事业性收费。

2.《财政部、国家发改委关于公布取消和停止征收100项行政事业性收费的通知》（财综〔2008〕78号）规定

自2009年1月1日起，在全国统一取消和停止征收100项行政事业性收费。其中，取消的行政事业性收费项目共92项，涉及发展改革、教育、公安、民政、司法、财政、人力资源和社会保障、住房和城乡建设、铁道、交通运输、工业和信息化、水利、农业、商务、卫生、科技、中直管理局、中编办、海关、工商行政管理、民航、新闻出版、安全监督管理、食品药品监督管理、旅游、国管局、国务院南水北调办、保监会、证监会、国家外国专家局等部门。（见表3－2）

表3－2　2009年1月1日起取消和停止征收的100项行政事业性收费项目

	原收费部门	取消的项目数量
取消的行政事业性收费项目（共92项）	发展改革部门	3
	教育部门	10
	公安部门	3
	民政部门	2
	司法部门	1
	财政部门	3
	人力资源和社会保障部门	9
	住房和城乡建设部门	6
	铁道部门	2
	交通运输部门	6
	工业和信息化部门	1
	水利部门	1
	农业部门	7

续表

取消的行政事业性收费项目（共92项）	商务部门	5
	卫生部门	9
	科技部门	1
	中直管理局	1
	中编办	1
	海关部门	2
	工商行政管理部门	2
	民航部门	1
	新闻出版部门	3
	安全监督管理部门	1
	食品药品监督管理部门	3
	旅游部门	1
	国管局	1
	国务院南水北调办	1
	保监会	3
	证监会	1
	国家外国专家局	2
停止征收的行政事业性收费项目（共8项）	水利部门	1
	农业部门	2
	林业部门	2
	食品药品监督管理部门	3

（三）地方政府的税费减免政策——以天津市《支持中小企业发展若干财税政策》为例

除了中央出台多项政策支持中小企业发展之外，各地也根据中央政策精神，结合本地实际制定了数量庞大的中小企业税费减免政策。本研究以天津市2009年颁布的《支持中小企业发展若干财税政策》（津财企〔2009〕3号）为例来说明问题。

为应对2008年国际金融危机，解决天津市中小企业发展中的突出问题，保持经济平稳较快发展，天津市财政局于2009年5月颁布了《支持中小企业发展若干财税政策》（津财企〔2009〕3号）。这一文件的主要规定如下。

1. 对中小企业部分应缴税费实行减免或缓缴

例如，对符合条件实行差额征收营业税的物流企业，将其承揽的仓储和运输业务分给其他单位并由其统一收取价款的，以其取得的全部收入减去付给其他单位运输、仓储费用后的余额征收营业税。为中小企业提供公益性服务的培训、咨询、法律、信息等服务机构，经有关主管部门认可后，参照促进中介服务业发展方面的有关财税优惠政策，自开业年度起三年内减半返还营业税，自获利年度起三年内减半返还企业所得税地方分享部分。对符合条件的中小企业担保机构，经批准给予担保业务三年免征营业税政策；担保机构办理代偿、清偿和过户等手续的费用，登记部门按国家有关规定予以减免。为开发新技术、新工艺、新产品发生的研究开发费用，未形成无形资产计入当期损益的，在按照规定据实扣除的基础上，按照研究开发费用的50%加计扣除；形成无形资产的，按照无形资产成本的150%摊销。对进入上市资源后备库的中小企业，在股改中以非货币资产评估转增资本，以及用未分配利润、盈余公积、资本公积转增资本，涉及缴纳个人所得税时，可向主管税务机关申请缓缴。

2. 支持中小企业投资符合国家产业政策的科技创新、技术改造、资源综合利用等项目

例如，中小企业的产品属于国家规定的资源综合利用产品目录范围内，同时又符合优惠政策条件的，可以享受增值税免征、即征即退或减半征收等优惠政策。中小企业购置并实际使用相关政策规定的环境保护、节能节水、安全生产等专用设备的，该专用设备投资额的10%可以从企业当年的应纳税额中抵免；当年不足抵免的可以在以后5个纳税年度结转抵免。中小企业从事技术转让、技术开发业务以及与之相关的技术咨询、技术服务业务取得的收入，免征营业税。

3. 帮助部分生产经营困难的中小企业渡难关

例如，中小企业的固定资产确实需要加速折旧的，可以在不超过40%范围内缩短折旧年限，或者采取其他加速折旧的方法。纳税确实有困难的中小企业可以向税务主管机关申请减免城镇土地使用税和房产税。完善担保机构补助和风险损失补偿机制。鼓励担保机构为我市中小企业提供担保，运用财政资金支持担保机构开展业务，通过分担保、再担保机制的建立，分担担保机构发生的担保损失。对申请财政资金的中小企业，除国家另有规定外，各资金项目管理部门不得设置前置条件，不得指定中介服务机构强制服务和强制收费，允许企业自愿选择中介机构或自行编报申报材料。

第二节　地方政府中小企业税费减免政策执行效果分析

在了解了地方政府中小企业税费减免的相关政策的基础上，本节进而分析这些政策的执行效果。对于这些政策的执行效果，我们运用实证调查方法进行研究。

一、调查实施情况

（一）调查途径、过程与内容

1. 调查途径

为了更切实地了解我国现阶段中小企业税费负担的现状，课题组与问卷星网站合作，在2013年4月份进行了大规模的问卷调查。问卷星网站是国内较为专业的调查网站，该网站拥有超过260万份的样本资源，可以针对客户的专业化和个性化调查需求向有针对性的细分目标样本开展调查。调查的基本过程是：首先由该网站根据调查内容选择目标样本，然后通过在网上发放问卷的形式获得相关数据，再由该网站收回问卷，统计最终的调查结果。网站根据问卷调查的结果，自动筛选掉无效答卷，同时支持人工排查以确保最终数据的有效性。下面就本次网络调查情况作简要的介绍。

2. 调查过程与内容

本次调查于2013年4月3日开始在问卷星网站发放问卷，于同月18日结束调查。共收回有效问卷340份。本次调查的目的是想了解中小企业的税费负担状况。基于这一目的，同时也要满足保护企业隐私的要求，本研究的问卷共包括四个部分：一是企业的基本状况，主要关注企业所在的行业类型。二是企业税费负担的客观状况，包括企业实际运营中需要缴纳的税种、需要缴纳的税收金额占企业营业利润的比重、需要缴纳的税收金额占企业经营成本的比重、企业目前享受的税收优惠政策、企业日常经营活动中需要向有关部门缴纳的费用种类、企业缴纳的各项费用占企业经营成本的比例、企业是否拖欠过税款或办理过延期纳税及其原因等问题。三是企业对其税费负担状况的主观感受。包括企业感觉的近年来税收负担变化情况、当前税收负担水平、目前的税收优惠政策力度、费用负担水平、对企业影响较大的收费项目情况，等等。四是中小企业关于税费政策及其执行中存在问题的认识及提出的解决建议。包括企业近年来是否经历过不合理的收费现象，希望政府在税费政策执行的哪些方面做出努力，以及希望政府出台什么样的针对中小企业的税费减免政策。

（二）获得的调查数据

1. 被调查企业的基本情况

本次调查的企业从事的行业类型包括：批发和零售业，交通运输业，信息技术服务业，房地产及其相关服务业、建筑业、农、林、牧、渔业以及其他行业的中小企业。其中，批发和零售业企业数量最多，约占企业总数的20%；建筑业企业排在第二位，约占全部企业数的15%；其次是信息技术服务业企业，约占全部企业总数的13%；房地产及其相关服务业企业约占全部企业的8%；交通运输业企约为5%；农、林、牧、渔业约占7%；其他行业企业约占总数的31%（见图3－1）。

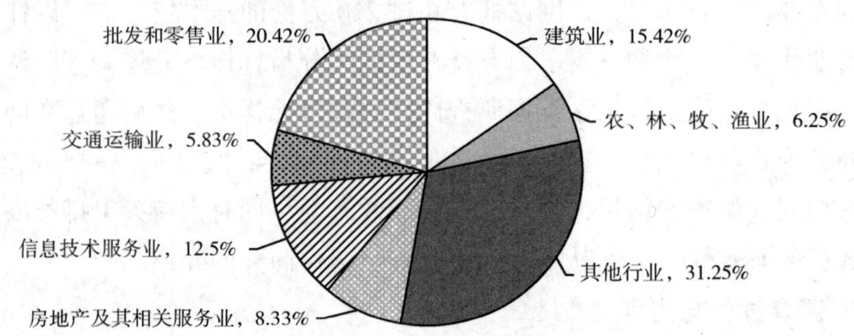

图3－1　企业从事的行业类型

2. 企业税费负担的客观状况

这方面的调查结果主要有：

（1）企业日常经营活动中需要缴纳的各种税大致有。约有58%的企业需要缴纳5～10种税；需要缴纳5种以内税的企业达到24%；需要缴纳10～15种税的企业达到13%；需要缴纳15种以上税的企业约为5%（见图3－2）。

（2）需要缴纳的税收金额占企业营业利润的比重。企业每年缴纳的税

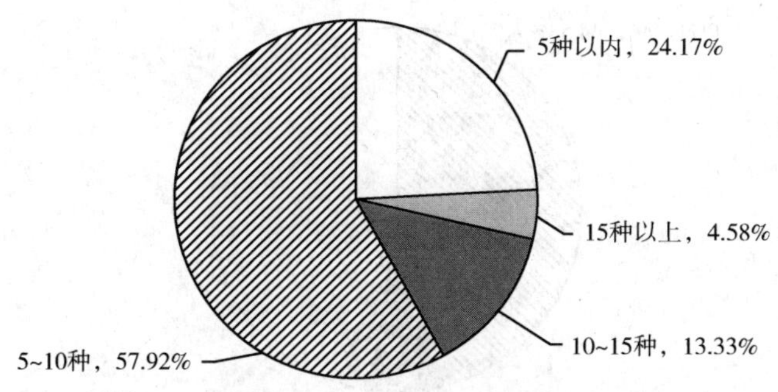

图3-2　企业日常经营活动中需要缴纳的税

收金额占企业营业利润比重在20%～40%的约占58%，20%以内的约占29%，40%～60%的约占12%，60%以上的约占2%（见图3-3）。

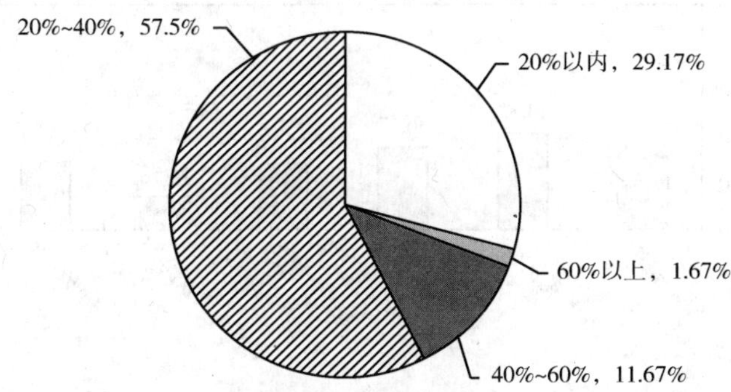

图3-3　企业每年缴纳的税收总额占企业营业利润的比重

（3）需要缴纳的税收金额占企业经营成本的比重。企业每年缴纳的所有税收总额占企业经营成本的比重30%以内的占45%，30%～60%的约占45%，60%～100%的约占8%，100%以上的约占3%（见图3-4）。

（4）企业目前享受的税收优惠政策。由统计分析可知：在企业目前所享受的国家税收优惠政策中，享受最大的是所得税优惠政策，约占43%；其次是增值税优惠政策，约占企业总数的37%；再次是营业税优惠政策，约占总数的29%；排在第四位的是出口退税政策，约占总数的25%；而约30%的企业则没有享受任何税收优惠政策（见图3-5）。①

（5）企业日常经营活动中需要向有关部门缴纳的费用种类。由统计可

① 因同一企业在特定时期内可能享受不同的税收优惠政策，因此享受不同优惠政策的企业占比增加会超过100%。

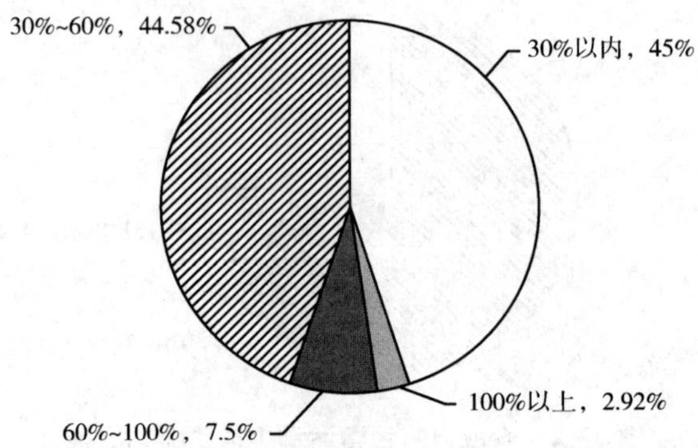

图 3－4 企业每年缴纳的所有税收总额占企业经营成本的比重

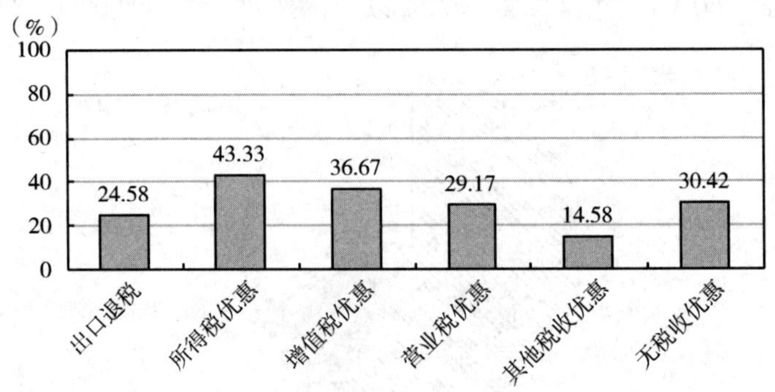

图 3－5 企业目前享受的国家税收优惠政策

知：目前企业日常经营活动中需要向有关部门（各级政府和其他组织）缴纳的各类费用，从整体情况看，有约 49% 的企业需要缴纳 10 种以上的费用，约 45% 的企业所缴纳的费用有 10～20 种，约 6% 的企业需缴纳 20～30 种费用，约 0.5% 的企业甚至要缴纳 30 种以上费用（见图 3－6）。

（6）企业缴纳的各项费用占企业经营成本的比例。由统计分析可知：除各项社会保障费（五险一金）外，企业向政府部门缴纳的其他费用（如环保费、治安费、登记注册费等）总额占企业经营成本的比例为：5%～10% 的约占 51%，5% 以内的约占 32%，10%～15% 的占 15%，15% 以上的约占 2%（见图 3－7）。

（7）企业是否拖欠过税款或办理过延期纳税。调查显示，约 1/3 的企业承认自己拖欠过税款或办理过延期纳税，另外 2/3 的企业则没有拖欠过税款或办理过延期纳税（见图 3－8）。

（8）企业拖欠税款或延期纳税的原因。统计分析可知，由于经营困

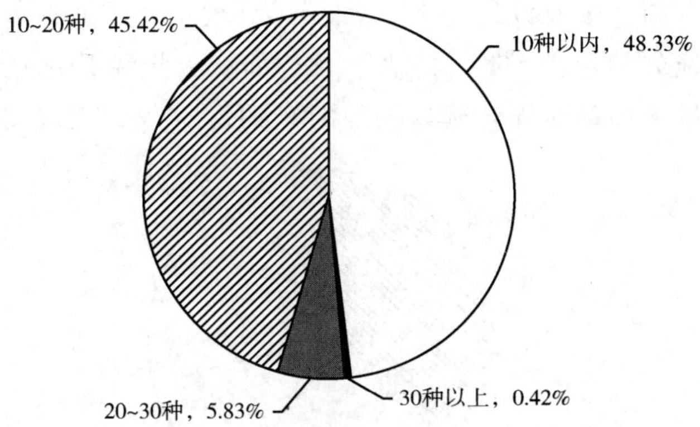

图 3－6　企业日常经营活动中需要向有关部门（政府和其他组织）缴纳的费用

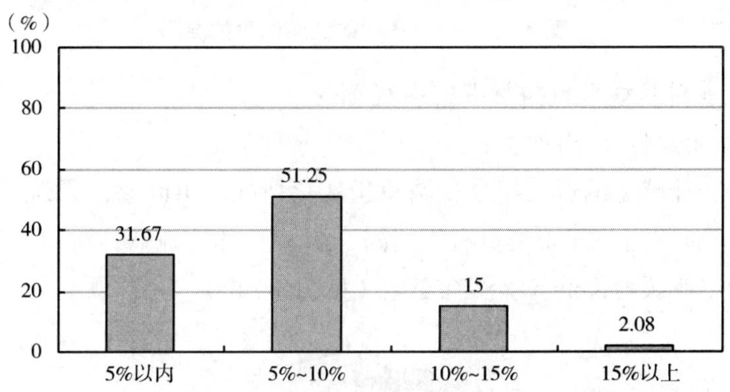

图 3－7　企业除社保缴费以外向政府部门缴纳的其他费用
（如环保费、治安费、登记注册费等）总额占企业经营成本的比例

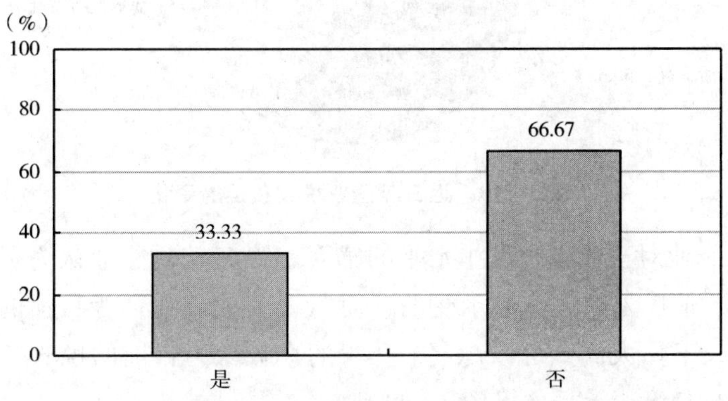

图 3－8　企业是否拖欠过税款或办理过延期纳税

难原因的约占调查企业数的29%；由于感到税负太重而拖欠税款的约占32%，故意拖欠的占2.5%，其他原因（如认为报税系统过于繁杂、纳税申报程序过于烦琐而导致延迟报税的）约占37%（见图3－9）。

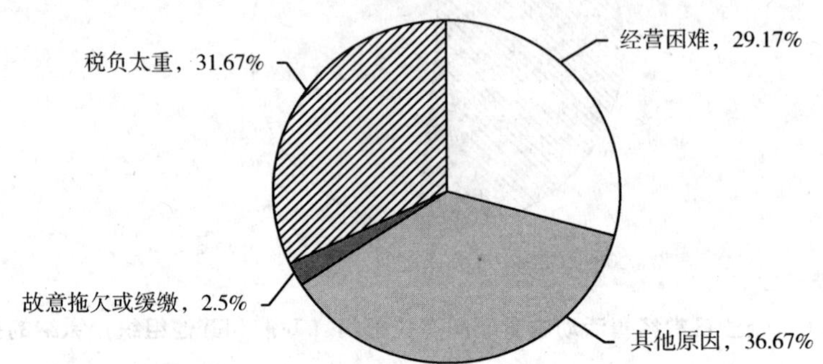

图3－9　拖欠税款或延期纳税的原因

3. 企业对其税费负担状况的主观感受

这方面的调查结果如下：

（1）企业感觉的近三年来税费负担变化情况。由问卷结果统计可知，约60%的企业认为近三年来税负有所提高，约12%的企业认为税负在稳步下降，约28%的企业认为税负基本没有变化（见图3－10）。

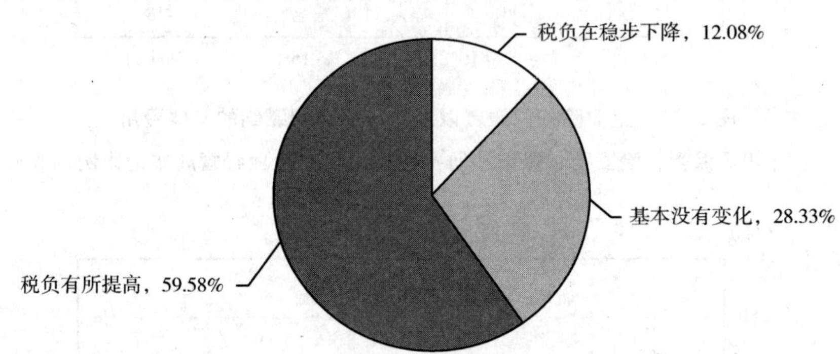

图3－10　近三年企业税收负担的变化

（2）企业对当前税收负担水平的感受。约67%的企业认为目前的税负水平较高，但还是勉强能够承受的，而约23%的企业认为目前的税收负担水平一般，不算太高，可以承受。10%的企业认为目前的税收负担水平很高，企业自身无法承受（见图3－11）。

（3）企业对目前的税收优惠政策力度的感受。约57%的企业认为目前的税收优惠政策力度还不够，应进一步加大；约42%的企业认为优惠力度

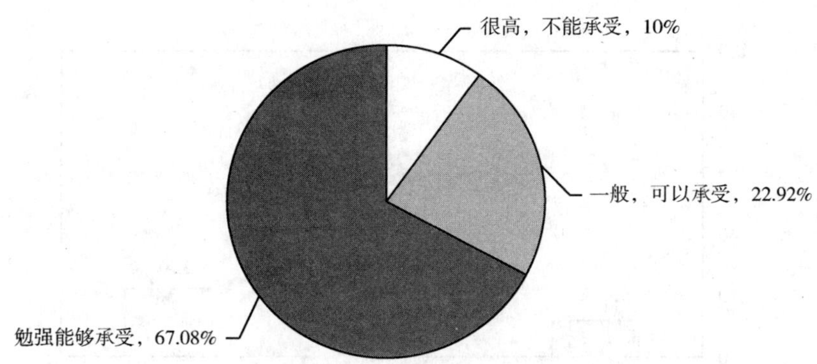

图 3－11　企业对当前税收负担的感受

可以，但是审批手续太复杂；只有不到 1% 的企业认为优惠力度已经较大了（见图 3－12）。

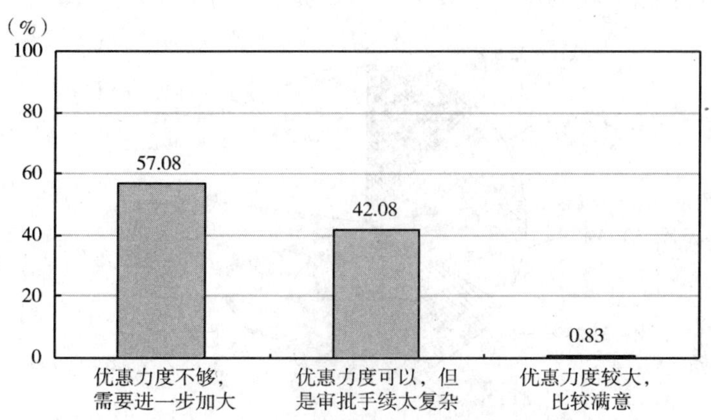

图 3－12　企业对目前的税收优惠政策的感受

（4）企业感到的各类费用（社保缴费、行政事业性收费、政府性基金等）的总体负担情况。由统计分析可知，约 66% 的企业认为目前企业各项费用的总体负担较高，但勉强能够承受。约 22% 的企业认为可以承受目前各项费用的负担。约 12% 的企业认为目前的负担太高了，难以承受（见图 3－13）。

（5）除五险一金之外，企业认为对自身经营影响较大的收费项目。由统计可知，企业普遍认为在各项收费中，对企业经营影响最大的是工商费用，约占 64%；之后的各类费用情况是：质量监管费用约占 47%；安全生产费用约占 44%；城管费用约占 32.5%；卫生费用约占 31%；环保费用约

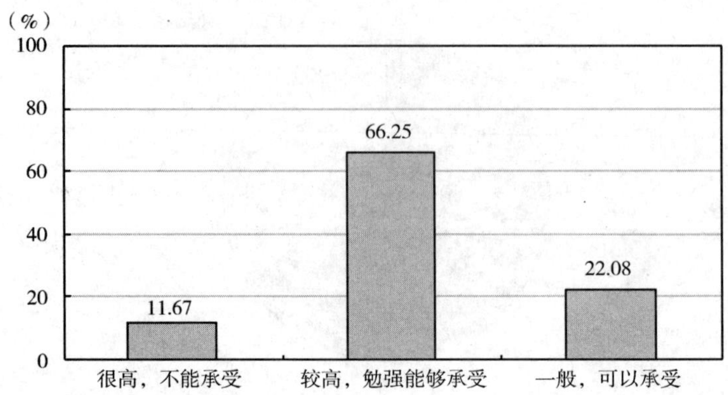

图 3-13　企业对当前各类费用（社保缴费、行政事业性收费、政府性基金等）总体负担的感受

占 31%；行业协会费用约占 21%；公安费用约占 11%（见图 3-14）。①

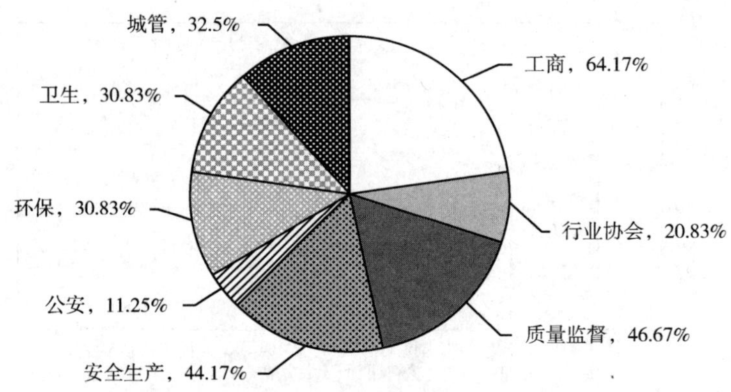

图 3-14　企业认为对经营影响最大的收费项目

4. 中小企业关于税费政策及其执行中存在问题的认识及提出的解决建议

这方面的调查结果如下：

（1）企业近年来是否经历过不合理的收费现象？由统计分析显示：企业经历过的不合理收费现象的排序是：乱收费（约 51%）、强迫订书报杂志（约 33%）、乱摊派（约 32%）、强拉赞助（约 31%）、乱罚款（约 29%）、乱评比（约 24%）、乱培训（约 23%）、乱排名（17%）。如图 3-15 所示。

（2）希望政府在税费政策及其执行的哪些方面做出努力。由统计分析

① 此题为多选题，选项占比相加大于 100%。

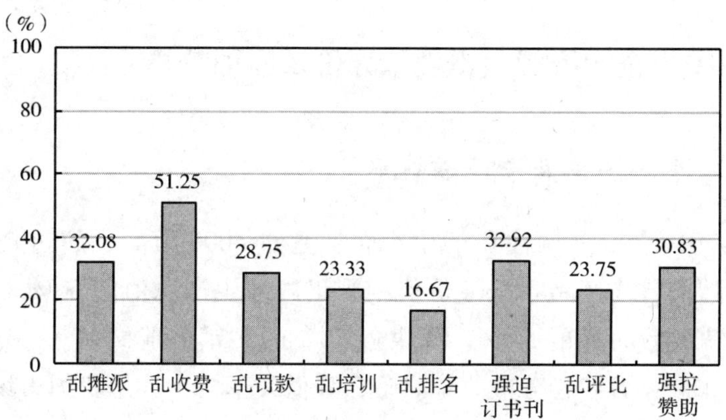

图 3－15　企业近三年经历过的不合理收费

可知：约 33% 的企业希望税费负担都有所降低；约 27% 的企业希望保持税收负担水平，降低收费负担水平；约 25% 的企业愿意接受当前的税费负担水平；约 17% 的企业表示愿意缴纳更多的税费（见图 3－16）。

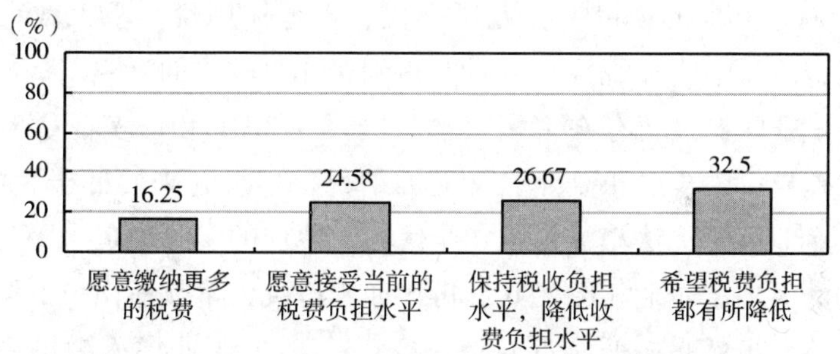

图 3－16　企业希望政府在税费政策及其执行方面做出努力

（3）希望政府出台什么样的针对中小企业的税费减免政策。通过调查归纳的主要建议有：希望对中小企业在税收及缴费方面的优惠政策加大并简化相关手续，占 76%；做好各项税收优惠政策的衔接，占 71%；进一步减轻税负，实行公平竞争，增加透明度，占 53%；希望降低税收，减少税收及税种，支持中小企业的优惠政策，占 48%；希望对大小企业一视同仁，占 26%；能够真正做到有法可依，不应该收取太多的没有名目的费用，占 17%。①

① 此题为多选题，选项占比相加大于 100%。

二、中小企业税费负担现状评价及原因分析

（一）中小企业税费负担现状

截至2010年，我国注册的中小企业超过4000万家，超过企业总数的99%，创造的最终产品和服务价值相当于内地生产总值的60%左右，缴税额超过国家税收总额的50%，提供近80%的城镇就业岗位。[①] 中小企业数量多、分布广，有利于分散改革风险，降低改革成本，是我国市场经济的主导力量。但我国中小企业普遍背负沉重的税费负担。虽然中央一再强调为企业减负，并下发了大批优惠政策，但在政策执行过程中，地方政府出于自身利益的考虑，往往消极执行，执行力大打折扣。

1. 税收负担沉重

中小企业面临着比较大的税费压力，如，仅增值税一项就占企业营业额的10%左右，其他的项目（企业所得税、土地使用税、职工教育基金、职工水利基金、其他附加税等）合计要占到企业总收入的近40%。[②] 由于我国的企业税赋征收制度仍存在很多问题，“名义税率”和“实征税率”方面也存在巨大差异。不少中小企业名义上的纳税负担看起来要低于大中型企业，但是中小企业由于无法享受到抵扣或优惠，他们的实际税负水平与那些享受税负抵扣的大中型企业相差无几。再比如，解决大量就业岗位的第三产业相关中小企业，虽然是按照全部营业额3%～5%的营业税率缴纳税款，但加上企业所得税、教育附加、城建和职工社会保险费支出等，中小企业的整体税负偏重，使得大量处于创业和增长期的中小型企业不堪重负。我国实行的是25%的企业所得税率，比原来33%的税率下降了，但还存在27%和18%的两种优惠税率，大部分的中小企业的实际纳税率都适用于这两种标准。新的所得税法调整之后，即使是享受20%实征税率的微利企业也比之前的18%的上升了2个百分点。再加上中小型企业经济利润偏低和税前扣除项目少的事实，一大批处于创业初期的中小企业和经营利润微薄的中小企业，几乎没有太大能力进行有效利润积累和再发展。[③]

---

① 王红茹：《中国企业十七项最终负担排名公布》，《中国经济周刊》2010年第10期。

② 宗庆后：《降低企业税费、减轻企业负担》，《中国企业报》2011年3月4日。

③ 宗庆后：《降低企业税费、减轻企业负担》，《中国企业报》2011年3月4日。

2. 负担多处于隐形化状态

在企业减税的强烈呼声下，企业税率和税种的减少成为必然趋势。但是，各种非税收费却成为遏制中小企业生命力的“抽血机”。据统计，我国有权向中小企业征收行政事业性收费的单位有 18 个，按收费项目分包括 69 个大类和上千个子项目。① 目前我国出台的减税政策大多是与投资规模挂钩的，从减税规模最大的增值税转型来看，可以实现税前扣除是企业购买的机器设备等固定资产，但对于中小企业来说融资困难等问题普遍存在，这就导致了其扩大再生产能力不强，无法享受相关税收减免等优惠政策。从收费来看，一些权力部门存在行为不规范、多头收费和重复收费的现象，部分垄断行业强制征收服务费等也增加了企业的负担。随着国家对环境保护的重视，许多工程项目都需要通过环境测评才能验收，环境测评的审批权与检查权由环保部门掌握。企业为了在环保测评中取得好成绩，不得不缴纳各种费用，除了支付各种的环境检测费和评估费之外，有不少中小企业还要向相关行政部门缴纳“公关费用”。还有一些地方权力机关经常以市政建设或组织大型活动为名，软硬兼施地向企业收取各种赞助、集资和捐款等费用。这些隐性费用往往比中小企业名义上缴纳的税收更多。

3. 被动加入中介社团

在我国现有行政体制下，大部分中介服务组织、行业协会或学会虽然不是政府机构却都存在不同程度的政府背景。一些行政部门利用行政权力或凭借其地位，要求企业到其指定的社团组织或中介机构办理评估、咨询、签证、科研等事务，并将其作为审批和验收的前提条件。如有关部门规定，企业的建设项目可行性研究、房地产评估、立项评估以及企业改制过程中的各种评估，只能到其指定的中介机构办理，否则就不予办证。工信部抽样调查结果显示，企业税费负担居前三位的分别是“强迫订购书刊”“各种摊派”和“强拉赞助”；对企业造成负担最重的前三个部门分别是环保部门、行业协会和质监部门。② 为了满足政府主管部门的要求，或者为了通过各种验收与评估，中小企业不得不被动地加入各类中介性的社团组织。

（二）企业税费负担沉重的成因

根据前述分析，虽然中央政府不断出台针对中小企业的税费减免政策，

① 王红茹：《中国企业十七项最终负担排名公布》，《中国经济周刊》2010 年第 10 期。

② 王红茹：《中国企业十七项最终负担排名公布》，《中国经济周刊》2010 年第 10 期。

但中小企业的税费负担还是比较沉重。其原因何在呢？我们认为这主要是由下述原因造成的。

1. 地方政府利益导向严重

我国的经济发展仍然带有政府主导的特征，政府决策对经济发展起着重要的导向作用。而政府决策的质量很大程度上又取决于做出决策的领导及领导集体。如果领导人素质偏低，不能很好地把握宏观经济形势，其决策往往也会存在各种各样的问题。尤其是在分税制改革以后，地方政府自身的利益成为地方领导人的主要考量要素，加上一些不规范行为的存在，领导人也会考虑辖区内既得利益集团的利益。因此，会不同程度地存在权力滥用的现象，地方政府往往以设置审批权或许可证的名义，变相向企业收费。同时，为了更好地完成本年度的税收任务，地方政府也会加大税收征缴额，这对中小企业而言就面临一种难以承受的税费负担。

2. 征税机构运转成本高

税收征管工作主要由具体的征税机构来完成，征税机构的数量直接影响着征税成本，进而影响着中小企业的纳税负担。1994 年的分税制改革后，出现了国家税务和地方税务两个系统。国税务系统由国家税务总局垂直管理，地方税务则实行省以下垂直管理。这一体制保证了中央和地方财政收入的高速增长，但各级各类税收征管机构的数量却迅速增加，税收征收成本明显增加。同时，国税与地税的分设也导致大多数企业必须同时在国税和地税系统分别办理税务登记，向两个征税主体申报纳税。这两套系统及其税收征管无疑会增加企业纳税负担，也会增加企业的纳税成本。

3. 税务机关执法存在漏洞

首先，在税收征管方面，地方税务机关关注的重点是如何完成财政预算中的税款征收计划，而不是如何全面地执行税法。因此可以判断，地方政府的税款征收计划是根据财政预算要求反推出来的，而不是建立在对企业税源全面、科学调查的基础之上。这样做的结果是税务机关采取提前稽查征税或者向企业借税的方式来完成税收任务，极大地降低了税务机关在纳税人心中的权威，同时这种本末倒置的税收关系格局也造成了税款的大量流失。其次，税务机关在执法检查过程中，经常采取“一刀切”做法。比如针对税收征管法规定的纳税人不设置账簿、账目混乱或申报的计税依据明显偏低的，税务机关有权采用“核定征收”的办法进行核定。但据调查，一些基层税务机关在对中小企业进行执法检查时，往往扩大“核定征收”的范围，不管中小企业财务核算是否健全，是否设置账簿，都采用“核定征收”的办法，这实际上大大挫伤了中小企业的积极性。最后，有些税务机关仍存在以权代法的情况。地方税务机关对税率总是采取模糊处理，存在“关系税”和当纳税条件相似却存在不同纳税数额的情况。因此守法的中小企业会认为自己太傻，纳税遵从度明显下降。可以说，中小企业不患多而患不公的现象仍不同程度地存在，严重影响了税法的执行。

第三节　影响地方政府执行力的因素

本章的目的是以中小企业税费减免政策执行这一地方政府常规性的政策执行为例，来探讨影响地方政府执行力的因素。正如第一章的文献综述表明的，学界在既有的研究中从政策本身、执行主体、执行客体、执行资源、执行环境等五大方面论述了地方政府政策执行得影响因素。本研究认为，这些探讨无疑都具有重要意义，对于本研究也具有重要启发。但同时也应认识到，既有的研究也还有一些不足，最主要的问题是，基于这些因素的研究还不够深入，在一定程度上还不能反映我国体制背景下政策执行和地方政府执行力的特殊性。基于此，本研究在既有研究和上述案例分析的基础上，对这一问题进行了进一步的研究。综合而言，影响地方政府执行力的因素主要有五个。

一、政策自身因素

正如既有的研究所指出的，政策自身因素是影响地方政府政策执行效果的第一因素。本研究对此也高度认同。之所以这样讲，是因为中央和上级政府制定的政策是各级地方政府执行的依据，可以说，能不能制定出切实可行的政策，在很大程度上决定着地方政府的执行力。

一般来看，政策自身从下述一些方面具体影响地方政府执行力。第一，政策目标。政策目标是一项政策实施后要达到的基本目的。在我国，制定政策的主要是中央政府和省级政府，省以下的地市级、县级、乡级政府的主要任务是执行中央和省级政府制定的政策。而中央政府和省级政府在制定政策时，主要是从全国或全省（自治区、直辖市）的整体着眼的，要达到的是全国或全省（自治区、直辖市）整体目标。但是，全国或全省（自治区、直辖市）的整体目标在与其下辖的地方政府总体一致的同时，有的时候在一些方面也可能存在不一致的情况。例如，税费减免政策可能会造成财政状况不好的地方政府暂时的财政困难。在这样的情况下，这些地方政府就可能对税费减免政策存在一定的抵触。第二，政策组合的内容。正如第二章所揭示的，任何一项政策其实都不是“单一力源，单一指向”的政策措施，而是“多个力源，共同指向”的政策措施的“组合”。政策执行得怎么样，其重要前提是这样的政策组合制定的怎么样。“十一五”期间之所以能够成功关停小火电，其重要原因即在于制定出了既有“拉力”，又有推力，还有保障机制和责任机制的政策组合。而本章的税收减免政策，则由于只是简单地要求地方政府进行税费减免，却缺乏相应的激励性政策措施，导致地方政府在执行中并不积极，从而出现了虽然中央政府不断出台税费减免政策，但却执行得不太好，相当多的中小企业还是认为税费偏高的问题。第三，政策执行的监督机制和责任机制。在政策文本中，一般要有政策执行的监督机制和责任机制。所谓政策执行的监督机制，是指由哪些主体来检查和督促政策的执行。所谓政策执行的责任机制，是指执行主体如果违反了相关规定，将会受到怎样的处罚的一种政策执行的保障措施。在政策文本中，监督机制和责任机制制定得是否科学有效，将在很大程度上决定政策执行的效果。

二、利益因素

公共政策本身是对相关主体利益关系的重大调整，而各级地方政府又是具有一定利益诉求的主体。应该认识到，在我国单一制的政府体制下，各级政府的利益诉求既有其一致性，又有所不同，这造成了政策执行的特殊复杂性。所谓利益诉求的一致性，是指在中央政府的统一领导之下，在全国性发展战略、发展规划的引领之下，全国各级政府的总体发展方向和奋斗目标是一致的。所谓各级地方政府的利益诉求有所不同，是指各级地方政府由于其所在区域、地理、气候、历史传统、人口、经济社会发展水平等的差异，在具体的发展内容和追求上又有所差别。由这些所导致，在公共政策制定和执行过程中，各级地方政府在中央的统一领导下，就会产生不同的利益追求。

应该看到，在政策执行中，适当的利益追求是政策执行主体行为的重要驱动力，在一定意义上，正是“利益”推动着地方政府是执行中央政策或是违反中央政策。不可忽视的是，一些地方政府会根据本地区本部门的情况自主理解中央政策，在执行过程中会尽量向着地方利益倾斜，甚至会以机会主义的态度来实施中央政策。1994 年实行分税制改革以来，中央政府与地方政府之间的财权得到了较为合理的配置，但与分税制相配套的中央与地方的事权改革并没有同时进行，这导致的一个结果就是地方政府通过多种方式和途径增加地方收入，往往会忽略本地公共物品的有效供给。中央政府控制着增值税、消费税、关税等课税范围广且税率高的税种，即整个税收收入的60%左右归中央政府，40%左右归地方政府。结果就是，从 1994 年至 2009 年的整个财政收入比重上，地方政府的财政收入比重从 78% 降到 47.6%，而地方政府支出比重却从 69% 上升至 80%。[①] 由此可见，地方政府面临着巨大的财政压力，因此很容易出现增加收费的利益动机，这种动机显然会影响中央政府税收优惠政策的执行。

从本研究的案例来看，中小企业税费减免政策执行过程中的利益关系表现为两层委托代理关系。其中，第一层委托代理关系是中央政府与地方政府之间的关系。中央政府制定出“企业税费减免”政策，委托地方政府具体实施，并对实施情况进行监督。第二层委托代理关系是各级地方政府与当地税务部门和相关行政机构之间的关系，即地方政府委托行政执法部门为企业开具各种评审报告书，委托税务部门对企业征税并审核账目。在这两层代理关系中，处于核心位置的是地方政府。税费征收效果如何，关键在于地方政府的态度和利益倾向。在我国这样典型的自上而下政策执行过程中，第一层委托代理关系是主要的，第二层委托代理关系从属于第一层委托代理关系。可以说，在企业税收优惠政策执行过程中，中央政府与地方政府是利益相对的两个方面，而地方政府及其地方税务机关和行政执法部门则是一个利益共同体（见图 3－17）。

在这一过程中，中央政府以国家利益为重，从全局出发，出台了大量减税优惠政策以提高企业的竞争力和创新能力，鼓励企业进行职工培训和技术研发。但地方政府却主要从局部利益出发，在实际上并不完全支持中央的政策，因此才会存在执行效果不好的现象。例如，中央的税收优惠政策明确规定企业用于职工培训和技术研发的费用可以抵扣企业所得税，但是由于

① 根据《中国统计年鉴 2010》数据整理得到。

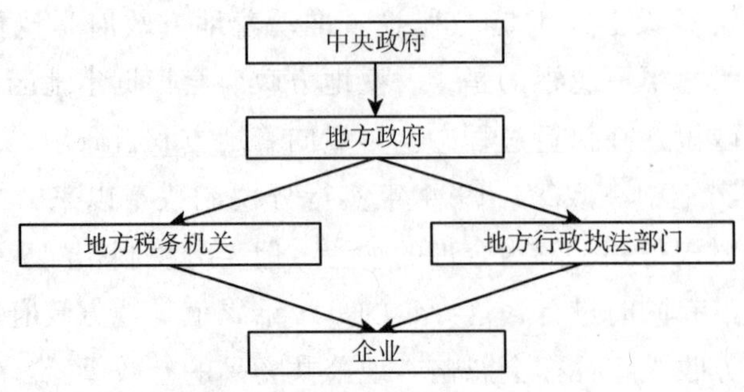

图3-17　企业税费负担传导机制

40%的企业所得税是交给地方政府的，严格执行这一税收优惠政策必将减少该地方政府当年的财政收入。因此，出于自身利益的考虑，地方政府并不是真的希望企业享受该项税收优惠支持，于是地方政府会采取阳奉阴违、选择性执行或其他方式消极执行或不执行中央政策。由此可以看出，中央政府与地方政府的利益博弈实质上是利益出发点不同，其并不是中央与地方争利，也不是中央与地方存在利益冲突。中央政府考虑全局利益，目的是保持宏观经济长期稳定增长，而地方政府则是为了获取局部的特殊利益，尽力去规避中央政府的财政约束。中央与地方信息的不对称以及中央难以查处地方执行不力的事实，使得地方政府具有了违背中央政策的可能性。

此外，当代中国中央与地方以及地方之间的财政制度是一种“分灶吃饭”的制度，地方政府已经成为独立的市场利益主体，其职能已不再是中央政府职能的延伸。可以说，地方政府的财政状况与财政收入水平直接决定了辖区工资水平高低及其工作环境的好坏。在这种利益关系中，地方政府首先考虑的不是中央政策的贯彻落实，而是在追求提高地方财政收入和促进地方经济高速增长的同时执行中央政策。地方政府甚至认为保持宏观经济平衡以及为企业减负等是中央政府的事情。由此可见，地方政府部门高收费等行为是符合当地所有职能部门的意愿的，高收费不仅会得到地方政府领导人的支持，也会得到当地相关职能部门和公务人员的支持。地方政府的行政执法部门和税务机关会根据地方政府财政预算的要求去收费和收税，时刻与地方政府的利益保持高度一致。

三、政绩考核因素

政绩考核是中央政府对地方政府、上级政府对下级政府的政绩进行的考察和评价。在我国的政府体制和干部管理体制下，上级政府提名其直接管辖的下级政府的党政领导班子及其负责人，并且对领导班子（尤其是党政负责人）的政绩进行考核。而考核的结果在很大程度上将影响甚至决定这些人员的晋升和政治前途。因此，下级政府的领导班子，尤其是党政负责人，对政绩考核问题必然给予高度重视。甚至可以说，政绩考核是推动中国改革和发展的第一直接因素。

当代中国官员的政绩考核，又是始终与国家的发展战略紧密联系的。国家的发展需要哪个方面，就必然会加重哪个方面的考核。改革开放以来，在经济发展作为国家发展的第一战略的指引下，中央政府对地方政府、上级政府对下级政府的政绩考核，实际上是以 GDP 增长为核心的。在这样的考核标准下，GDP 的增长情况成为考核各级地方政府政绩的最重要的指标，而且在很大程度上，基于 GDP 增长的考核结果又影响着地方政府官员尤其是党政一把手的晋升和政治前途。在这样的情况下，各级地方政府自然会把如何促进本地经济发展作为任期内的第一要务。

地方财政情况则是本地 GDP 状况的重要反映。一般而言，本地经济发展情况比较好，则税源丰厚，财政情况也会较好；反之，经济情况不好，财政情况也会不好。因此，中央和各级地方政府出于发展经济、保护税源的考虑，都会出台相关政策（包括减税、减少和规范收费等）刺激经济发展。但是，应注意的是，由于各地的经济发展状况不一样，导致各地对中央政府的减税和减少收费政策的反应有所不同。对于经济发展情况较好的地方来说，其税源充足，减税和减少收费对政府财政不会造成短期主要影响，而会进一步促进经济发展，因此是欢迎这一政策的，在政策执行中也会比较顺利。而对于一些经济发展情况相对而言比较差的地方而言，减税和减少收费政策可能会给本地的财政带来短期困难。在这样的情况下，尽管地方政府及其官员深知中央制定的减税政策能够增强地方经济活力，并进而增强当地企业的竞争力，但在我国官员晋升“锦标赛”中，这种有利于地方长远利益却没有短期利益的政策与地方政府官员的利益存在不一致的地方，因此，地方官员执行中央减税政策的积极性并不高。[①] 由此也就会出现中央不断出台税费减免政策，但企业却仍然感到税费负担很重的现象。

---

① 李丽青：《“企业研发费税前扣除”政策执行偏差的博弈分析》，《科技管理研究》2010 年第 23 期。

四、信息因素

在政策执行中，相关的政策信息发挥着重要的作用，是影响政策执行效果的重要因素。首先，作为政策执行的重要主体，各级地方政府应确切掌握中央政府和上级政府关于政策内容的明确信息，同时也应确切掌握本地相关的政策接受者（如本章案例中的中小企业）的确切信息。其次，作为政策的接受者，中小企业应及时了解中央政府和本地政府关于税费减免的政策，以保护自己的应有权益。最后，中央政府也应通过一定的方式确切掌握自身政策在地方的执行情况，以进行政策执行监督、政策评估，以及进一步的政策改进。因此可以说，信息畅通是保证政策执行的重要条件，而信息的阻隔和断裂则在很大程度上影响政策执行的效果。

然而，就我国的政府管理体制和政策执行一般模式来看，则还存在着不足，很可能造成政策执行中信息的阻隔和断裂。具体而言，首先，从政府体制来看，中央政府和上级政府要同时领导多个地方政府和下级政府，这往往造成其不能确切了解下辖政府政策执行的详细情况，引致监管能力不足。其次，从政府的信息收集系统来看，政府内部还是有较为完善的信息收集体系的，如信息通报、请示汇报等制度，政府主管的新闻媒介也能够及时收集各地的重要信息。但是，这一信息收集系统的一个重要缺陷是，对于社会自下而上的信息（如来自社会的举报、涉及具体政府官员的不良信息等）则由于层层的过滤，很难上传到政府高层。导致政府高层得到的信息往往不够及时和全面。最后，从政策执行过程来看，中央政府与地方政府在政策执行中在很大程度上是一种委托代理关系。在这一委托代理关系中，中央政府与地方政府的信息存在严重不对称的现象，中央政府没有足够的人力对地方政府执行不力的情况进行查处，同时在我国这样一个超级大国，由中央政府完成对各级地方政府的查处不仅成本太高，也是不现实的，因此，这种事实就为地方政府违背中央政策本意而执行政策提供了可乘之机。如前所述，虽然改革开放以来中央不断出台税费减免政策，但实际上企业的税费负担仍然十分沉重。其中的一个重要原因，即这一政策的执行在有些地方不彻底，而地方政府，尤其是基层政府的乱收费、强迫订书报杂志、乱摊派、强拉赞助、乱罚款、乱评比、乱培训、乱排名等又不能及时传递到中央政府和高层政府，从而难以得到纠正。

总体而言，我国政策执行的一个基本事实是，制定政策的政府和政策的对象（尤其是来自市场和社会的政策对象）距离较远，二者之间的信息沟通和反馈机制不是很顺畅，这造成了政策执行的特殊困难，成为影响政策执行效果的特殊因素。

五、环境因素

正如一些学者指出的，政策执行环境是影响地方政府执行力和执行效果的重要因素。本研究认为，这无疑是正确的，但问题在于，在我国以及执行政策的某个地方政府的特定情境下，环境因素是如何具体影响政策执行的？换句话说，环境这一影响因素是如何具体发挥作用的？对于这一问题，本研究认为，应从两个层面来分析。

第一个层面是宏观环境层面，即国家所处的时代背景以及国家的发展战略所规定的环境。从这一层面看，当代中国基本上可以分为三个阶段：新中国成立后到改革开放之前、改革开放之后到党的十七大、党的十七大以来。在改革开放之前，尤其是“文革”时期，整个国家以及各级地方政府的任务是“以阶级斗争为纲”，继续推进“革命”，地方政府的自身利益和要求在很大程度上被掩盖和忽视。改革开放以来，随着国家的工作重心转移到经济建设，全党全国集中精力发展生产力，各级地方政府的主要任务成为发展经济，地方政府的利益诉求被激活，追求 GDP 成为地方政府的第一动力，但也出现了忽视资源环境等问题。鉴于前一时期大力发展经济导致的生态资源环境压力过大、难以为继问题，党的十七大第一次将生态文明写入政治报告，国家的整体发展也进入了一个新阶段，由此对地方政府的行为也带来了新的要求：既要发展经济，关注民生，又要科学规划，量力而行。这无疑是给地方政府的政策执行行为提出了新的要求。党的十八大以来，在继续关注生态文明的基础上中国经济发展进入“新常态”，地方政府的整个发展环境又发生了新的变化，这对于地方政府的政策执行行为无疑又将产生新的影响。

第二个层面是微观环境层面，即地方政府所在的具体的、微观的、能够对政策执行行为产生直接影响的环境。这方面的影响因素非常多，如地方政府所在地区的具体气候、地理、历史、人文，以及不同领导人的风格等，都会影响其政策执行。至于具体哪些或哪个环境因素影响政策执行，则需要根据具体的政策及其执行过程来分析。在研究中，只有认识了影响政策执行的微观环境层面，才能够深入地分析地方政府对某个具体政策的执行过程，也才能够理解为何同一个政策在不同的地方会有不同的执行效果。在本章的案例中，中央政府的税费减免政策之所以在不同的地方有不同的执行效果，其直接原因在很大程度上即在于受到不同地方微观环境的影响。

总体而言，我国地方政府执行力受到上述五大因素的综合作用和影响，是五大因素综合作用的结果。其中，政策自身因素和政绩考核因素很大程度上是中央政府和上级政府制约和影响地方政府和下级政府的工具和手段，能够反映国家和某个较大区域的整体目标。利益因素和环境因素（尤其是微观环境因素）具体体现了执行政策的地方政府的诉求。信息因素则是沟通各个政策执行者的“中立”因素，其质量的好坏在很大程度上制约着政策执行的效果。

第四章　地方政府执行力的变迁

——以天津滨海新区医疗卫生服务改革为例

一个地方政府的执行力不是一成不变的，而是不断变化的。可能由弱变强，也可能由强变弱。那么，在我国的特定场景下，地方政府执行力是如何变化的呢？特别是，如何由弱变强的呢？了解这一问题，对于深入认识我国地方政府执行力无疑具有重要意义。对于这一问题，本研究以天津滨海新区近年来进行的医疗卫生服务改革为例，来进行研究。

第一节　滨海新区医疗卫生服务改革的背景、过程及成效

综合改革配套试验区是中国社会发展新阶段进行制度创新的试验区域。公共服务的机制体制创新是综合配套改革的重要内容。天津市滨海新区 2006 年被国务院批准为综合配套改革试验区，是继上海浦东新区之后，中国第二个综合配套改革实验区，与上海浦东新区不同，滨海新区具有完全不同的发展环境、产业结构和行政管理体制，在京津冀区域中地位突出，具有重要的引领示范作用。滨海新区自被批准为综合配套改革实验区之后，在近十年的发展过程中，医疗卫生公共服务无论从供给数量还是从供给质量方面都取得了显著进步，对京津冀乃至全国医疗卫生改革具有重要的示范作用。

一、滨海新区医疗卫生服务改革的背景

滨海新区医疗卫生公共服务改革是外部压力与内部自我发展的共同结果。

（一）非典型肺炎疫情引发社会各界对医疗卫生公共服务发展滞后的关注

2003年一场前所未有的非典型性肺炎席卷全国，医疗卫生事业发展的滞后性引起政府部门、社会各界以及学者的共同关注。滨海新区医疗卫生公共服务资源发展相对滞后，主要表现在：（1）医疗卫生资源总量不足，2000年底，滨海新区卫生事业机构仅有37个，拥有病床5157张，其中医院71所，拥有病床4989张；门诊部、所和专科防治所、站，以及其他卫生机构128个，病床168张。①（2）医疗卫生资源分布不均，医疗卫生资源集中分布于原有的塘沽、汉沽和大港三个行政区域，大港区医疗卫生资源分布尤为不平衡，新建功能区则几乎没有成规模的医疗卫生资源。（3）滨海新区医疗卫生资源总体质量有待提升，2010年之前，滨海新区没有一家综合性三级甲等医院，缺乏高水平医疗卫生工作者队伍和高端医疗设备。（4）医疗卫生类突发事件应急管理能力较差，加之滨海新区复杂的行政区划与管理体制，应急资源在全区的调度和协调，医疗卫生服务信息的区域内共享都存在一定困难。非典型性肺炎疫情的爆发使得滨海新区医疗卫生滞后性凸显，加快医疗卫生服务事业发展显得尤为迫切与必要。

（二）服务型政府建设的推动

2003年，国务院总理温家宝提出了政府的十六字职能，自此公共服务作为政府的一项最基本职能的地位得以确立。而在同一年，天津市市长在政府工作报告中宣布“滨海新区提前一年建成”②，滨海新区建设之初的基础设施建设已取得阶段性成果，公共服务作为一项重要的工作任务被提上工作日程。2002年出台的《天津滨海新区条例》明确要求医疗卫生、教育、文

① 韩启祥、王二林主编：《天津滨海新区统计年鉴》，未刊稿。

② 说法详见《2004年天津市政府工作报告》。

化和社会福利等公共服务要进一步提高与完善。2005 年《天津滨海新区总体规划（2005～2020）》出台，单列一章提出要转变政府职能，全面履行政府社会管理和公共服务职能，更加重视科技、教育、文化、卫生、体育等社会事业发展，满足人民群众物质、文化、精神和生命健康的需要。在医疗卫生方面都提出了明确的政策宣示。同年 6 月 24 日至 26 日，时任国务院总理温家宝率 15 个部委的负责人到天津考察，温总理在一定程度上肯定了天津及滨海新区之前在公共服务方面所做的工作：天津的亮点很多，有许多事情做得很不错，比如教育卫生、社区建设、危陋平房改造等。[①] 由此，滨海新区公共服务创新进入一个全面推进与快速发展阶段。滨海新区政府正式挂牌成立于 2010 年 1 月，滨海新区区长宗国英在 2011 年的滨海新区第一届人民代表大会第二次会议上所做的政府工作报告强调要建设服务型政府，公共服务创新的地位在滨海新区各项工作中地位提升，滨海新区公共服务创新进入了一个全新发展阶段，公共服务范围进一步扩展，公共服务方式多样化，公共服务内容丰富化。在 2012 年政府工作报告中，宗国英进一步指出滨海新区政府要牢固树立执政为民理念，在新一年的任务是进一步强化公共服务职能，恪尽职守，开拓创新，努力建设人民满意的政府。

（三）人口结构变化引发了医疗卫生公共服务新需求

满足不同人群的合理化公共服务需求，实现社会和谐，化解潜在的社会风险是公共服务机制创新的重要目标。首先，流动人口规模上涨引发了医疗卫生公共服务均等化需求。随着滨海新区经济的跨越式发展，越来越多的外来人口进入滨海新区，滨海新区流动人口以每年 30% 的速度递增，截至目前规模达到 130 万[②]，占到了滨海新区总人口的一半以上。对滨海新区公共服务供给的公平性和多元化需求日益强烈。据了解，滨海新区的流动人口以 18 岁至 25 岁的年轻人为主，主要从事务工和个体经商，分布于工业、服务业、企业、建筑工地和街道社区等行业。流动人口规模的迅速增长在给滨海新区带来大量优质劳动力的同时，也为滨海新区政府管理与公共服务带来了巨大挑战，针对流动人口的医疗卫生公共服务均等化尤为重要，既关系到流动人口自身的生活保障也关系到滨海新区整体的社会发展。其次，老龄人口规模不断上涨，

---

① 张峻屹：《温家宝对滨海新区建设做出重要指示》，《天津年鉴》2005 年。

② 牧岩：《天津滨海新区创新人口管理》，滨海新区政务网，2013 年 1 月 3 日发布。

截至2013年底，滨海新区60岁以上老年人口为24.6万人，占户籍人口的比例超过了20%，与老年人口相关的医疗服务需求增长迅速，养老机构床位数、老年人群护理人员、老年人高发疾病医护人员亟需快速发展。最后，滨海新区人口密度的高速发展与食品、药品、水源等管理体制相对滞后之间的矛盾是公共卫生事件的重要诱因，医疗卫生事件高风险时代，不仅要求医疗卫生资源在数量上的增长，更要求通过医疗卫生服务的提升，提高社会的抗风险能力。

（四）被确定为综合配套改革试点为医疗卫生公共服务创新提供了重要契机

2006年4月26日，国务院确定天津市滨海新区为综合配套改革试验区，5月26日，指导滨海新区建设的中央层级文件《关于推进天津滨海新区开发开放有关问题的意见》出台，滨海新区的发展任务得以在综合配套改革的平台上重新规划：以建立综合配套改革试验区为契机，探索新的区域发展模式，为全国改革发展提供经验和示范。之后的《关于印发天津滨海新区综合配套改革试验总体方案的通知》中明确进行公共管理体制创新，逐步构建起覆盖城乡的公共服务体系是滨海新区综合配套改革的重要目标，其中医疗卫生体制改革是公共服务创新的重要内容，在《天津滨海新区综合配套改革试验总体方案》中提出要健全医疗卫生保障制度，深化医药卫生体制改革，在医疗卫生领域先行先试全局性的重大改革措施，在卫生保健、民间资本引入、医疗资源布局等方面进行创新性发展。

二、滨海新区医疗卫生服务改革的过程

健康权是公民享有的一项基本人权，这项人权的实现与一定区域内的医疗卫生公共服务水平密切相关，医疗卫生基本公共服务是保障公民健康权的重要工具。通过多种手段，采取多样化的途径提供基本医疗卫生服务是政府的重要工作职责之一。为清晰地展示滨海新区医疗卫生公共服务改革的过程，这里以2010年至2015年滨海新区政府工作报告和滨海新区统计年鉴等资料为基础，分析其中与医疗卫生有关的内容。

（一）第一阶段，夯实医疗卫生公共服务基础（1994～2009年）

滨海新区建设初期，滨海新区建设的主要任务是基础设施建设，其他各

项基本公共服务发展相对于基础设施建设而言，投入较少，发展较慢。

2006年3月22日，国务院常务会议审议通过《天津市城市总体规划（2005～2010）》，在此基础上，4月26日，天津滨海新区被国务院批准为综合配套改革试点，5月26日，《关于推进天津滨海新区开发开放有关问题的意见》出台，滨海新区建设有了中央层级指导性文件，天津滨海新区进入全面落实科学发展观和构建社会主义和谐社会的新阶段。推进社会事业发展，促进社会保障制度改革，构建和谐社会成为滨海新区建设的重要任务。在此背景下，滨海新区两项重要规划文件中，都对医疗卫生事业发展做出了专门规定。

《天津滨海新区总体规划（2005～2020）》中对滨海新区医疗卫生发展的总体目标界定为："快速建立起与新区发展相适应的现代化卫生服务体系"，为实现这一目标，具体任务包括引入社会资本参与医疗卫生服务提供，调整医疗卫生服务资源的空间布局，改革大医院管理体制和服务模式，发展农村医疗事业等。《天津滨海新区国民经济和社会发展"十一五"规划纲要》将医疗卫生公共服务发展作为推动和谐社会建设的重要一环，强调要建立疾病防控体制，公共卫生突发事件应急管理体制和卫生执法监督机制。2005年至2009年，在滨海新区成为国家综合配套改革试点的大背景下，医疗卫生公共服务作为综合配套改革中的一项重要内容开始逐渐起步。但由于滨海新区医疗卫生事业前期发展相对滞后，因此，本阶段的主要任务仍然是加快构建滨海新区的基本医疗卫生服务体系，加快建设完善滨海新区医疗卫生的基础设施，合理配置医疗卫生服务资源。

（二）第二阶段：全面推进改革（2010～2015年）

2010年，滨海新区行政体制改革完成，整合了原本各自分散的行政区域，滨海新区一体化进程加快。医疗卫生基本公共服务得以在全区统筹范围内规划发展。而且，2009年，全国新一轮深化医药卫生体制改革启动，天津市滨海新区在卫生体制创新方面做出了大胆尝试。这一阶段，有两个纲领性政策文件指导滨海新区医疗卫生事业发展。一个是《国家基本公共服务体系"十二五"规划》，另一个是《天津市滨海新区国民经济与社会发展"十二五"规划纲要》。

由两个纲领性政策文件可知，"十二五"期间，滨海新区医疗卫生公共服务的目标是：第一，在数量和质量两个方面进一步提升滨海新区医疗卫生公共服务的水平。第二，提高医疗卫生公共服务的可及性。第三，提高医疗卫生支出水平。滨海新区医疗卫生公共服务改革的主要任务是：第一，实现医疗卫生服务资源的合理配置，计划建设医疗健康服务园，从整体上提升滨海新区医疗卫生服务水平。第二，深化医疗卫生体制改革，改革重点是构建新型社区医疗卫生服务体系，推进社区医疗卫生服务中心医疗服务职能与公共卫生服务职能的分离。第三，在医疗卫生服务领域引进境外、民营资本，逐步丰富医疗服务资源，满足多元化的医疗服务需求。为了保障上述改革目标和任务的实现，这两个文件还规定了保障措施：要求实施公共卫生服务体系建设工程、医疗服务体系建设工程、全科医生培养计划、医药卫生信息化建设工程、药品安全保障基础设施建设工程以改善医疗卫生基础设施条件，健全医疗卫生服务网络，进一步完善医疗卫生机构管理运行机制，为医疗卫生服务供给提供支撑。

在上述规划的基础上，2010～2015 年，滨海新区医疗卫生公共服务改革逐年推进。具体而言，2010 年出台相关政策文件近 30 项，加强医疗卫生系统自身建设，完善公共卫生服务体系。2011 年深化医疗体制改革，促进医疗卫生服务均等化。2012 年滨海新区卫生局印发《2012 年滨海新区卫生工作要点》，详细规划实施滨海新区 2012 年卫生工作的 35 个要点。2013 年重点进行大医院升级改造和社区卫生服务中心建设，提高医护人员技术水平和医疗机构管理水平，进行社区卫生服务中心标准化建设，鼓励社会资本兴办医疗机构。2014 年继续加快医疗卫生基础设施建设，加强疾病防控力度，提升流动人口基本医疗卫生服务的均等化水平。2015 年继续推进医疗卫生体制改革、加强大医院建设、发展社区医疗，鼓励民营医疗机构发展，提高应急处置能力，加快推进医疗卫生服务均等化。

三、滨海新区医疗卫生公共服务改革的成效评价

（一）评价指标构建

本研究引入两类评价指标，分别是投入类指标和产出类指标。投入类指标用于评价天津滨海新区政府在医疗卫生公共服务上的财政投入，人力资源投入及物质基础投入状况；产出类指标用于衡量天津滨海新区医疗卫生政策效应。在“投入”和“产出”指标下，分别包含若干分项指标，分项指标还包含下一级分项指标。指标设置的依据主要为《国家基本公共服务体系“十二五”规划》《全国医疗卫生服务体系规划纲要（2015～2020 年）》与

综合改革配套实验区卫生事业发展相关规划。鉴于这些规划普遍认为当前中国医疗卫生服务资源总量仍不足，本研究从经费保障、基础设施建设和人力资源投入等方面考察医疗卫生公共服务的投入情况。在产出类指标方面，根据《滨海新区卫生事业发展“十二五”规划》提出的滨海新区卫生事业发展9项目标，本研究将卫生公共服务产出评价指标划分为5个类别，分别是卫生机构服务能力、居民健康水平、孕产妇保健水平、幼儿保健水平和疾病防控水平。具体的指标设置如表4－1所示。

表4－1　　　　滨海新区医疗卫生公共服务改革成效评价指标

<table>
<tr><th>一级指标</th><th>二级指标</th><th>三级指标</th><th>四级指标</th><th>五级指标</th></tr>
<tr><td rowspan="16">卫生基本公共服务</td><td rowspan="6">投入类指标</td><td rowspan="3">经费保障</td><td rowspan="3">卫生类支出额度</td><td>卫生类支出占GDP比重</td></tr>
<tr><td>卫生类支出占财政支出比重</td></tr>
<tr><td>卫生类固定资产投资占城镇固定资产投资比重</td></tr>
<tr><td rowspan="2">物质设施基础</td><td>卫生机构个数</td><td></td></tr>
<tr><td>卫生机构床位数</td><td></td></tr>
<tr><td>人力资源投入</td><td>卫生技术人员数量</td><td></td></tr>
<tr><td rowspan="10">产出类指标</td><td rowspan="3">卫生机构服务能力</td><td>每千人医疗卫生机构床位数（张）</td><td></td></tr>
<tr><td>每千人执业（助理）医师数（人）</td><td></td></tr>
<tr><td>每千人注册护士数（人）</td><td></td></tr>
<tr><td>居民健康水平</td><td>人口死亡率</td><td></td></tr>
<tr><td rowspan="2">孕产妇保健水平</td><td>孕产妇死亡率</td><td></td></tr>
<tr><td>出生缺陷发生率</td><td></td></tr>
<tr><td rowspan="2">幼儿保健水平</td><td>婴儿死亡率</td><td></td></tr>
<tr><td>5岁以下儿童死亡率</td><td></td></tr>
<tr><td rowspan="2">居民医疗保健支出</td><td>城市居民医疗保健支出</td><td>城市居民医疗保健支出占城市居民人均可支配收入的比重</td></tr>
<tr><td>农村居民医疗保健支出</td><td>农村居民医疗保健支出占农村居民人均可支配收入的比重</td></tr>
</table>

1. 投入类指标说明

依据数据可得性，天津滨海新区医疗卫生公共服务投入类指标设置了三类三级指标：经费保障、物质设施基础、人力资源投入。其中经费保障程度主要通过医疗卫生财政投入占GDP比重，医疗卫生财政支出占财政总支出比重，医疗卫生类固定资产投资占城镇总固定资产投资比重来反映。[①] 物质设施基础由卫生服务机构数和卫生机构床位数两个四级指标来反映。人力资源的投入主要通过卫生技术人员数量来反映。

①政府卫生支出占 GDP 比重，该指标用天津滨海新区医疗卫生支出除以天津滨海新区国民生产总值得出，该指标能够在一定程度上反映政府对医疗卫生公共服务的重视程度。

②政府卫生支出占财政支出比重，该指标用天津滨海新区医疗卫生支出除以天津滨海新区财政支出得出，该指标能够反映天津滨海新区政府对医疗卫生事业的支持力度。

③卫生类固定资产投资占城镇总固定资产投资的比重，通过卫生与社会工作固定资产投资除以城镇固定资产投资总额得出。

④物质设施基础，通过综合改革配套实验区医疗机构数量和医疗机构床位数来反映。

⑤卫生机构技术人员数量，通过卫生机构医生数和护士数反映。

2. 产出类指标说明

产出类指标反映的是滨海新区卫生资源投入转化为实际供给的结果。本研究滨海新区卫生公共服务产出类指标主要通过卫生机构服务能力、居民健康水平、孕产妇保健水平、幼儿保健水平体现。指标具体说明如下：

①卫生机构服务能力由每千人医疗卫生机构床位数（张）、每千人执业（助理）医师数（人）和每千人注册护士数（人）三个指标反映。三个指标中均只核算了户籍人口。数据来源于《滨海新区统计年鉴》。

②居民健康水平由人口死亡率和人均期望寿命两个指标反映，指标选择主要是基于数据可得性。人口死亡率数据来源于《滨海新区统计年鉴》，人均期望寿命 2011 年数据来源于《滨海新区卫生事业发展“十二五”规划》，2012 年数据来源于《今晚报》，2012 年 10 月 23 日。

③孕产妇保健水平由孕产妇死亡率和出生缺陷发生率两个指标反映，数据来源于《2013 滨海新区妇女儿童发展规划统计监测报告》。

④幼儿保健水平由婴儿死亡率和 5 岁以下儿童死亡率两个指标反映，数据来源于《2013 滨海新区妇女儿童发展规划统计监测报告》。

---

① 由于滨海新区统计年鉴统计指标设置情况，医疗卫生类固定资产投资情况实际为“卫生与社会工作固定资产投资额”因此，此指标反映情况与实际情况有一定出入。

（二）滨海新区医疗卫生公共服务改革的主要成效

1. 滨海新区医疗卫生公共服务投入情况分析

2010～2013年滨海新区医疗卫生公共服务的投入情况如表4－2所示。就经费保障情况而言，滨海新区医疗卫生经费投入逐年增加，所占GDP比重和财政投入比重逐年增加，占GDP比重由0.19%上升至0.25%，占财政支出比重由2.74%上升至3.04%，固定资产投资额在2012年达12.6亿元。医疗卫生财政支出年平均增长率为28.4%，超过了滨海新区GDP平均年增长率。虽然卫生机构个数并未有明显增长，但卫生机构床位数和卫生技术人员数目有显著增长。主要得益于滨海新区在医疗卫生领域采取的医院等级提升及技术水平提升政策。

表4－2　　2010～2013年滨海新区医疗卫生公共服务投入

指标＼年份	2010	2011	2012	2013
卫生机构（个）	596	572	586	601
卫生机构床位（十个）	610.9	627.9	648.1	728.3
卫生技术人员（十人）	1084.9	1111.4	1147.8	1241.1
卫生医疗支出占公共财政支出比重（%）		2.74	2.99	3.04
卫生医疗支出占GDP比重（%）		0.19	0.22	0.25
卫生类固定资产投资占城镇固定资产投资的比重（%）	0.12	0.13	0.3	0

注：国民生产总值、公共财政支出和卫生医疗支出数据选取自《天津统计年鉴》。其中，卫生医疗支出占公共财政支出比重＝卫生医疗支出/公共财政支出；卫生医疗支出占GDP比重＝卫生医疗支出/国民生产总值。（由于统计年鉴统计数据缺失，卫生医疗支出2010年，2011年数据空缺）。

2. 滨海新区医疗卫生公共服务产出情况分析

如表4－3所示，2010～2013年滨海新区的每千人医疗机构床位数由5.49张增长为每千人6.2张，每千人执业医生数由3.77人增长为4.09人，每千人注册护士数由每千人3.59人增加到4.11人。均超过了《2020年全国医疗卫生服务体系资源要素配置》① 相应指标。每千人执业医生数和每千人护士数也超过了《滨海新区卫生事业发展“十二五”规划》设置的相关目标。然而滨海新区流动人口众多，2010年按照常住人口测算每千人拥有

① 《国务院办公厅关于印发全国医疗卫生服务体系规划纲要（2015～2020年）的通知》（国办发〔2015〕14号）。

床位数为2.65张，每千人医生数为1.52人，每千人护士数为1.59人，按照滨海新区医疗卫生服务机构能力发展趋势估算，2013年常住人口每千人拥有床位数为2.99张，每千人拥有医生数为2.87人，每千人拥有护士数为3.03人。离《2020年全国医疗卫生服务体系资源要素配置》相应指标仍有一定差距，尤其是医疗机构床位数缺口较大。

表4-3　　滨海新区卫生基本公共服务产出情况

分项 \ 年份	2010	2011	2012	2013
治愈率（%）	35.80	40.10		
每千人医疗卫生机构床位数（张）	5.49	5.47	5.59	6.2
每千人执业（助理）医师数（人）	3.77	3.89	3.69	4.09
每千人注册护士数（人）	3.59	3.64	3.71	4.11
死亡率（%）			0.6	0.70
婴儿死亡率（‰）			4.45	2.32
孕产妇死亡率（每10万）			9.88	0
出生缺陷发生率（‰）				7.7
5岁以下儿童死亡率（‰）			5.57	3.05
人均期望寿命（岁）		79.2	79.6	

注：孕产妇死亡率、出生缺陷发生率、5岁以下儿童死亡率来自《2013年滨海新区妇女儿童发展规划统计监测报告》。人均期望寿命2011年数据来自《滨海新区卫生事业发展“十二五”规划》，2012年数据来自北方网。

滨海新区人均期望寿命在2012年达到79.6岁，有望在2015年达到《滨海新区卫生事业发展“十二五”规划》80岁的目标。滨海新区的人口死亡率在2012年和2013年分别为0.6%和0.7%，与全国平均水平基本持平。①

婴儿死亡率在2012年是4.45‰，2013年下降为2.32‰，降幅明显，孕产妇死亡率在2012年为9.88/10万，2013年报告孕产妇死亡率人数为0，出生缺陷发生率为7.7‰，远远高于《滨海新区卫生事业发展“十二五”规划》设置的2%的目标，5岁以下儿童死亡率2012年为5.57‰，2013年为3.05‰，也提前完成了《滨海新区卫生事业发展“十二五”规划》将“5岁以下儿童死亡率控制在7‰以下”的目标。

① 根据《国家统计年鉴》（2013）统计，全国平均死亡率为0.7%左右。

此外，如表4－4所示，滨海新区居民的医疗保健支出水平无论是农村居民还是城市居民都略有所上升，农村居民由2011年的465元上升至2013年的634元，城市居民的医疗保健支出由2011年的1083元上升至2013年的1333元，但居民医疗保健支出占居民可支配收入的比重并未上升，通过此对比，在一定程度上可以断言，滨海新区居民所享受的医疗保健服务水平应该会有所提升。

表4－4　　滨海新区卫生基本公共服务产出情况

指标＼年份		2011	2012	2013
人均可支配收入（元）	农村居民	12151	13725	15525
	城市居民	30241	33866	37914
人均生活消费支出（元）	农村居民	6227	7964	9523
	城市居民	20327	22964	25472
医疗保健支出（元）	农村居民	465	595	634
	城市居民	1083	1211	1333

由上述情况可以看出，近年来，尤其是“十一五”期间，随着滨海新区上升为国家级新区和国家综合配套改革试验区，政府大力进行了相关的改革，加大了对医疗卫生公共服务的投入，在很大程度上提升了医疗卫生公共服务政策的执行力，从而改善了医疗卫生公共服务的效果。

第二节　滨海新区医疗卫生公共服务执行力提升的路径

如前所述，近年来天津滨海新区医疗卫生公共服务水平有了较大程度的改善，相应的政府执行力也有了较大程度的提升。那么，从地方政府执行力研究的视角来看，滨海新区是如何实现相关的政府执行力提升的呢？本研究认为，这主要基于下述五大路径。

一、行政管理体制改革为医疗卫生公共服务执行力提升提供体制支持

2010年之前，滨海新区行政区划构成非常复杂，就地理范围而言，滨

海新区包括塘沽区、汉沽区、大港区和天津市经济技术开发区、天津港保税区、天津港区及东丽区、津南区部分区域。其中国家级开发区、市级开发区、区级开发区，塘汉大原有开发区共存，由于资源有限，各类区域之间竞争激烈，内耗严重，严重阻碍了滨海新区的发展。为实现滨海新区发展规划的统一性，滨海新区经历了三次行政管理体制改革。第一次改革是设立滨海新区管理委员会，尝试“矩阵式”管理模式。2000 年滨海新区管理委员会成立，《天津滨海新区条例》出台。《天津滨海新区条例》中明确指出：滨海新区内各区人民政府、各功能经济区管理机构，根据各自职责负责各自辖区的行政管理工作，接受滨海新区管理委员会对经济建设工作的指导、协调。涉及滨海新区整体长远发展的土地利用、产业布局、重点投资项目和结构调整等重要经济事项，应当向滨海新区管理委员会报告。对滨海新区内各区人民政府、各功能经济区管理机构决定的事项，不符合本市总体规划和滨海新区规划的，滨海新区管理委员会应当予以纠正，并向天津市人民政府报告。[①] 2006 年滨海新区被国务院批准为综合改革配套实验区，综合配套改革意味着社会整体的和谐进步与全面发展，但滨海新区管理委员会内部管理体制混乱及滨海新区内各区政府、管理机构利益分化等问题日益突出，滨海新区区域整合与行政管理体制改革开始提上议事日程。第二次改革是 2010 年正式建立滨海新区行政区，基本形成空间一体化格局。滨海新区行政区正式建立，原塘沽区、汉沽区与大港区行政建制撤销，滨海新区对外有了统一的身份，首次作为一个统一的行政区域而存在。但滨海新区内部仍然存在若干需要进一步理顺的问题，主要表现在政府层级关系不顺、派出机构法律地位尚待明确和部门间事权不清，关系不顺等方面。第三次改革是 2013 年以大部门体制改革进一步理顺行政管理体制。滨海新区政府层级减少，条块关系得以理顺，行政审批制度改革不断推进，行政区划根据滨海新区发展要求得以优化，街镇功能提升。滨海新区行政管理体制的改革在一定程度上解决了滨海新区行政管理碎片化问题，使得滨海新区医疗卫生公共服务创新得以在“滨海新区”这一整体平台上运行，提升了医疗卫生体制改革的整体性与各区域发展的平衡性。

在上述改革的基础上，“十一五”期间，为改善滨海新区医疗卫生公共服务状况，提升医疗卫生公共服务水平，滨海新区进行了一系列医疗卫生公

---

① 《天津滨海新区条例》第六条，国务院法制办公室 2002 年 10 月 24 日发布。

共服务的专项改革。具体改革情况如下：

2010 年，滨海新区卫生体制改革启动。《2010 年滨海新区政府工作要点》中将医疗卫生领域工作要点概括为“提高医疗卫生水平”，为实现这一目标，具体着手的工作主要包括医院等级提升、社区医疗建设、免疫接种和医疗卫生体制改革等方面。围绕这一《工作要点》，2010 年滨海新区共出台相关政策文件近 30 项，就内容而言，主要涉及两个方面：一是公共卫生服务和医疗卫生系统自身建设，包含孕产妇保健、传染病防治、预防接种和健康教育等方面。二是医疗卫生系统自身建设，包括卫生系统内部评比、政风行风监督、民主评议、专题培训、学术会议、人事制度调整和医疗机构等级提升等。总体而言，滨海新区政府在 2010 年基本完成了医疗卫生领域的政策宣示，启动了医疗卫生体制改革的试点工作，实施了医疗重组计划，基本构建起了新型医疗服务模式。

2011 年，深化医疗体制改革，促进医疗卫生服务均等化。与上一年度相比，2011 年滨海新区政府在开始重视面向流动人口的医疗卫生服务，在 2011 年滨海新区政府工作报告中明确提出要求：“搞好全国流动人口计划生育基本公共服务均等化试点工作，创建人口均衡发展实验区。”为提高医疗技术水平，滨海新区各医院开展了系列培训与内部管理改革，旨在提高医疗工作人员的技术水平和道德水平。发展社区医疗是滨海新区医疗卫生体制改革的重点。在上一年度加强社区医疗基础设施建设的基础上，2011 年滨海新区将社区医疗服务中心的特色医疗纳入大医院发展规划，要求大医院负责选派中高级专业技术人员定期到社区医疗服务中心为居民服务。在医疗基础设施建设方面，2010 年 11 月天津市人民政府发布的《关于加强区县妇幼保健机构公共卫生职能建设的意见》要求，各区县在 2012 年 12 月 31 日前，通过资源整合和改造、扩建、新建等方式，改善本区县妇幼保健机构的基础设施，确保业务用房达到标准要求，房屋功能符合妇幼公共卫生服务工作需要。滨海新区卫生局转发了这份通知，要求各相关区域在编制、人员、房屋、设备、资产等方面落实《关于加强区县妇幼保健机构公共卫生职能建设的意见》相关要求。此外，2011 年滨海新区卫生局还发布了《关于做好妇幼保健机构公共卫生职能建设的通知》，强调要加快公共卫生职能建设，按时完成住院和保健业务的剥离工作。在三甲医院创建工作中，2011 年，滨海新区安排创建三级甲等医院专项资金 4000 万元。

2013 年，滨海新区医疗体制改革向纵深发展。2013 年滨海新区医疗卫生领域政策重点是继续推动医疗卫生体制改革，进行医疗卫生基础设施规划与建设，提高医护人员技术水平和医疗机构管理水平，进行社区卫生服务中心标准化建设工作。具体而言，这一年滨海新区鼓励社会资本兴办医疗机构的政策精神开始进入落实阶段，由滨海新区发展改革委、商务委、财政局、人力社保局、规划国土局、建设交通局、卫生局、工商局、地税局共同拟定了《关于加快推进社会资本举办医疗机构的意见》，滨海新区人民政府办公室向滨海新区各区域、各单位转发了这个政策文件。其内容主要包括：①建立完善医疗服务体系，包括加快医疗基础设施建设，完善医疗卫生机构布局规划，医疗管理创新等。②建立高效公共卫生服务体系，包括疾病防控、妇女儿童保健、应急体系建设等方面。③发展社区卫生服务，实施社区卫生三年行动计划，启动社区卫生机构标准化建设。④医疗卫生服务均等化，推广家庭签约责任医生制度。2013 年滨海新区对特困、孤老、高龄空巢、离休老干部、失能等重点人群提供送医送药上门服务，最终完成了针对 6700 人的定点服务。同时，制定不同标准的家庭责任医生有偿服务项目，满足社区居民不同层次的医疗卫生需求。⑤日常医疗卫生工作规定，如对重大事项、重要节日医疗卫生保障的相关规定等。⑥保障措施：加强卫生技术人员队伍建设，如开展相关培训，鼓励医护人员攻读在职硕士和博士、举办练兵比武活动等；强化卫生管理队伍建设，如廉洁行医、诚信服务主题教育、党群工作、主题征文等；加强卫生规划的组织领导，在重要工作领域成立领导小组。

通过上述一系列行政管理体制改革，在很大程度上理顺了包括医疗卫生管理在内的滨海新区行政管理体系，从而从体制上保证了医疗卫生公共服务诸项政策的有效执行。

二、医疗卫生公共服务政策组合的系统创新为执行力提升提供了政策支持

“十一五”期间，滨海新区政府还实行了一系列政策组合创新，以提升滨海新区的医疗卫生公共服务水平。

（一）滨海新区医疗卫生服务政策创新目标及要求

2010 年滨海新区《关于进一步深化医疗卫生体制改革实施意见》（简称《医疗改革实施意见》）确定了滨海新区卫生体制改革目标诉求，即从根本上

提升医疗卫生服务的可及性，降低民众的医疗卫生消费负担。这一目标可以分为下述几个方面：第一，改造社区医疗卫生服务中心，分置社区医疗卫生服务中心职能，将医疗服务功能配置给社区医疗服务中心，将卫生服务功能配置给社区卫生服务中心。职能分置的主要目的是提升社区医疗服务中心的医疗水平，吸引群众到社区医疗服务中心就医。第二，通过建设提升“三甲”医院来提高滨海新区医疗水平，“努力把滨海新区打造成为辐射环渤海地区的区域性医疗卫生副中心”。第三，进行医疗信息化建设，阶段性目标是到2012年之前初步建成滨海新区卫生信息化框架体系，2015年建成较为完善的、覆盖城乡医疗卫生机构的卫生信息系统。

2012年1月，天津市滨海新区政府发布《关于印发滨海新区卫生事业发展“十二五”规划的通知》（以下简称《卫生事业发展“十二五”规划》）。《卫生事业发展“十二五”规划》进一步明确了滨海新区医疗卫生公共服务“十二五”期间的发展目标①，具体包括：在“看病难”问题方面，提升卫生服务可及性，重新配置区域间的卫生资源；在解决“看病贵”问题上，实现人人享有基本医疗卫生服务，满足群众多层次医疗服务需求，建设惠及全体居民的医疗服务体系。此外，《卫生事业发展“十二五”规划》还就目标的实现提出了若干实施方案和工作重点，主要涵盖了医疗服务体系的完善，公共卫生体系健全与效率提升，社区医疗普及与提升，农村医疗服务改造以及开放医疗卫生公共服务市场，吸引民间资本进入医疗卫生服务领域。

（二）滨海新区医疗卫生公共服务政策创新的具体内容

1. 发展社区医疗服务

（1）滨海新区社区医疗卫生事业发展的政策体系。

推动滨海新区社区医疗卫生事业发展的政策文件主要包括以下几类：滨海新区国民经济和社会发展规划与滨海新区综合配套改革试验规划、滨海新区政府工作报告、滨海新区政府制定的医疗卫生体制改革相关政策措施、滨海新区卫生局制定的相关工作要点，具体工作通知、各功能区基层政府机构的政策实践创新。滨海新区国民经济与社会发展规划与滨海新区综合配套改革试验规划明确了发展社区医疗服务中心是滨海新区医疗卫生体制改革的重

① 相较于2010年的《医疗改革实施方案》，《卫生事业发展“十二五”规划》所确定的发展目标更为具体和细化。

要内容；政府工作报告规定了滨海新区在社区医疗发展方面的年度任务；滨海新区政府制定的相关政策措施，一般就需全区各部门配合事项做出相关规定，如滨海新区社区医疗发展过程中，天津市社保中心相关规则的调整，社区医疗发展依赖的卫生系统信息化建设等；滨海新区卫生局发布的相关政策文件在具体设置标准、社区医疗技术水平提升等具体方面做出规定；各基础街镇政府在各自区域内，就具体服务方式、服务项目、防控传染疾病实施相关政策创新措施。

（2）滨海新区社区医疗卫生发展政策具体内容。

根据政府的干预程度，滨海新区社区医疗卫生发展政策可以分为以下三类：

第一，政府主导性公共政策。具体包括：其一，政策试验。2010 年 10 月，滨海新区医疗卫生体制改革试点启动，成立了三家社区卫生服务中心，分别是天津第五中心医院、新港街社区卫生服务中心和于家堡街解放路社区卫生服务中心。其二，机构设置。根据职能，将于家堡街、新港街两个社区卫生服务中心的房屋、科室、人员、资产等进行分置，分别成立社区公共卫生服务中心和社区医疗服务中心，并由第五中心医院实行一体化管理；在社区医疗服务中心开通了大医院医生工作站；滨海新区卫生局成立大医院和社区医院一体化管理专门组织；大医院在社区设置社区门诊部。其三，建立和调整规则。在社区医疗服务中心开展大医院部分检查项目的政策。其四，体系建设和调整。社区卫生服务中心管理社区卫生服务站，社区卫生服务中心的业务技术管理工作由指定的大医院负责。其五，许可证与执照。给予社区卫生服务中心独立法人身份。其六，直接服务。在家庭签约医生服务项目中，为特困、高龄空巢、孤老、失能、离休老人等特殊人群提供上门服务，服务项目包括免费的健康评估与健康随访等。实施适龄儿童窝沟封闭预防龋齿和适龄人群大肠癌筛查项目，开展脑卒中高危人群筛查及防治。其七，政府机构与医疗服务机构能力建设。加强区域卫生信息化建设，实现 8 所试点医疗卫生机构间的互联互通、信息共享和医疗费用结算一卡通。其八，设定和调整标准，制定《滨海新区社区卫生服务中心（站）标准化建设实施方案》。其九，特许经营。将天津市规定的全部 18 项社区基本公共卫生服务项目和基本医疗科室划分到社区公共卫生服务中心，其余的社区基本公共卫生服务项目可以在有条件的社区公共卫生服务中心开展。其十，直接生产。建设大医院 1000 平方米社区门诊部；用 3 年左右时间在每个街镇设置一所标准化的社区卫生服务中心，每 1 万左右人口设置一个 200 平方米左右的标准化社区卫生服务站。

第二，政府引导性公共政策，具体包括：其一，消费补贴。主要用于引导群众到社区医院就医，如患者到社区医疗机构就医，可以获得消费补贴，具体包括免收普通门诊挂号费、减收 50% 的门诊专家挂号费，第一次 300 元，第二次 100 元的社区医院住院补助。其二，信息发布和信息公开。印制家庭责任医生联系卡，公开家庭责任医师相关信息。其三，教育学习。开展医护人员培训，具体有三种形式，第一种是大医院组织的培训讲座，要求大医院每月至少开展一次针对社区医疗服务人员的培训讲座。第二种形式是轮训制度，社区全科医师 3 ~5 年需到大医院轮训一次，每次轮训时间不少于 6 个月。第三种形式是专家指导，大医院选派专家对社区医疗服务中心的业务骨干实行“1 对 1”辅导。其四，直接补助。主要用于鼓励大医院对社区医疗卫生服务机构的帮扶政策之中，例如，每帮扶一个社区医疗服务中心，大医院每年可以获得 10 万元补助；到社区医疗服务中心工作的中高级职称医生，每人每月可获得 2000 元补助。其五，示范。主要措施是通过创建国家级、市级等层次的示范中心，带动滨海新区医疗机构质量的整体提升。如滨海新区三个原有的塘沽、汉沽和大港等行政区域分别创建了 1 个天津市市级示范社区卫生服务中心和 2 个区级示范社区卫生服务站。其六，使用者收费。滨海新区在家庭签约医生制度中设置了一些有偿服务项目，从而满足了居民不同层次的医疗服务需求，尤其是高端医疗服务需求。

2. 医疗卫生公共服务均等化

医疗卫生公共服务均等化是滨海新区医疗卫生公共服务发展的重要目标。医疗卫生服务的均等化要求实现人人享有基本医疗卫生服务，因此，滨海新区着力加强了对流动人口的医疗卫生惠及，缩小了城乡之间以及滨海新区不同城市区域之间的医疗卫生资源差距。在医疗服务均等化方面，主要政策重点有两个：

一是城乡医疗卫生服务均等化。对此滨海新区政府出台了《关于进一步加强城乡基本公共卫生服务工作意见的通知》和《关于贯彻落实 2011 年“卫生下乡”活动的通知》。内容包括四个方面：其一，加强农村医疗人才培养，提高农村医院医疗水平，打造农村医院优势学科，建立城市医师定期下乡支农制度，为涉农区县开展以技术培训、巡回医疗、双向转诊为主要内容的医疗服务支持。其二，健全农村三级医疗卫生服务网络、完善农村重点公共卫生服务项目、推进乡镇村医疗一体化管理进程。其三，针对广大农民群众和基层医疗卫生机构的实际需求，组织开展义诊、送医送药等活动。其四，广泛开展各种帮扶慰问活动，切实帮助农村基层群众解决生产生活实际困难，宣传引导农村家庭树立科学文明的生活理念，培养健康良好的生活方式，推动广大农民健康水平的全面提高。

二是流动人口医疗卫生服务均等化。2011 年滨海新区政府工作报告中明确提出要“搞好全国流动人口计划生育基本公共服务均等化试点工作，创建人口均衡发展实验区”。2014 年《滨海新区卫生工作要点》提到要推动流动人口医疗卫生服务的均等化，流动人口从 2014 年开始免费享受 18 类 80 项医疗卫生服务。

此外，滨海新区还为特殊困难人群，例如特困、高龄、孤老、失能、空巢等人群提供送医送药上门服务。同时，为满足不同人群的多元化需求，在家庭签约医生制度中制定了不同的收费服务项目。

3. 完善公共卫生服务体系

完善公共卫生服务体系包括疾病防控、妇女儿童保健、应急体系建设等方面。2010 年以来的历年卫生工作要点，都将公共卫生服务体系的完善作为重要工作内容。如《2010 年滨海新区卫生工作要点》中将 2010 年滨海新区卫生工作要点概括为 20 项，其中公共卫生医疗服务体系健全方面的内容包括健全卫生服务体系、建立新区统一的 120 急救指挥体系、健全公共卫生服务体系、加强传染病防治工作、做好慢性非传染性疾病控制工作、大力加强妇幼保健工作。《2012 年滨海新区卫生工作要点》将公共卫生服务体系的健全作为全年的三项最重要工作之一。《2013 年滨海新区卫生工作重点》继续强调要建立高效公共卫生服务体系，具体包括妇女儿童保健、疾病防控、应急体系建设等。

4. 加强医疗基础设施建设

在医疗基础设施建设方面，主要的指导性政策文件是《天津市人民政府关于加强区县妇幼保健机构公共卫生职能建设的意见》，政策目标是在 2012 年底，通过资源调配、现有基础设施的改造、扩建，新增各类基本基础设施等手段，对滨海新区妇幼保健机构的相关基础设施进行改善，确保实现业务用房标准化，使得房屋功能与妇幼公共卫生服务工作的需求相适应。滨海新区卫生局转发了天津市政府的这份通知，要求各相关区域在编制、人员、房屋、设备、资产等方面落实《关于加强区县妇幼保健机构公共卫生职能建设的意见》相关要求。

5. 推进医药卫生信息化建设

医疗卫生领域，2012 年《国家基本公共服务体系“十二五”规划》出台，其中提到医药卫生信息化工程是医疗卫生服务发展的重要保障。2012 年滨海新区卫生局发布《滨海新区区域卫生信息化建设实施方案》，卫生信息系统建设工作启动；同年成立由区副区长任组长的工作领导小组，并要求各级政府保障信息化建设的资金投入，资金预算为 2.9 亿元，其中区财政解决 2.08 亿元，功能区解决 0.82 亿元。

三、推行医疗卫生公共服务市场化改革

在一定意义上，这也是上述医疗卫生公共服务政策的一部分，但由于其引入了新的力量参与医疗卫生公共服务供给，标志着滨海新区医疗卫生公共服务改革的重大创新，具有特别重要的意义，因此在这里单独说明。具体而言，近年来滨海新区医疗卫生公共服务市场化改革的推动情况如下：

《2012 年滨海新区卫生工作要点》中提到要积极发展民营医疗机构。抓紧出台相关扶持政策，在土地安排和转让、机构准入、医保定点、税收等方面给予社会资本更多的优惠政策。加快医疗卫生领域的招商引资工作，引进社会资本和外资，开办高端医疗服务机构，以满足民众多元化的医疗服务需求。

2013 年，滨海新区鼓励社会资本兴办医疗机构的政策精神开始进入落实阶段，《关于加快推进社会资本举办医疗机构的意见》出台，这份文件由滨海新区发展改革委、商务委、财政局、人力社保局、规划国土局、建设交通局、卫生局、工商局、地税局共同拟定，滨海新区人民政府办公室向滨海新区各区域、各单位转发了这个政策文件。《关于加快推进社会资本举办医疗机构的意见》提出了 20 项鼓励社会资本进入医疗服务领域的优惠措施，具体而言，涉及：（1）医疗机制的调整，如扩大医保定点范围，将部分私立医疗机构纳入医保定点范围，在公立医院改革中引入社会资本参与改革，改革部分公立医院的经营性质；（2）门槛准入、税费优惠和财政补贴，简化审批程序，规划用地，减免税费，在水、电等方面惊醒消费优惠，进行财政补贴；（3）经营环境，改善学术环境、促进人才流动、加强人才培养等；（4）其他工作指导。

同时，在加强公立医疗卫生机构为重点人群提供免费健康评估与健康随访服务的同时，滨海新区政府还鼓励居民选择付费享受家庭医生的市场化医疗服务，即因身体原因不便到社区卫生中心就诊的人群，在自愿的前提下，

根据实际服务能力，与私营医疗卫生机构的医生签订“家庭责任医生服务协议书”，由这些医生为居民提供政府规定的医疗卫生服务。

四、实施政策工具创新

政策工具是政策目标和政策效果之间的桥梁，医疗卫生公共服务改革过程中滨海新区相关的体制机制创新涉及的政策工具类型非常丰富，且政策工具的应用有很强的地方性特征，对于我们了解地方政府执行力提升具有重要意义。

（一）滨海新区医疗卫生政策工具选择的影响因素

豪利特（M. Howlett）和拉米什（M. Ramesh）引入国家能力和政策子系统复杂程度两个维度[①]建立了一个政策工具选择分析框架（见表 4 – 5）。基于这一分析框架，豪利特和拉米什认为，当政府影响社会行动者能力较弱，而政策对象情况又比较复杂的情况下，政府应该采用自愿性政策工具，依靠家庭、社区和自愿性组织等手段完成政策目标。在国家能力较弱，但政策子系统复杂程度也较低的背景下，政府可以采用混合型政策工具，如补贴、消费补助、鼓励、号召等形式的政策工具。如果国家能力较强，政策子系统的复杂性也较高，政府可以采用自愿性政策工具，通过市场的自发调节来实现政策目标。当国家能力较强，而政策子系统的复杂性程度较低时，政府对社会行动者的控制能力较强，但行动者相对单一，政府可以采用强制性政策工具来调配行动者的行动，使之行动一致指向政策目标。

表 4 – 5　　豪利特与拉米什的政策工具分析框架

		政策子系统复杂程度	
		高	低
国家能力	强	（自愿性工具） 市场工具	（强制性工具） 管制、公共企业、直接提供等
	弱	（自愿性工具） 家庭与社区、自愿性组织等工具	（混合型工具） 消费补贴、税费优惠、财政奖励等

资料来源：朱春奎等著：《政策网络与政策工具：理论基础与中国实践》，复旦大学出版社，2011 年。

① 国家能力指的是政府影响社会中行动者的能力，政策子系统复杂程度是指政策对象的复杂程度。

国内学者朱春奎教授以豪利特与拉米什的研究为基础，结合中国实践，将政策工具整合为自愿性政策工具、强制性政策工具和混合型政策工具，三类政策工具的具体分类如表 4－6 所示。本报告研究采用了这一政策工具分类方法，具体分析滨海新区综合配套改革过程中自愿性政策工具、强制性政策工具和混合型政策工具的应用情况，研究滨海新区公共服务创新过程中的政策工具选择影响因素，探索政策工具应用与公共服务改进之间的关系，总结政策工具应用的经验，提出进一步改进建议。

表 4－6　　政策工具箱

自愿性工具	强制性工具		混合型工具	
家庭与社区	规制类	建立和调整规则	信息与劝诫补贴	教育学习
自愿性组织		检查检验		象征
自愿性服务		设定和调整标准		建设舆论工具
市场、市场自由化		体系建设与调整		信息发布
		禁止		信息公开
				鼓励号召
		监督		示范
		许可证与执照		劝诫
		特许		舆论宣传
		考核		呼吁
		法令		实物奖励
		法规		税收优惠
		特许		票券
				利率优惠
		禁止		成产补贴
		处罚		政府贷款
		制裁		补贴限制
				直接补助
	公共企业			消费补贴
				财政奖励
				赠款

续表

自愿性工具	强制性工具		混合型工具	
	直接提供	公共财政支出	产权拍卖	排污权拍卖
		直接服务		生产权拍卖
		直接管理		服务权拍卖
		直接生产	征税和用户收费	政府出售
		转移支付		消费税
		政府购买		使用者收费
	命令和权威性工具	机构设置		社会保险金
		政府机构改革		生产税
		政府机构能力建设		营业税
		政府间协定		个人所得税
		指示指导	诱因型工具	程序简化
		计划		社会声誉
		命令执行		信任
		强制保险		利益留存
		政策试验		权力下放
			契约	服务外包
				公私合作

资料来源：朱春奎：《政策网络与政策工具：理论基础与中国实践》，复旦大学出版社，2011 年。

医疗卫生的公共物品和准公共物品性质已经在中国国内取得共识，提供医疗卫生基本公共服务是滨海新区政府的重要工作内容之一，在滨海新区医疗卫生事业发展中政府的具有主导性地位，在政策工具选择方面，更倾向于选择政府干预程度较深的强制性政策工具和混合性政策。具体而言，滨海新区在医疗卫生领域政策工具选择的影响因素主要有以下几个方面。

1. 滨海新区医疗卫生事业发展目标

2010 年滨海新区结束了各区分散发展，缺乏统一规划领导的局面，在医疗卫生领域提出要“优化医疗卫生资源布局，规划建设医疗健康服务园，提高医疗服务水平”的总体目标。滨海新区内部各功能区发展极不均衡，2010 年，二级及以上医院共 19 所，主要位于原塘沽区、汉沽区和大港区，大多数新建功能区内没有医疗卫生服务机构。因此，医疗卫生资源的合理规划布局意味着要新建一批医疗服务机构，在市场化发展道路尚不明朗、社会组织发展相对滞后的背景下，新建医疗服务机构必然只能采用政府直接生产的方式。此外，滨海新区整体医疗资源发展滞后，在短期内加大医疗卫生领域投入、兴建医疗卫生项目成为滨海新区政府重要任务、审慎引入民营资本进入医疗卫生服务领域的同时，滨海新区政府直接投资成为滨海新区医疗卫生项目建设的主要方式。

提高医疗服务水平的提升，除上述基本医疗资源的丰富外，还包括医疗服务队伍建设、医院管理水平提升等方面。医护人员技术水平提升与医院管理的现代化根本上依赖于人的技术水平、管理能力和道德节操，因而，强制性政策工具效果较差，而混合性激励工具应用效果会较好。

2. 政策相关者

滨海新区行政体制改革的完成，使得滨海新区医疗卫生事业发展得以在同一的规划平台上进行。滨海新区卫生局成为滨海新区医疗卫生事业发展的主导性机构，负责传达上级有关规定，并制定本地区内医疗卫生事业发展的相关目标，布置工作重点。对于较为重要事项，滨海新区政府会以区政府的名义牵头组织实施，一方面保障了全区行动的统一性，另一方面也提升了医疗卫生服务效率与效果。

对于医疗服务机构而言，滨海新区在2010年每千人拥有医生数、护士数和床位数均低于天津市市内六区平均水平，且新区无三甲医院，加之滨海新区流动人口数量庞大，若在计算每千人拥有医疗资源数量之时将流动人口计算在内，则每千人拥有医生数、护士数和床位数则更低。医疗资源基础薄弱质量较低的现实决定了在医疗卫生公共服务发展过程中，政府通过财政投资直接扩大医疗资源总量必然成为短期内的工作重点，现有医疗服务机构自身水平提升迫在眉睫，流动人口医疗公共服务均等化是滨海新区医疗卫生服务发展的重要方面。因此，强制性政策工具与混合性政策工具的综合运用是短期内有效完成上述任务的最优选择，自愿性政策工具的运用虽也能在一定程度上丰富医疗服务资源，提升医疗服务水平，但短期难以见效。

就滨海新区居民而言，由于流动人口数量庞大，由于其流动性较强，长期稳定的邻里互助较难形成，且由于社会组织发展滞后，故自愿性政策工具应用较难，强制性政策工具和混合性政策工具应用较多。针对民众更倾向于到大医院就诊的就诊习惯，滨海新区政府在发展滨海新区医疗资源过程中主要采取了三种手段：一是与天津市内六区大医院签订合作共建协议，采用多种形式，将大医院资源引入滨海新区，如在滨海新区设立分院、大医院社区门诊部等；二是用引导鼓励型政策工具鼓励民众到社区医院就诊；三是引导有条件的居民通过付费享受高水平医疗服务。

3. 政策环境

滨海新区医疗卫生公共服务的发展主要得益于两次大的政策调整。第一次是2006年，滨海新区经国务院批准成为国家综合改革配套试验区，医疗卫生事业发展是天津市滨海新区先行试验发展的重要工作之一，逐渐引起天津市政府和滨海新区政府重视。第二次是2010年，滨海新区政府挂牌成立，滨海新区九个功能区得以在同一规划领导下发展，这为医疗资源规划调整，医疗体制改革提供了重要的基础，消除了医疗卫生事业发展的区域壁垒。

（二）滨海新区医疗卫生公共服务改革中的政策工具应用分析

由于管理分散及重视不足，2010年之前滨海新区医疗卫生资源相对不足，每千人拥有床位数、医生数和护士数均低于天津市市内六区的平均水平，也低于北京市的平均水平；医疗卫生机构等级相对较低，缺少三甲医院，医院设备较为陈旧；医疗资源分布不均，一些新建功能区没有医疗机构，农村地区医疗机构水平较低；医疗基本公共服务均等化水平较差，针对农村居民与流动人口的服务供给较少。而且，滨海新区流动人口规模较大，若将流动人口计算入内，滨海新区每千人拥有床位数、医生数和护士数分别下降约有三分之二。在这样的基础上，滨海新区为实现建设成为“辐射环渤海地区的区域性医疗卫生副中心的目标”，以滨海新区卫生局为主体制定出台了数百项政策措施。主要内容集中在：建立完善的医疗服务体系；建立高效公共卫生服务体系；构建新型城市社区卫生服务体系；强化农村医疗卫生服务体系；构建多元化办医格局；加强卫生规划的组织领导；完善政府卫生投入政策；深化人事和分配制度改革；加强卫生技术人才队伍建设；强化卫生管理队伍建设；加大对外合作交流力度；建立统一高效的卫生信息系统；加大卫生选出力度。这些政策中即有自愿性工具也有强制性工具和混合性工具，其中两种或三种政策工具往往会同时存在于一份政策文件之中。

1. 滨海新区医疗卫生政策工具箱

在医疗卫生领域，滨海新区政府应用的政策工具以强制性政策工具和混合性政策工具为主，自愿性政策工具应用较少（见表4－7）。从强制性政策工具来看，由于滨海新区政府的行政级别，法律、法令类政策工具并未采用，但滨海新区卫生局一般会对上级政策的相关法令、规章等进行转发，督促各功能区卫生行政部门严格执行和遵守相关法律、法规和规章。且由于处在医疗体制改革的过程之中，强制性政策工具中“建立和调整规则”“设定和调整标准”“机构设置”“政府能力建设”等政策工具的应用明显多于其他类型政策工具，如滨海新区社区医疗卫生服务中心进行的标准化建设、农村卫生所进行的标准设定，医疗系统招聘人员的标准设定等等。混合性工具的采用更多是达成政策目标提供相关激励措施和保障，如为提高医疗技术水平，对医疗从业人员采用的教育学习、象征、鼓励号召和示范等工具，为推动社区医疗发展，鼓励民众就近就医而对去社区医院就诊患者采用的消费补贴工具等。在鼓励民营资本进入医疗市场，丰富医疗资源方面，滨海新区也采用了财政奖励、简化程序等混合型工具，虽然此领域尚未充分发展，应用数量较少，但却表明了滨海新区在鼓励民营资本进入医疗服务市场上方面明确的支持态度。在滨海新区医疗卫生事业发展过程中，自愿性政策工具应用非常少，其应用主要存在于两个层次：第一，高层次规划文件中，以原则性规定、口号目标等形式，表明滨海新区在开放卫生医疗服务市场方面的倾向性；第二，在基层政策实践和工作汇报中，作为基层政策和管理创新而存在。

表 4－7　　　　滨海新区医疗卫生政策工具箱

<table>
<tr><th>自愿性工具</th><th colspan="2">强制性工具</th><th colspan="2">混合型工具</th></tr>
<tr><td>家庭与社区（c）</td><td rowspan="8">规制类</td><td>建立和调整规则（g，h）</td><td rowspan="8">信息与劝诫</td><td>教育学习（h，g，c）</td></tr>
<tr><td>自愿性组织（c）</td><td>检查检验（g，h，e）</td><td>象征（g，h）</td></tr>
<tr><td>自愿性服务（c）</td><td>设定和调整标准（g，h）</td><td>建设舆论工具</td></tr>
<tr><td rowspan="5">市场（h，c）、
市场自由化（h）</td><td>体系建设与调整（g，h）</td><td>信息发布（g）</td></tr>
<tr><td>禁止（e）</td><td>信息公开（g，h）</td></tr>
<tr><td>监督（g，h，e）</td><td>鼓励号召（c）</td></tr>
<tr><td>许可证与执照（h）</td><td rowspan="2">示范（h，c）</td></tr>
<tr><td>特许（h）</td></tr>
<tr><td rowspan="4"></td><td rowspan="4">直接提供</td><td>财政支出（h，c）</td><td rowspan="4">补贴</td><td>直接补助（h）</td></tr>
<tr><td>直接服务（c）</td><td>消费补贴（h，c）</td></tr>
<tr><td>直接管理（g，h）</td><td>财政奖励（h）</td></tr>
<tr><td>直接生产（g，h）</td><td>赠款（c）</td></tr>
</table>

续表

自愿性工具	强制性工具		混合型工具	
	命令和权威性工具	机构设置（g，h）	征税和用户收费	使用者收费（c）
		政府机构改革（g）		
		政府机构能力建设（g）		社会保险金（c）
		政府间协定（g，h）		
		指示指导（g，h）	诱因型工具	程序简化（h）
		计划（g，h，c）		
		命令执行（g，h）		
		强制保险（c）		
		政策试验（g，h，c）		

注：g 代表政府机构，h 代表医疗服务机构，c 代表居民，e 代表企事业单位。

综合而言，滨海新区医疗卫生政策领域自愿性政策工具、强制性政策工具和混合性政策工具都有涉及，但较少运用自愿性工具，较多运用强制性工具和混合性工具。自愿性工具包括家庭社区、市场和市场化、自愿组织与资源服务；强制性政策工具包括规制、直接提供、命令和权威等；混合性工具包括信息与劝诫、诱导和补贴等。就政策对象而言，自愿性政策工具的政策对象主要是居民个人、医疗服务机构、社会组织和政府组织。强制性政策工具的政策对象包括政府组织、居民个人、医疗服务机构和部分经营性企业；混合性工具的政策对象包括政府组织、居民个人、医疗服务机构中的工作人员等。

2. 自愿性政策工具应用分析

（1）自愿性政策工具的类别。自愿性政策工具主要包括家庭社区、志愿组织、志愿服务、市场和市场化。如滨海新区中塘镇相关工作人员与困难群众结成“亲戚”对子，给予这些困难“亲戚”必要的帮助，如遇突发重大疾病，联系慈善机构和相关人员进行捐款；塘沽中医院成立医疗志愿者服务队。早在《天津滨海新区总体规划（2005～2020）》中即提到要“逐步开放医疗服务市场，建立社会投融资机制”，2010 年《天津市滨海新区国民经济与社会发展“十二五”规划纲要》再次强调要“支持和引导境外资本、民营资本进入医疗服务领域，构建多元化医疗市场”。2014 年医疗服务领域市场化的具体方案《滨海新区促进社会资本举办医疗机构奖励办法》出台，且安琪妇产医院、新世纪儿童医院、济民精神病医院、明锐眼科医院、爱诺医院等一批民营医院已成功引入滨海新区医疗服务市场。2015 年初，安琪妇产医院、济民精神病医院两所医院工程已竣工。

（2）自愿性政策工具政策对象。自愿性政策工具的政策对象包括城市居民、农村居民、慈善机构、政府组织和医疗服务机构。针对城市居民、农村居民，号召居民邻里互助，如滨海新区新塘镇，困难群众的热心邻居经常会到困难患病群众家中走访、照顾。慈善机构，如各级红十字协会会与基层政府部门会商对困难患病群众给予捐款、赠款。

（3）自愿性政策工具应用量。就总体数量而言，滨海新区医疗卫生领域运用的自愿性工具较少，且应用家庭社区、志愿组织和志愿服务类政策工具的政府均为基层政府，且往往以基层工作经验的形式存在。一方面，虽然早在《滨海新区总体规划（2005 ~ 2020）》中即提到要逐步开放滨海新区的医疗服务市场，但直到 2014 年底，这一构想才以一份具体文件的形式落地。可见，滨海新区政府在开放医疗服务市场方面采取的是比较谨慎的姿态，近几年的发展仍以建设滨海新区本地公立医院为主。另一方面，滨海新区市民社会发展尚处于起步阶段，社区社会组织中，卫生类的只有 4 个，其中两个是计划生育协会，两个是社区环卫队。民政类社区社会组织有 13 个，治安巡逻、法律咨询、残疾人协会共 6 个，其余 7 个为居委会社区服务工作站。社会组织发展的滞后性及政府在医疗体制改革中的主导角色决定了自愿性政策工具短期内不会成为医疗卫生领域的主要政策工具。

3. 强制性政策工具应用分析

强制性政策工具是滨海新区医疗卫生领域应用最多的一种政策工具。

（1）强制性政策工具类别。就政策工具分类而言，具体包括以下几类：

第一类，规制类，主要有建立和调整规则，如规定医疗系统内部有关安全生产的若干守则；检查检验，如在滨海新区全区范围内开展地沟油和餐厨废弃物专项整治工作，为推动自然分娩工作，展开对产科专项检查；设定和调整标准，滨海新区分别就社区诊疗中心与农村医疗机构的相关配置设定了相关标准，在医院系统内部，根据医疗卫生事业发展需要设置了新的人才招聘标准；体系建设与调整，如建立滨海新区卫生信息系统相关政策；监督，主要见于政府机构及医疗服务机构内部对工作人员的监督；禁止，如滨海新区在开放医疗市场的同时也在打击非法行医，几乎每年都开展打击非法行医专项行动，制定专项行动方案；特许、许可证和执照，如给予社区卫生服务中心独立法人身份，让社区公共卫生服务中心承担所有18项基本公共卫生服务项目。

第二类，命令和权威性工具，主要有：计划，在滨海新区行政体制转轨与医疗卫生体制改革阶段，滨海新区医疗卫生领域的很多政策都是以计划、规划的形式存在的；机构设置，此为滨海新区医疗卫生事业推动的重要手段之一，遇特别重大、紧急或需多部门多区域配合事项，滨海新区政府一般会成立一个特别工作组或委员会负责专门负责某项工作；政府机构改革，滨海新区行政体制改革中对医疗卫生机构设置及隶属关系的改革等；指示指导，如对重大事项、重要节日医疗保障工作的相关要求，应急管理方案等；政府机构能力建设，如开展各种培训、论坛、系统内部廉洁性教育等方面的政策；命令执行，如成立专门领导小组，履行烟草控制框架公约；政府间协定，如与天津市总医院等医院签订合作协议，发展滨海新区医疗卫生机构；强制保险，如各种提高滨海新区内医疗保险参保率的政策文件；政策试验，如社区医疗试点、家庭医生试点等。

第三类，直接提供，主要包括公共财政支出，在滨海新区卫生局公开的政务信息中，滨海新区政府财政支出中每年都设置医疗卫生公共服务支出，对于专项医疗卫生项目滨海新区各级政府还会安排专门的财政资金；直接服务，如免费为流动人口提供的18项医疗服务，免费为新区儿童接种水痘疫苗，卫生下乡等；直接管理，如滨海新区卫生局督促各有关单位做好《天津市妇女发展规划（2001～2010年）》和《天津市儿童发展规划（2001～2010年）》的中期评估工作，对创建三级甲等医院的相关政策规定；直接生产，建设医疗城，扩建改建公立医院和社区卫生服务站等。

（2）强制性政策工具应用对象。就政策工具的政策对象而言，包括政府机构、医疗服务机构、居民和其他各类企事业单位。对政府机构采用的政策工具主要是建立和调整规则、检查、命令执行、直接管理、计划、政府机构改革、机构设置、政府机构能力建设、政府间协定等；对医疗服务机构采用的政策工作主要有设定调整标准，检查检验、直接管理、公共财政支出、指导指令、政策试验等；对居民采用的政策工具包括强制保险、财政支出、直接服务等；对企事业单位采用的强制性政策工具主要包括检查检验、监督和禁止等。

（3）强制性政策工具应用数量。政策总量方面，强制性政策工具是滨海新区医疗卫生领域应用量最大的一种政策工具，2010年以来，强制性政策工具数量多达近百项，其中又以规划、计划、方案等为主。这主要是由于正处于新一轮医疗体制改革阶段，滨海新区医疗卫生体制改革中的若干问题需要制定总体规划、计划或方案，在计划、方案、规划等宏观政策文件下，又有关于具体政策执行的通知、要求等政策。

4. 混合性政策工具应用分析

混合性工具是滨海新区医疗卫生公共服务发展过程中应用较多的一种政策工具，应用频率仅次于强制性工具。

（1）混合性政策工具类别。就政策工具分类而言，滨海新区在医疗卫生领域采用的混合性政策工具主要有以下四类：

第一类，信息与劝诫。教育学习，主要见于对医疗机构内部人员的相关培训及政府公务人员、医护人员的工作纪律和道德教育等方面；示范，如对先进个人、先进单位的表彰，建立国家慢性非传染性疾病综合防控示范区的相关措施等；舆论宣传，如对相关身体保健的宣传；建设舆论工具，出台相关文件，对医护人员和政府工作人员进行政风行风评议，建立健康教育与健康促进理念；信息发布与信息公开，2010 年成立专门的卫生系统政务信息公开领导小组，有关医疗卫生的政府文件、工作成效等信息都通过滨海新区政务信息公开网进行公开；鼓励号召，如鼓励居民到社区医疗服务机构就诊相关政策措施，鼓励民营医疗机构落户滨海新区；象征，如举办“我心中的共产党员”主题征文。

第二类，补贴。消费补贴，如为鼓励居民到社区医疗中心就医，针对患者制定的挂号和住院优惠补贴措施；财政奖励，如对家庭医生的奖励措施、对落户滨海新区的民营医疗机构的奖励；赠款，如对困难患病家庭的捐款；直接补助，如对大医院帮扶社区医疗服务中心的直接补助。

第三类，征税和用户收费。用户收费主要应用于家庭医生制度中，通过收费，优先服务特定困难人群，其他人群若想享受家庭医生服务，可通过交费享受。社会保险金并未在滨海新区具体政策文件中体现，但滨海新区执行的是天津市的相关社会保险金政策。

第四类，诱因性工具。程序简化，如行政审批程序简化相关规定。

（2）就政策对象而言，混合性政策工具的政策对象更多的是以个人为主，主要包括三类人群：政府公务人员、医疗服务机构的医护人员和管理人员、滨海新区居民。政策目标主要是提高医护人员的技术水平，保障医护人员、医疗机构管理人员和政府公务人员模范遵守职业道德和法律规范；鼓励医护人员和医疗服务机构将服务向社区、农村倾斜，鼓励居民就近就医。

近两年以来，滨海新区鼓励民营资本进入滨海新区医疗卫生服务市场的政策开始逐步落实，因此，直接运用财政奖励，鼓励民营资本投资滨海新区医疗卫生事业的政策开始出现，未来几年内，将会有更多相关政策工具被采用，如税收优惠、政府贷款、服务外包、公私合作等。

(3) 混合性政策工具应用量分析。就应用数量而言，滨海新区混合性政策工具应用数量仅次于强制性政策工具，在许多政策文件中既有强制性工具的运用又有混合性政策工具的体现。如在社区医疗发展过程中，用强制性工具设定了社区医疗服务机构的相关标准，用混合性工具鼓励居民到社区医院就诊，鼓励大医院成立社区医疗服务中心，激发医生到社区医院工作的热情。在政府机构及医疗卫生服务机构能力建设、工作纪律维持、职业道德保障等方面也多采用混合性政策工具。

总体而言，通过上述自愿性、强制性、混合性政策工具的综合应用，滨海新区政府及其医疗卫生主管部门有效地实施了医疗卫生公共服务改革，在这项改革中也有力地提升了地方政府的执行力。

五、建立强有力的执行组织

为了有效执行上述医疗卫生公共服务改革的各项政策，滨海新区政府还成立了强有力的执行组织——相关的“领导小组”。这些执行组织的成立及其运行为医疗卫生公共服务改革政策的实施提供了强有力的组织保障。

（一）“领导小组”的生成机理

成立“领导小组”是中国场景下有效推进改革、实施政策的重要机制。在滨海新区医疗卫生公共服务改革中，“领导小组”工作机制的建立一方面是因为滨海新区原有行政管理体制存在区划交叉、部门重叠、分工未明确等问题，另一方面“领导小组”工作机制的有效性也在很大程度上促使滨海新区政府在政策执行过程中采用这种功能整合方式。具体而言，滨海新区政府在以下几种情况下会倾向于建立“领导小组”：

(1) 关系滨海新区整体发展的重大规划落实、重大工程建设项目推进等工作会成立包含滨海新区各级政府、各功能部门的领导小组。领导小组的组长根据工作的重要性有三类设置：一是由滨海新区区长任组长；二是由滨海新区常务副区长任组长；三是由主管该项工作的滨海新区副区长任组长。

（2）重大安全隐患排查，例如重大传染疾病防控、商品房建筑质量监控等事项，一般会成立由滨海新区人民政府、各功能区政府和各功能部门共同组成的领导小组或指挥部。根据事项的重要程度同样有三种领导方式：一是由滨海新区区长任组长；二是由滨海新区常务副区长任组长；三是由主管该项工作的滨海新区副区长任组长。

（3）某功能局内部的某项重要工作，需要全局范围参与或需统筹全局力量才能完成的工作通常会设立由功能局局长任组长的领导小组，领导小组成员一般为功能局下设的各处室第一负责人，例如重大活动医疗保障工作、纠风工作、政务信息公开、手足口病防治等。

（4）政策试点或某项政策的初始实施阶段一般会成立由滨海新区各级政府、各功能部门共同构成的领导小组，例如流动人口计划生育服务的均等化工作就成立了由滨海新区一位主管副区长任组长的领导小组。

（5）关系滨海新区整体区域可持续发展的重要事项，如滨海新区实施妇女、儿童健康行动计划领导小组，组长为滨海新区主管教育医疗的副区长，副组长为滨海新区卫生局局长、各功能区管委会副主任，成员包括部分功能局副局长。

（二）滨海新区医疗卫生公共服务改革中成立的各个“领导小组”

公共服务供给的复杂性决定了公共服务创新不是单一政府部门能够完成的工作，需要多部门合作，形成公共服务供给的合作系统。在滨海新区公共服务机制体制创新过程中，“领导小组”（或称指挥部）形式被广泛采用，粗略统计，2010～2013 年滨海新区人民政府及其内设机构在公共服务创新过程中组建了 13 个“领导小组”（见表 4－8）。

表 4－8　　滨海新区医疗卫生公共服务改革中的“领导小组”

名称	主要构成
滨海新区卫生局纠风工作领导小组	组长为滨海新区卫生局局长，常务副组长为两位卫生局副局长，成员为滨海新区卫生局相关处室第一负责人，办公室设在党群处
滨海新区卫生系统政务公开领导小组	组长为滨海新区卫生局局长，副组长为滨海新区卫生局两位副局长，成员为滨海新区卫生局相关处室第一负责人以及塘汉大、开发区、保税区卫生局第一负责人

续表

名称	主要构成
滨海新区卫生局手足口病防治工作领导小组	组长为滨海新区卫生局局长，副组长为两位滨海新区卫生局副局长，塘汉大卫生局局长、开发区文化教育卫生局副局长，成员包括滨海新区卫生局、塘汉大、开发区内设相关处室第一负责人
滨海新区创建三级甲等医院工作领导小组	组长为时任副区长的郭景平，副组长包括各功能区副主任，卫生局、财政局、人力资源和社会保障局、规划和国土资源局局长，中国海洋石油渤海公司副总经理，天津港集团有限公司副总经理。成员包括各功能区卫生局局长，各相关医院院长
滨海新区2011年重点人群麻疹疫苗接种工作领导小组	组长为副区长郭景平，成员由区卫生局局长和副局长，区财政局、文广电局局长组成
滨海新区流动人口计划生育基本公共服务均等化领导小组	滨海新区副区长任组长，卫生局局长任副组长，滨海新区各相关局局长为成员
天津市卫生局全球基金项目整改领导小组	滨海新区卫生局副局长任组长，组成人员为滨海新区卫生局相关处室副处长
滨海新区实施妇女儿童健康行动计划领导小组	郭景平区长任组长，副组长为滨海新区卫生局局长和滨海新区各区域管委会主任
滨海新区重点疾病预防控制和免疫规划工作领导小组	郭景平区长任组长，副组长为滨海新区卫生局局长和滨海新区各区域管委会主任
滨海新区医疗卫生系统履行烟草控制框架公约领导小组	卫生局局长任组长
滨海新区卫生信息化工作领导小组	副区长郭景平任组长，成员为滨海新区各功能区管委会副主任、滨海新区各职能局局长
滨海新区适龄儿童窝沟封闭预防龋齿项目领导小组	组长为滨海新区卫生局局长，副组长为财政局、教育局和卫生局副局长
滨海新区重大活动医疗保障领导小组	滨海新区卫生局一位副局长任组长

（三）领导小组的组织架构和工作机制

1. 领导小组的组织架构

领导小组的架构一般包含三个层级（见图4－1），第一层级为领导小组组长，组长一般设置一名，偶有设置两名的情况；第二层级为领导小组副组长，副组长最少为一名，最多可达六名；第三个层级为小组成员。领导小组通常设有办公室，办公室一般设在与领导小组主管事项最为接近的功能局或处室，办公室主任一般由主管功能局局长或处室主任担任。有时，领导小组还会设置一位常务副组长，在常务副组长下再设置若干位副组长，且在涉及较多区域、较长时间的工作事项上，部分领导小组内还会设置若干分领导小组。

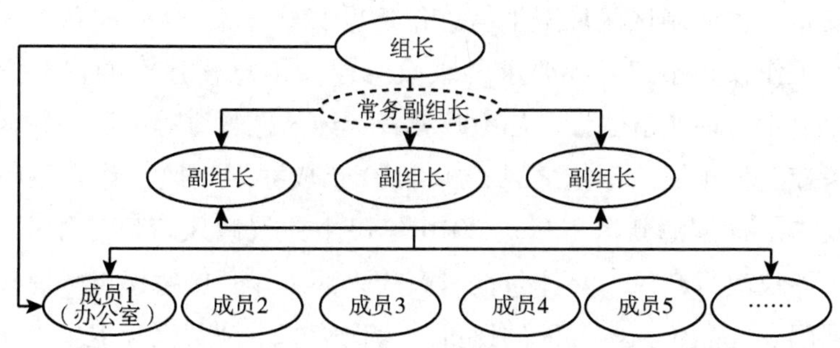

图4－1　滨海新区领导小组的组织架构

根据领导小组主管事项的性质和重要程度，领导小组的组织架构形式有以下三类：

第一类，由滨海新区区长任领导小组组长，常务副区长、主管副区长任领导小组副组长，成员为滨海新区人民政府内设的相关职能部门第一负责人。

第二类，由滨海新区常务副区长或一位主管副区长任领导小组组长，副组长通常为主管功能局或处室主管该项工作的副局长（副主任），偶见由另一位副区长任领导小组副组长的情况，如滨海新区清融雪指挥部总指挥为滨海新区副区长蔡云鹏，副总指挥为滨海新区副区长郑伟铭和环境保护和市容局局长。

第三类，由主管功能局局长（主任）任小组组长，由主管副局长任小组副组长，相关处室主任作为领导小组成员参与工作。

2. 领导小组的工作机制

领导小组工作机制主要有三种：第一种是例会制度，由领导小组组长定期召集领导小组成员召开会议，汇报工作实施进展情况，探讨工作过程中遇到的问题和解决措施，通报研究工作的进一步发展方向等。第二种是信息报送制度，领导小组成员单位定期汇报工作紧张情况，由领导小组办公室汇总信息，并根据需要进一步报送有关部门和领导。第三种是督察制度，定期对领导小组成员单位进行工作落实情况检查。

除成立各个领导小组外，为有效实施医疗卫生公共服务改革的各项政策，滨海新区政府还制定了一系列保障措施。主要有以下五类：第一，加强卫生技术人员队伍建设，如开展相关培训，鼓励医护人员攻读在职硕士和博士、举办练兵比武活动等。第二，建立统一高效的卫生信息系统，滨海新区卫生局发布《滨海新区区域卫生信息化建设实施方案》，并成立由区副区长任组长的工作领导小组，并要求各级政府保障信息化建设的资金投入。第三，强化卫生管理队伍建设，如廉政教育、纯洁性教育等。滨海新区卫生局为纠正医疗卫生领域的不正之风，于2010年成立了纠风工作领导小组，并于同年发布了《滨海新区卫生局2010年民主评议政风行风工作实施方案》推行民主评议政行政风，具体包括对医疗采购工作、医德医风、医疗卫生相关管理部门、药品价格等方面的评价。为保障基本公共医疗卫生工作的服务的真实性，组织医疗系统工作人员集体观看《焦点访谈》等新闻警示节目；开展各类主题教育活动，如2013年组织开展“廉洁行医、诚信服务”主题教育活动，鼓励医护人员自尊自爱、奋发向上、爱岗敬业、无私奉献主体教育活动。第四，加强卫生规划的组织领导，在重要工作领域成立领导小组。第五，加大卫生宣传力度，采用举办讲座、知识竞赛等形式开展。

六、滨海新区政府执行力提升的特征

如前所述，滨海新区成立以来，经过一段时期的努力，医疗卫生体制改革取得了显著成绩，有力地提升了滨海新区政府的医疗卫生公共服务能力和执行力。

综合而言，滨海新区政府医疗卫生公共服务执行力的提升具有如下一些特征。

（一）适应国家和滨海新区改革发展的总体要求

滨海新区医疗卫生公共政策创新既是对国家整体公共服务体制机制创新的呼应，也是对依托滨海新区政策创新环境的一种先行先试。具体而言，第一，滨海新区公共服务领域的政策演进与国家整体政府职能转型具有一致性。伴随着政府职能转型，服务型政府建设步伐加快，滨海新区公共服务整体推进步伐加快，多领域政策创新不断涌现，如医疗卫生领域社区卫生服务中心的建设等。第二，滨海新区的医疗卫生公共服务改革创新是滨海新区行政管理体制改革的一个方面，也是适应滨海新区行政管理体制改革的必然要求。两项改革的同时进行在加大公共服务创新复杂性的同时，也为公共服务创新提供了重要的组织保障，使得医疗卫生公共服务需求变化能够及时得到政府的反馈，并以行政体制调整和政策改进来回应公共服务环境与需求的变迁。第三，滨海新区医疗卫生公共服务改革既是对国家整体公共服务发展步调的跟进也是对滨海新区自身发展问题的一种回应，并直接影响了政策创新的进程。如根据滨海新区外来人口的发展趋势，领先于全国实行了对外来流动人口的公共服务均等化，在公共卫生、防疫接种、妇女儿童保健与计划生育等方面实施了人际间均衡政策。

（二）综合运用多种政策工具推进改革创新

如前所述，滨海新区医疗卫生公共服务改革创新过程中综合运用了多种政策工具，有效地保证了相关政策的贯彻执行。总体而言，强制性政策工具应用较多，混合型政策工具应用次数较多但类型较少，自愿性政策工具应用较少。第一，强制性政策工具是滨海新区公共服务创新过程中应用最为广泛的一类政策工具，在各项公共服务创新中所涉及的种类基本类似，内容主要包括政府自身建设、公共服务供给和政策试验等。第二，混合型政策工具应用较为广泛但涉及类型较少，产权拍卖、契约、征税等类型较少采用。在诱因型工具中也仅有程序简化应用较多，信息与劝诫主要政策对象是政府或其他公共部门内工作人员，目的是加强政府自身公共服务能力。就政策发布情况而言，混合型政策工具多数情况下由功能区政府和街镇政府发布。第三，自愿性政策工具应用较少，目前涉及市场和市场化、志愿性组织和家庭几种类型，但出现频率较低。第四，滨海新区政策工具的采用主要受到公共服务性质、滨海新区政府能力、滨海新区人口构成、社会力量发展等因素影响。

（三）成立“领导小组”灵活有力地执行政策

在政策执行方面，滨海新区建立“领导小组”工作机制，以临时性任务小组的形式推进公共服务创新。在关系滨海新区整体发展的重大规划落实、重大工程项目建设、重大安全隐患排查及其他重要事项的处理过程中，滨海新区会成立由滨海新区人民政府牵头的领导小组。领导小组内成员之间交往密切，权力关系设置基本合理，合作效率较高。领导小组工作机制是保障滨海新区顺利度过行政体制转轨期的重要保障，为塘沽、汉沽和大港区的顺利过渡转型提供了组织保障，且领导小组具有良好的适应性，能够适应滨海新区公共服务的进一步创新性发展。

此外，相较于新区政府而言，各功能区政府因其对实践需求的了解更为全面细致，在政策创新与政策执行方面更具灵活性，因此，滨海新区公共服务领域政策创新更多地体现在功能区政府层面和街镇政府层面，功能区政府与街镇政府的政策创新举措多为财政投入较少，但相对产出比较高的政策，如发动群众进行的卫生清洁工作等。

最后，需要指出的是，在医疗卫生公共服务投入与产出方面，虽然滨海新区医疗卫生领域的升级改造成效较为显著，医疗机构内部服务提升较快，但若将大规模流动人口纳入医疗卫生公共服务范围，则资源仍相对紧张。例如，从居民医疗卫生服务支出水平看，滨海新区居民医疗卫生服务支出绝对数量持续增长，但占家庭可支配收入比重并未提高。因此，滨海新区医疗卫生公共服务改革创新仍然任重而道远。

第五章　地方政府执行力的薄弱环节分析

——以“节能家电补贴推广政策”为例[①]

政策执行就像一个灌溉系统，系统的设计者和政策制定者要尽力使带有营养的“政策之水”流到预定的、干涸的田地——政策对象那里去。但是，这一过程又极有可能受到干扰：大大小小的漏洞会将珍贵的“政策之水”白白浪费掉。关键的问题是，如果灌溉系统出现了小的漏洞，还可以通过及时修补，基本上保证政策的执行效果。然而，如果出现了结构性的“薄弱环节”，则必将带来经常性的政策失败。近年来，中国在节能减排、环境治理、食品安全，以及部分房地产调控等多个领域发生了一些明显的政策执行效果极不理想，或者说失败的案例。我们认为，如果仔细观察的话，这些频频发生的政策失败其实有着高度的相似性，是转型期中国特定政策执行系统薄弱环节的必然结果。那么，中国政策执行系统最严重的薄弱环节到底发生在什么地方？其作用机制是怎样的，或者说，是怎样走向失败的？这就是本章要揭示和阐述的问题。在这一问题上，本书力图以一个关联度较低、设计理念先进，但却最终戛然而止的案例——2009～2013年间的“节能家电补贴推广政策”——为例，来揭示中国地方政府执行力的薄弱环节及其作用机制。

---

① 本章的主要研究成果已经发表，请参阅薛立强、杨书文：《论中国政策执行的“薄弱环节”及其作用机制——以“节能家电补贴推广政策”（2009～2013）为例》，《公共管理学报》2016年第1期，第55～64页。

第一节 “节能家电补贴推广政策”的背景和内容

“节能家电补贴推广政策”是“十一五”“十二五”期间实施的“节能产品惠民工程”的一部分。“节能产品惠民工程”则是国家“十一五”“十二五”规划节能政策组合的组成部分之一。[①] 按照《高效节能产品推广财政补助资金管理暂行办法》(财建〔2009〕213 号)的规定,“节能产品惠民工程”是“中央财政安排专项资金,支持高效节能产品的推广使用,扩大高效节能产品市场份额,提高节能产品的能源效率水平”,消费者最终得利的一系列政策。[②] 作为“节能产品惠民工程”的一部分,“节能家电补贴推广政策”是一项对空调、电冰箱、平板电视、洗衣机、热水器[家用热水器、太阳能热水器、空气源热泵热水器(机)]等 5 类 7 种高效节能家电销售进行财政补贴的多个政策文本组成的“政策组合”(见表 5-1)。[③] 该政策组合兼顾了节能减排、产业发展、提振经济、惠及百姓等多重目标,设计理念非常先进。该政策方案于 2009 年 5 月颁布,同年 6 月开始执行,到 2013 年 5 月底终止。

一、“节能家电补贴推广政策”的背景

“十一五”期间,中国空前加大了节能减排的力度,正是在这一背景下,出台并实施了“节能产品惠民工程”以及“节能家电”补贴推广政策组合。具体而言,这一政策组合出台的背景如下。

---

① “十一五”规划提出了十大节能重点工程:低效燃煤工业锅炉(窑炉)改造、区域热电联产、余热余压利用、节约和替代石油、电机系统节能、能量系统优化、建筑节能、绿色照明(实际上是“节能产品惠民工程”的前奏)、政府机构节能、节能监测和技术服务体系建设。“十二五”规划提出了四大节能重点工程:节能改造工程、节能产品惠民工程、节能技术产业化示范工程、合同能源管理推广工程。

② 《高效节能产品推广财政补助资金管理暂行办法》(财建〔2009〕213 号)。

③ “节能产品惠民工程”涉及的产品包括高效照明产品、节能家电产品、节能与新能源汽车、台式微型计算机、高效节能工业品(高效电机、风机、水泵、压缩机、变压器)。

（一）提高能效，促进节能减排

“节能家电”补贴推广政策组合出台的深层原因是提高能效，促进节能减排。虽然自20世纪80年代起，中国政府就高度重视能源短缺和环境污染问题，并且采取了多项措施以提高能效，节能减排，推进可持续发展，但随着经济社会的迅速发展，能源需求和能源消耗越来越大，节能减排的形势越来越严峻。“十一五”规划指出，一方面，中国的发展面临着“能源和重要矿产资源相对不足”的长期性深层次矛盾；另一方面，“经济增长方式转变缓慢，能源资源消耗过大”又是发展中出现的突出问题。① “十二五”规划继续强调节能减排，将“节能产品惠民工程”列为四大“节能重点工程”②之一。在日常耐用电器等消费品领域，中国的相关产品存在着能效标准低、单位能耗高、用电量大等问题。据统计，2008年空调用电量占中国总用电量的20%左右，占大中型城市夏季用电高峰负荷的40%左右，但达到能效标准二级以上的高效节能空调在国内市场销售份额不足5%。③ 即使在上海这样的大城市，2009年上半年在用的和市场销售的还是以能效等级为5级和4级的空调为主，占到80%以上。④ 总体而言，截至2009年上半年，高效节能家电产品在中国的市场占有率仅为5%～15%。⑤ 因此，实施“节能家电补贴推广政策”，采用财政补贴的方式，推广使用高效节能家电产品，被视为提高高效节能产品市场销售份额、节约用电、加快产品更新换代、提高能效、促进节能减排的一项重要措施。

（二）扩大内需，应对国际金融危机的需要

“节能家电”补贴推广政策组合出台的目的，是扩大内需，应对国际金融危机。2008年下半年以来，国际金融危机对中国经济的影响日益显现，经济发展“三驾马车”之一的出口受到重挫。据国家发改委有关司局的负

---

① 参见《中华人民共和国国民经济和社会发展第十一个五年规划纲要》。

② 其他三项“节能重点工程”分别是节能改造工程、节能技术产业化示范工程、合同能源管理推广工程。参见《中华人民共和国国民经济和社会发展第十二个五年规划纲要》。

③ 《实施“节能产品惠民工程”加快推广高效节能产品——国家发展改革委环资司司长赵家荣答记者问》，国家发改委网站。

④ 《上海出台实施节能空调地方补贴政策》，国家发改委网站。

⑤ 《“节能产品惠民工程”有效扩大内需促进节能减排——国家发展改革委副主任解振华答记者问》，国家发改委网站。

责人介绍，国际金融危机以来，作为家电出口大国，中国的空调、冰箱、电视机、电机等的“出口面临前所未有的困难”①。在这样的情况下，采取措施积极开拓国内市场，扩大内需，就成为保持经济平稳较快发展、实现年度和阶段性经济发展目标的必然选择。而“节能家电补贴推广政策”通过对特定节能家电产品进行一定的财政补贴以促进消费，就被赋予了与其他应对金融危机的举措②一起有效撬动市场、完成经济发展目标的特殊使命。

（三）“家电下乡”“推广高效照明产品”等政策的实施经验

“节能家电”补贴推广政策组合出台的前期政策基础是“家电下乡”“推广高效照明产业”等政策的实施经验。“家电下乡”是财政部、商务部、工业和信息化部等三部门牵头实施的，对农民购买彩电、冰箱（冰柜）、手机、洗衣机等四类产品，按产品销售价格的13%给予财政补贴的一项惠及农民、扩大消费的政策。“家电下乡”政策自2007年12月试点以来已取得了明显成效。据统计，截至2008年10月底，全国共销售财政补贴家电下乡产品超过350万台，与2007年同期相比家电销售量增长40%。③“推广高效照明产品”实际上是“节能家电补贴推广政策”的前奏。该政策是财政部、国家发展改革委自2008年开始实施的，对采用高效照明产品④替代在用的白炽灯和其他低效照明产品的大宗用户和城乡居民用户⑤，中央财政分别按中标协议供货价格的30%（大宗用户）和50%（城乡居民用户）给予补贴。据统计，2008年至2009年1月底，全国“共推广高效照明产品6200多

---

① 《上海出台实施节能空调地方补贴政策》，国家发改委网站。

② 国际金融危机爆发后，中国政府及时提出了应对国际金融危机的“一揽子计划”，其中扩大居民消费的政策主要有补贴家电汽车摩托车下乡、汽车家电以旧换新和农机具购置、减半征收小排量汽车购置税、减免住房交易相关税收、支持自住性住房消费等。参见温家宝：《政府工作报告（2010年）》，《人民日报》2010年3月15日。

③ 《三部门联合在京召开全国推广“家电下乡”工作会议》，中央政府门户网站。

④ 高效照明产品主要是普通照明用自镇流荧光灯、三基色双端直管荧光灯（T8型、T5型）和金属卤化物灯、高压钠灯等电光源产品，半导体（LED）照明产品，以及必要的配套镇流器。参见《高效照明产品推广财政补贴资金管理暂行办法》（财政部、国家发改委2007年12月28日）第五条。

⑤ 大宗用户是指工矿企业、写字楼、医院、学校、宾馆、商厦、车站、机场、码头、道路等采用照明产品集中的场所，采用合同能源管理推广高效照明产品的节能服务公司可视为大宗用户；居民用户是指以社区或行政村为购买单位的用户。参见《高效照明产品推广财政补贴资金管理暂行办法》（财政部、国家发改委2007年12月28日）第六条。

万只，取得显著成效”[①]。这些政策的有效实施，为“节能家电补贴推广政策”提供了经验[②]，奠定了基础。

（四）其他国家的先进经验

“节能家电”补贴推广政策组合的出台离不开其他国家的先进经验。据时任国家发改委环资司司长介绍，“节能产品惠民工程”政策制定过程中认真参考了美国、澳大利亚等先进国家的经验。[③] 从国际经验来看，高效节能产品的推广存在着一些共性的问题，如初始投资比较大、社会认知度低、初期的市场不规范问题严重，因此需要政府采取积极政策措施来支持、引导和规范高效节能产品的推广。

二、“节能家电补贴推广”政策组合的内容

由于有“家电下乡”“推广高效照明产品”等政策有效实施的经验，“节能家电”补贴推广政策组合的制定过程相对简单。从公开资料可以看出，在总结上述两项政策实施经验的基础上，由国家发改委环资司总牵头，财政部、工信部的有关司局参加，于2009年上半年制定，并于5月份出台了“节能产品惠民工程”和“节能家电补贴推广政策”。这一判断的理由有二：一是从主体上看，国家发改委是完成“十一五”节能任务的主要责任单位，因此节能政策的制定应该由其总牵头。“节能产品惠民工程”出台时，也是由国家发改委解振华副主任和环资司负责人回答的记者提问。同时，政策文本由国家发改委、财政部联名公布，或者由国家发改委、财政部、工信部共同公布，这说明，财政部、工信部作为主要的牵头单位参加。

① 国家发展改革委、财政部：《关于下达2009年财政补贴高效照明产品推广任务量的通知》（发改环资〔2009〕1492号）。

② “节能家电补贴推广政策”的制定显然参考了“家电下乡”“推广高效照明产品”等政策有效实施的经验。例如，时任国家发改委环资司司长在“节能产品惠民工程”出台时就指出了其与“家电下乡”政策的异同：两项政策的相同点在于都是惠及消费者，但两项政策在补贴对象、补贴产品的能源等级、补贴方式等三个方面有所不同。参见《实施“节能产品惠民工程”加快推广高效节能产品——国家发展改革委环资司司长赵家荣答记者问》，国家发改委网站。

③ 例如，美国对获得能源之星的产品给予资金补助，如加州对节能洗衣机补贴75美元/台，电冰箱补贴75～125美元/台。韩国、澳大利亚等也采取财政补贴方式推广高效节能产品。参见《实施“节能产品惠民工程”加快推广高效节能产品——国家发展改革委环资司司长赵家荣答记者问》，国家发改委网站。

二是从时间上看，2008 年是新一届政府上台执政的第一年，但节能减排任务完成得并不十分理想①，在这一情况下，2009 年加大了节能减排力度，于上半年制定出台了“节能产品惠民工程”。

“节能家电补贴推广政策组合”包括三个层次的政策文本：第一层次是《高效节能产品推广财政补助资金管理暂行办法》等 5 个文件，它们规定了“节能家电”补贴推广政策组合的基本要求。第二个层次包括对 5 类 7 种高效节能家电销售进行财政补贴的 9 个《实施细则》，它们分别规定了对相关家电销售进行补贴的实施办法。第三个层次是多批次的对入选企业及其产品的《推广目录》以及某些地方政府制定的配套政策（见表 5-1）。

表 5-1　“节能家电补贴推广政策”文本（2009~2013 年）

政策层次	政策文本名称	发布机关	发布日期
第一层次	《财政部、国家发展改革委关于开展“节能产品惠民工程”的通知》及其附件《高效节能产品推广财政补助资金管理暂行办法》	财政部、国家发改委	2009 年 5 月 18 日
	《关于加强节能产品惠民工程管理工作的通知》	财政部、国家发改委	2009 年 9 月 8 日
	《关于认真做好节能家电推广工作的通知》	财政部、国家发改委、工信部	2012 年 10 月 9 日
	《关于简化节能家电、高效电机补贴兑付信息管理及加强高效节能工业产品组织实施等工作的通知》	财政部、国家发改委、工信部	2013 年 1 月 25 日
	《关于停止节能家电补贴推广政策的通知》	财政部、国家发改委、工信部	2013 年 5 月 27 日
第二层次	《节能产品惠民工程高效节能房间空调器推广实施细则》	财政部、国家发改委	2009 年 5 月 18 日
	《关于调整高效节能空调推广财政补贴政策的通知》	财政部、国家发改委	2010 年 4 月 30 日
	《节能产品惠民工程高效节能平板电视推广实施细则》	财政部、国家发改委、工信部	2012 年 5 月 25 日
	《节能产品惠民工程高效节能房间空气调节器推广实施细则》	财政部、国家发改委、工信部	2012 年 5 月 25 日
	《节能产品惠民工程高效节能家用电冰箱推广实施细则》	财政部、国家发改委、工信部	2012 年 6 月 4 日

① 据统计，2008 年单位 GDP 能耗比 2007 年下降 4.59%，“能源资源消耗多，环境污染重”仍然是中国经济社会发展面临的主要矛盾之一。参见温家宝：《政府工作报告（2009 年）》，《人民日报》2009 年 3 月 6 日。

续表

<table>
<tr><th>政策层次</th><th>政策文本名称</th><th>发布机关</th><th>发布日期</th></tr>
<tr><td rowspan="4">第二层次</td><td>《节能产品惠民工程高效节能家用热水器推广实施细则》</td><td>财政部、国家发改委、工信部</td><td>2012 年 6 月 4 日</td></tr>
<tr><td>《节能产品惠民工程高效太阳能热水器推广实施细则》</td><td>财政部、国家发改委、工信部</td><td>2012 年 6 月 4 日</td></tr>
<tr><td>《节能产品惠民工程高效节能空气源热泵热水器（机）推广实施细则》</td><td>财政部、国家发改委、工信部</td><td>2012 年 6 月 4 日</td></tr>
<tr><td>《节能产品惠民工程高效节能电动洗衣机推广实施细则》</td><td>财政部、国家发改委、工信部</td><td>2012 年 6 月 4 日</td></tr>
<tr><td>第三层次</td><td>《“节能产品惠民工程”高效节能房间空调器推广目录（第一批）》等一系列《推广目录》以及某些地方政府制定的配套政策</td><td>财政部、国家发改委、工信部、有关地方政府</td><td>2009 年 5 月至 2013 年 5 月</td></tr>
</table>

根据这些政策文本，“节能家电”补贴推广政策组合的内容包括一项主政策措施，三大项八小项子政策措施。

“主政策措施”非常清晰，即“中央财政对高效节能产品生产企业给予补助，再由生产企业按补助后的价格进行销售”①。

围绕这一“主政策措施”，相关的子政策措施如下：

（1）推广资格申请。关于推广资格申请的政策主要涉及两个方面的内容：一是上报申请材料，即生产企业首先填写“节能家电”产品推广申请，然后将申请报告及相关材料②逐级上报国家发改委和财政部。二是审核公布推广资格，即国家发改委和财政部审核企业的申请材料以后及时公布推广企业目录及推广产品规格型号。

（2）补助资金的申请和拨付。这方面的政策包括四项内容：一是上报推广情况统计信息。该政策要求推广企业在月度终了后的 10 天之内，将推广情况及相关信息③通过“高效节能产品推广信息管理系统”逐级上报给国家发改委和财政部。二是对上报材料进行审核。地方财政部门、节能主管部门通过该“高效节能产品推广信息管理系统”对本地区产品推广情况进行审核。三

① 《高效节能产品推广财政补助资金管理暂行办法》第三条。

② 相关资料包括：营业执照和税务登记证（复印件加盖公章）；推广产品“节”字标志节能产品认证证书；推广产品能效检测报告；推广产品能效标识备案证明；质量管理体系和环境管理体系认证证书；商标注册证明及授权书；银行出具的资信证明；其他相关材料。参见任何一种“节能家电”产品推广实施细则。

③ 包括申请书、销售信息汇总表、消费者信息汇总表等内容。参见任何一种“节能家电”产品推广实施细则。

是预拨补助资金。财政部根据审核合格的推广企业月度推广情况，通过各级财政部门拨给推广企业下个月的补助资金。四是清算补助资金。年度终了后30天内，推广企业将上年度补助资金清算报告逐级上报财政部。财政部根据地方财政部门、节能主管部门审核结果和专项核查情况进行补助资金清算。

（3）监督管理及惩戒措施。包括两项内容：一是监管主体及其职责，地方财政部门、节能主管部门对“节能家电”产品推广情况进行日常核查。财政部、国家发改委对“节能家电”产品推广情况开展专项检查。二是违规情况的惩戒措施，主要包括三种情形：第一，推广企业违规的[①]，财政部、国家发展改革委将视情节给予通报批评、扣减补助资金等处罚。情节严重的，由国家发展改革委、财政部取消企业的产品推广资格。第二，相关政府主管部门截留、挪用补助资金的，按照《财政违法行为处罚处分条例》（国务院令第427号）等有关规定处理。[②] 第三，相关机构出具虚假报告和证明材料的，一经查实，予以公开曝光，并视情节追究其相应法律责任。

第二节　“节能家电补贴推广”政策的执行过程和结果

“节能家电”补贴推广政策组合自2009年6月1日起实施，到2013年6月1日终止，共执行了3期，执行期间跨越了“十一五”规划和“十二五”规划两个时期。

一、“节能家电补贴推广”政策的执行过程

纵观这一执行过程，基本上可以分为5个阶段：审慎执行、强力执行、

① 违规情形包括以下5种：提供虚假信息、骗取补助资金的；推广产品的能源效率、质量性能指标不符合要求的；年推广高效节能产品数量未达到规定规模的；推广产品实际销售价格高于企业承诺推广价格减去财政补助的；未按要求使用标识，或伪造、冒用标识，利用标识做虚假宣传，误导消费者的。参见《高效节能产品推广财政补助资金管理暂行办法》第十九条。

② 适用于本案例的规定主要是：财政部门、国库机构及其工作人员违反国家有关下拨财政资金规定的行为的，责令改正，限期退还违法所得。对单位给予警告或者通报批评。对直接负责的主管人员和其他直接责任人员给予记过或者记大过处分；情节较重的，给予降级或者撤职处分；情节严重的，给予开除处分。参见《财政违法行为处罚处分条例》第五条。

执行间歇、扩展执行、戛然而止。

（一）审慎执行阶段（2009年5月18日～2010年5月31日）

2009年5月18日，财政部和国家发改委联合发布了两个文件，规定当年6月1日起通过财政补贴方式推广高效节能空调。这两个文件就是《关于开展“节能产品惠民工程”的通知》[①]和《节能产品惠民工程高效节能房间空调器推广实施细则》，这标志着“节能家电”补贴推广政策组合正式实施。称本阶段为“审慎执行阶段”阶段是由于以下原因：第一，这一阶段实施的“节能家电”补贴推广政策仅仅涉及节能空调这一种产品，其他“节能家电”的补贴推广与“节能产品惠民工程”都还没有大规模实施。第二，在节能空调补贴推广中，也仅公布了三批推广目录，三批目录总共仅涉及4279个产品型号（见表5－2）。第三，在实施近一年后，针对实施中存在的问题以及下一阶段的实施任务，财政部和国家发改委发出《关于调整高效节能空调推广财政补贴政策的通知》（财政部、国家发改委，2010年4月30日），对该政策进行了调整。这说明，这一阶段的政策执行一定程度上还带有“试点”性质。

表5－2　　高效节能房间空调器推广目录（第一批至第四批）

批次	厂家数	型号数	公告号	发布日期
第一批	19	1140	国家发改委、财政部公告，2009年第5号	2009年5月31日
第二批	24	1495	国家发改委、财政部公告，2009年第6号	2009年7月13日
第三批	25	1644	国家发改委、财政部公告，2009年第23号	2009年12月22日
第四批	25	5890	国家发改委、财政部公告，2010年第7号	2010年5月31日

资料来源：国家发改委网站。

（二）强力执行阶段（2010年6月1日～2010年12月31日）

“十一五”规划的最后一年（2010年）也是完成规划规定的节能减排任务的关键之年。根据有关统计资料我们发现，到2009年底，中国已经提

① 包括其附件《高效节能产品推广财政补助资金管理暂行办法》。

前完成了“十一五”减排任务[①]，但节能指标仅下降14.38%，还没有完成“十一五”规划中确定的完成20%的目标，节能任务还非常艰巨[②]。2010年一季度以后，钢铁、电力、有色、建材、化工、石油化工等六大高耗能行业增长很快，全国单位GDP能耗上升3.2%，大大增加了完成“十一五”节能目标的压力。[③] 为了确保完成“十一五”规划提出的节能减排任务，2010年4月28日，国务院召开常务会议，专题研究节能减排工作，提出了八个方面的政策措施。5月4日，国务院下发《关于进一步加大工作力度，确保实现“十一五”节能减排目标的通知》（国发〔2010〕12号），该通知提出了14项具体措施。[④] 5月5日，国务院召开“全国节能减排工作电视电话会议”，温家宝总理在会上强调，要“本着对国家、对人民、对历史高度负责的精神，下更大的决心，花更大的气力，做更大的努力，确保实现‘十一五’节能减排目标”[⑤]。为了贯彻落实这次会议以及国发〔2010〕12号文件精神，5月19日，国家发改委召开“各省（区、市）节能主管部门节能工作座谈会”，国家发改委副主任解振华在会议上指出：要把节能作为当年全委的一项特殊工作、工作重点，放在突出位置，“对国务院、委里决定的事项，各司局要无条件地服从”，“要狠抓落实”。在节能减排任务的强大压力下，2010年以来，“节能产品惠民工程”进入了全面实施阶段。国家发改委张平主任在2010年3月5日向全国人大做的《关于2009年国民经济和社会发展计划执行情况与2010年国民经济和社会发展计划

---

① “十一五”规划提出的节能目标是：单位国内生产总值能源消耗降低20%；减排目标是：主要污染物排放总量减少10%。据统计，“十一五”的前四年，全国单位GDP能耗下降了14.38%，化学需氧量的排放总量下降了9.66%，二氧化硫排放总量下降了13.14%，因此提前一年完成了减排的目标。《国务院关于进一步加大工作力度，确保实现“十一五”节能减排目标的通知》（国发〔2010〕12号）。

② 《解振华副主任出席十一届全国人大三次会议记者招待会，就节能减排和应对气候变化问题答记者问》，国家发改委网站。

③ 《温家宝在国务院节能减排工作电视电话会议上强调：统一思想，落实责任，确保实现“十一五”节能减排目标》，国家发改委网站。

④ 14条措施为：增强做好节能减排工作的紧迫感和责任感；强化节能减排目标责任；加大淘汰落后产能力度；严控高耗能、高排放行业过快增长；加快实施节能减排重点工程；切实加强用能管理；强化重点耗能单位节能管理；推动重点领域节能减排；大力推广节能技术和产品；完善节能减排经济政策；加快完善法规标准；加大监督检查力度；深入开展节能减排全民行动；实施节能减排预警调控。参见《国务院关于进一步加大工作力度，确保实现“十一五”节能减排目标的通知》（国发〔2010〕12号）。

⑤ 《温家宝在国务院节能减排工作电视电话会议上强调：统一思想，落实责任，确保实现“十一五”节能减排目标》，国家发改委网站。

草案的报告》中指出，2010 年要“全面实施节能产品惠民工程”①。上述背景为这一阶段以节能空调为主要内容的“节能家电补贴推广政策”的强力实施创造了浓烈的氛围。

这一阶段“节能家电”补贴推广政策组合的实施主要表现在以下两个方面：第一，调整完善节能空调财政补贴政策。财政部和国家发改委于 2010 年 4 月 30 日发布的《关于调整高效节能空调推广财政补贴政策的通知》就是对节能空调财政补贴政策进行的调整与完善。其内容包括实施新的空调“国家能效标准”、适度收缩财政补贴产品的范围、简化补贴程序并降低补贴标准②、限定政策期限（见表 5 – 3）等。第二，加大节能空调财政补贴政策实施力度。其最突出的表现，就是国家发布的第四批节能空调推广目录所核准的产品数量是前三批总数的 1.38 倍，这次核准的产品涉及 5890 个产品型号。

表 5 – 3　“高效节能空调推广”财政补贴政策调整

<table>
<tr><td>文件</td><td colspan="3">《节能产品惠民工程高效节能房间空调器推广实施细则》</td><td colspan="3">《关于调整高效节能空调推广财政补贴政策的通知》</td></tr>
<tr><td>能效标准</td><td colspan="3">《房间空气调节器能效限定值及能源效率等级》国家标准（GB12021.3 – 2004）</td><td colspan="3">《房间空气调节器能效限定值及能源效率等级》国家标准（GB12021.3 – 2010）</td></tr>
<tr><td>推广产品范围</td><td colspan="3">制冷量在 14000W 以下，能效等级在 2 级及以上，气候类型为 T1 的分体式房间空气调节器。变频式、移动式、多联式、单元式空调机组，不纳入产品推广范围</td><td colspan="3">额定制冷量在 7500W 及以下的分体式房间空调</td></tr>
<tr><td rowspan="7">补贴标准［元/台(套)］（额定制冷量单位：W）</td><td></td><td>能效等级 1 级</td><td>能效等级 2 级</td><td></td><td>能效等级 1 级</td><td>能效等级 2 级</td></tr>
<tr><td rowspan="2">2800 < 额定制冷量≤4500</td><td rowspan="2">550</td><td rowspan="2">350</td><td rowspan="3">额定制冷量≤4500</td><td rowspan="3">200</td><td rowspan="3">150</td></tr>
<tr></tr>
<tr><td rowspan="2">4500 < 额定制冷量≤7100</td><td rowspan="2">650</td><td rowspan="2">450</td></tr>
<tr><td rowspan="3">4500 < 额定制冷量≤7500</td><td rowspan="3">250</td><td rowspan="3">200</td></tr>
<tr><td rowspan="2">7100 < 额定制冷量≤14000</td><td rowspan="2">850</td><td rowspan="2">650</td></tr>
<tr></tr>
<tr><td>政策期限</td><td colspan="3">无规定</td><td colspan="3">2010 年 6 月 1 日 ~2011 年 5 月 31 日</td></tr>
</table>

① 张平：《关于 2009 年国民经济和社会发展计划执行情况与 2010 年国民经济和社会发展计划草案的报告》，国家发改委网站。此外，2010 年 5 月，财政部、国家发改委、工信部又实施了节能汽车、高效电机两个“节能产品惠民工程”项目。到年底，共发布了四批节能汽车推广目录，一批高效电机推广目录。

② 该政策实施以来造成了高效节能空调价格的大幅下降。例如，1.5 匹的高效节能空调平均降价 1000 元以上。参见《解振华副主任出席十一届全国人大三次会议记者招待会，就节能减排和应对气候变化问题答记者问》，国家发改委网站。

（三）执行间歇阶段（2011 年 1 月 1 日～2012 年 5 月 31 日）

称其为执行间歇阶段是因为这段时间既没有出台其他“节能家电”补贴推广实施细则，也没有审核新的节能空调推广目录，形成了一个政策执行间歇期。从更为宏观视野观察的话，执行间歇的原因包括以下三个方面：第一，现有政策已经取得较好效果，可以继续执行。据统计，到“十一五”期末，高效节能空调已经推广了 3400 多万台，市场占有率已经从推广前的 5% 上升至 70% 以上。在这一情况下，无论是空调厂家，还是消费市场，都需要有一个调整期，因此出台新政策的刺激作用应该不大。况且既有政策还有 2011 年上半年的继续发酵期。第二，“节能产品惠民工程”政策重点转移。如前所述，“节能家电补贴推广政策”仅是“节能产品惠民工程”的组成部分之一。这一阶段，在“节能家电推广补贴政策”完成较好的情况下，“节能产品惠民工程”将重点转向了节能汽车和高效电机两大类产品。2010 年以来，在确保完成“十一五”节能减排目标的强大压力下，国家发改委、财政部、工信部等部门于 2010 年 5 月颁布了节能汽车和高效电机补贴推广实施细则，并在下半年分四批发布了节能汽车①以及一批高效电机推广目录②。从 2011 年到 2012 年 6 月末，又陆续发布了三批节能汽车③和三批高效电机推广目录④。第三，“十二五”前期节能减排政策执行压力较小。“十二五”规划提出了新的节能减排目标⑤，但在前期，节能减排政策执行的总体压力还较小。这可能也是出现政策执行间歇期的原因之一。

（四）扩展执行阶段（2012 年 6 月 1 日～2013 年 5 月 30 日）

“节能家电”补贴推广政策组合在相对“沉寂”了一段时间后，2012 年五六月，国家发改委、财政部、工信部等部门集中发布了平板电视等 7 类“节能家电”产品的推广实施细则（见表 5－1），重启并大大扩展了“节能家电”补贴推广政策组合的实施范围。据统计，这一阶段共分 6 批发布了

① 发布日期分别为 6 月 30 日、8 月 17 日、9 月 27 日、12 月 3 日。

② 发布日期为 8 月 10 日。

③ 发布日期分别为 2011 年 2 月 16 日、5 月 13 日、10 月 19 日。

④ 发布日期分别为 2011 年 3 月 11 日、8 月 2 日，2012 年 3 月 30 日。

⑤ 单位国内生产总值能源消耗降低 16%，单位国内生产总值二氧化碳排放降低 17%。主要污染物排放总量显著减少，化学需氧量、二氧化硫排放分别减少 8%，氨氮、氮氧化物排放分别减少 10%。参见《中华人民共和国国民经济和社会发展第十二个五年规划纲要》。

合计9505个型号的节能空调，分5批发布了合计6265个型号的平板电视，分5批发布了合计5172个型号的节能冰箱，分5批发布了合计2482个型号的节能洗衣机，分5批发布了合计1994个型号的太阳能热水器，分4批发布了合计776个型号的空气源热泵热水器，分4批发布了合计230个型号的家用燃气热水器推广目录（见表5－4）。

表5－4　　扩展执行阶段“节能家电”推广目录

“节能家电”种类	批次	企业数	型号数	国家发改委、财政部、工信部公告	发布日期
高效节能空调	第五批	27	5751	2012年第12号	2012年6月1日
	第六批	21	2730	2012年第34号	2012年9月12日
	第七批	4	20	2012年第37号	2012年10月25日
	第八批	7	635	2012年第47号	2012年12月17日
	第九批	13	223	2013年第6号	2013年2月7日
	第十批	9	146	2013年第26号	2013年4月27日
高效节能平板电视	第一批	9	1460	2012年第11号	2012年6月1日
	第二批	22	1552	2012年第28号	2012年8月19日
	第三批	26	1713	2012年第48号	2012年12月17日
	第四批	20	1260	2013年第7号	2013年2月7日
	第五批	13	280	2013年第28号	2013年4月27日
高效节能家用电冰箱	第一批	47	2321	2012年第14号	2012年6月15日
	第二批	52	1876	2012年第31号	2012年9月12日
	第三批	7	184	2012年第43号	2012年12月17日
	第四批	23	567	2013年第9号	2013年2月7日
	第五批	16	224	2013年第27号	2013年4月27日
高效节能电动洗衣机	第一批	29	1410	2012年第15号	2012年6月15日
	第二批	35	888	2012年第32号	2012年9月12日
	第三批	13	226	2012年第46号	2012年12月17日
	第四批	12	238	2013年第8号	2013年2月7日
	第五批	9	80	2013年第25号	2013年4月27日
高效太阳能热水器	第一批	20	371	2012年第16号	2012年6月15日
	第二批	88	1020	2012年第29号	2012年8月30日
	第三批	75	461	2012年第50号	2012年12月17日
	第四批	14	82	2013年第10号	2013年2月7日
	第五批	12	60	2013年第24号	2013年4月27日

续表

"节能家电"种类	批次	企业数	型号数	国家发改委、财政部、工信部公告	发布日期
高效节能空气源热泵热水器	第一批	31	488	2012 年第 17 号	2012 年 6 月 15 日
	第二批	32	236	2012 年第 33 号	2012 年 9 月 12 日
	第三批	6	32	2012 年第 49 号	2012 年 12 月 17 日
	第四批	4	20	2013 年第 13 号	2013 年 2 月 7 日
高效节能家用燃气热水器	第一批	15	147	2012 年第 18 号	2012 年 6 月 15 日
	第二批	8	71	2012 年第 30 号	2012 年 9 月 12 日
	第三批	3	7	2012 年第 44 号	2012 年 12 月 17 日
	第四批	2	5	2013 年第 14 号	2013 年 2 月 7 日

（五）戛然而止（2013 年 5 月 31 日）

虽然 2012 年 5 ~6 月出台的 7 个"节能家电"推广实施细则规定了一年的推广期限（2012 年 6 月 1 日 ~2013 年 5 月 31 日），但"节能家电补贴推广政策"终止得仍然非常"突然"。2013 年 4 月 27 日，国家发改委、财政部、工信部还发布了平板电视、空调、洗衣机、电冰箱、太阳能热水器等 5 种"节能家电"产品的推广目录（见表 5 - 4），仅仅一个月后（5 月 27 日），国家发改委、财政部、工信部就发出了《关于停止节能家电补贴推广政策的通知》（见表 5 - 1），该通知宣布："节能家电补贴推广政策到期后停止执行，即从 2013 年 6 月 1 日起，消费者购买上述五类节能家电产品不再享受中央财政补贴政策。"该通知给出的解释是：政策期限已满且已经基本实现预期政策目标。这个解释并没有真正揭示出政策终止的原因。之后，国家审计署于 6 月 21 日发布了 2013 年第 25 号公告①。从公告内容上我们发现了政策终止的真正原因。公告指出，在 2011 年和 2012 年的审计中，中央财政预算本级和转移支付给天津、河北等 18 个省、直辖市②的"三款科目"③ 共 5044 个项目（涉及资金 621.09 亿元），其中有 348 个项目单位挤占挪用、虚报冒领"三款科目"资金高达 16.17 亿元，占全部审计资金额

① 即《5044 个能源节约利用、可再生能源和资源综合利用项目审计结果》。

② 相关省市有：天津、河北、辽宁、吉林、黑龙江、上海、江苏、安徽、福建、山东、湖北、湖南、广东、重庆、四川、云南、陕西、甘肃。

③ "节能环保类三个款级科目资金"简称"三款科目"资金，包括能源节约利用（21110 款）、可再生能源（21112 款）和资源综合利用（21113 款）。

的2.6%。珠海格力、宝鸡长岭等8家涉及“节能家电补贴推广政策”的企业，共虚报冒领相关资金9061.84万元，约占查出问题资金的5.6%（见表5－5）。可以说，正是出现了这些问题后，政策主管部门才立即终止了这项政策。

表5－5　　虚报冒领“三款科目”资金“节能家电”企业情况

序号	责任单位	主要问题	涉及金额（万元）
1	广东省珠海格力电器股份有限公司高效节能空调推广项目	项目单位通过多报节能空调销售安装数量，违规获得中央财政高效节能空调推广补贴资金	2157.76
2	陕西省宝鸡长岭冰箱有限公司节能产品惠民工程家用电冰箱推广项目	项目单位通过虚报电冰箱推广申报资料，骗取中央财政五大类节能家电推广补贴资金	2093
3	广东TCL空调器（中山）有限公司高效节能空调推广项目	项目单位通过多报节能空调销售安装数量，违规获得中央财政高效节能空调推广补贴资金	1830.88
4	广东省中山格兰仕日用电器有限公司高效节能空调推广项目	项目单位通过多报节能空调销售安装数量，违规获得中央财政高效节能空调推广补贴资金	1779.4
5	四川长虹空调有限公司高效节能空调推广项目	项目单位通过虚报节能空调销售安装数量，套取中央财政高效节能空调推广补贴资金	981.78
6	广东美的制冷设备有限公司高效节能空调推广项目	项目单位通过多报节能空调销售安装数量，违规获得中央财政高效节能空调推广补贴资金	118.3
7	广东省广州数码乐华科技有限公司高效节能平板电视推广项目	项目单位通过将中标公布之前销售的彩色电视机纳入申报范围，违规获得中央财政五大类节能家电推广补贴资金	63
8	安徽省中国扬子集团滁州扬子空调器有限公司高效节能空调推广项目	项目单位通过虚假申报材料，违规获得中央财政高效节能空调推广补贴资金	37.72

二、“节能家电补贴推广”政策的执行结果

根据政策制定者的初衷，“节能家电补贴推广政策”共有四大目标：一

是扩大消费、振兴产业；二是提高能效、优化结构；三是节电省钱、惠及百姓；四是形成推广高效节能产品的长效机制。① 可以说，在政策执行期间，基本上实现了前三大目标（见表5－6）。对此，国家审计局2013年第25号公告也给予了肯定，指出：中央财政“通过以奖代补、补贴终端消费者等方式支持地方和企业实施资源能源节约利用项目，鼓励居民购买节能产品，在引导、促进节能环保政策措施落实方面发挥了积极作用”。

表5－6　　　　“节能家电补贴推广政策”成效

政策目标	扩大消费、振兴产业	提高能效、优化结构	节电省钱、惠及百姓
审慎执行阶段（2009年6月1日～2009年12月31日数据）①	推广高效节能空调500多万台，是2008年全年的5倍，拉动消费需求200亿元	高效节能空调市场占有率从推广前的5%上升至50%。一些市场占有率高的空调生产企业已经停止生产4级和5级能效的空调产品	仅高效节能空调这一个项目，每年就能节约用电15亿度。高效节能空调价格大幅下降
强力执行阶段（2009年6月1日～2010年12月31日数据）②	推广高效节能空调3400多万台，拉动消费需求700多亿元	高效节能空调的市场占有率从推广前的5%上升至70%以上。原三、四、五级低能效空调已全部停止生产，行业整体能效水平提高24%	每年高效节能空调一项就能节电100亿度。高效节能空调价格从推广前每台3000～4000元下降到2000元左右，累计节约百姓购买费用300亿元
扩展执行阶段（2012年6月1日～2013年5月31日数据）③	推广五类节能家电6500多万台，拉动消费需求超过2500亿元	节能家电市场份额大幅扩大，节能平板电视的市场占有率已高达93%，节能空调、冰箱、洗衣机的市场占有率分别达到53%、57%和46%。促进了节能家电规模化发展，带动了生产成本的降低	带动了节能家电销售价格的普遍降低，让广大消费者享受到了实惠

资料来源：①《解振华副主任出席十一届全国人大三次会议记者招待会，就节能减排和应对气候变化问题答记者问》，国家发改委网站。另据统计，2009年6月1日～2010年5月31日，共推广高效节能空调1956.1996万台。《关于印发2009年度高效节能空调推广情况通报的通知》（发改办环资〔2010〕2969号）。

②《十一五节能减排回顾：节能产品惠民工程有明显成效》，中央政府门户网站。

③财政部新闻办公室：《节能家电补贴推广政策成效显著》，财政部网站。

25号公告对问题的披露和“节能家电补贴推广政策”的戛然而止也说明，

① 参见如下两篇报道：1.《“节能产品惠民工程”有效扩大内需促进节能减排——国家发展改革委副主任解振华答记者问》，国家发改委网站。2.《实施“节能产品惠民工程”加快推广高效节能产品——国家发展改革委环资司司长赵家荣答记者问》，国家发改委网站。

政策制定者预期的第四大目标并没有实现，“节能家电”补贴推广政策组合执行部分失败。从实际效果看，该政策组合执行部分失败还是带来了多方面的负面影响：一是相关企业的信誉度受到直接损害，特别是在政府采购市场上，相关企业的违规信息将被作为不诚信行为记录在案，很大程度上降低这些企业再次获得政府采购的机会。二是整个家电行业的声誉受到损害。据报道，国家审计署公报公布后，整个家电上市公司的股票大跌。6 月 24 日，家电版块收盘时跌幅为 4.43%，其中格力跌 4.06%，TCL 跌 9.32%。[①] 三是“节能家电补贴推广政策”和“节能产品惠民工程”的整体效果都受到怀疑。例如，有评论指出，对于“节能家电补贴推广政策”而言，“‘骗补’只是业内不公开的秘密”，国家审计署的公报只不过是“捅破了这层窗户纸”[②]。

第三节 “节能家电补贴推广”政策执行中的薄弱环节分析

正如国家审计署 25 号公告揭示的，“节能家电”补贴推广政策组合的失败集中表现为少数企业“虚报冒领”中央的补贴资金——骗补。然而，这些骗补行为发生的内因是什么？为何监管措施没有能够抑制住这些骗补行为呢？这一政策的执行失败反映了中国政策执行中的哪些薄弱环节？这是人们在谴责这些企业的骗补行为的同时，应该深入思考的问题。

一、“节能家电补贴推广”政策执行部分失败的原因

在特定政策组合中，一个主体的行动选择，受到自身的利益诉求、自身的能力限度，以及外部压力的制约，是对这三者综合作用的反映。那么，在“节能家电”补贴推广政策组合中，相关主体的利益诉求、能力限度，以及受到的外部压力都有哪些呢？在这三者的综合作用之下，各主体“必然”的行动选择又是什么呢？揭示清楚这些，将有利于人们认识清楚“节能家电补贴推广政策”部分失败的深层次原因所在。

① 《回顾 2013 年空调政府采购市场八大看点》，国家发改委网站。

② 《骗补近 7000 万元，空调六厂商遇诚信危机》，《政府采购信息报》2013 年 7 月 1 日。

由前述“节能家电”补贴推广政策组合的内容可以看到，其主体分为中央、地方、企业、消费者和其他协助性部门与组织等5个层面。中央政府层面的主体包括国家发改委、财政部、工信部等部委；地方政府层面主要由各级财政部门和发改委等节能主管部门负责；企业层面包括“节能家电”生产推广企业和各级经销商；消费者[①]；其他协助性的政府部门和组织（见后）。在“节能家电”补贴推广政策组合的执行中，各主体的利益诉求、能力限度及受到的外部压力如表5－7所示。

表5－7　“节能家电”补贴推广政策组合相关主体的利益诉求、能力限度及受到的外部压力

<table>
<tr><th colspan="2">主体</th><th>利益诉求</th><th>能力限度</th><th>外部压力</th></tr>
<tr><td rowspan="3">政府层面</td><td>国家发改委</td><td>能够较多地推广“节能家电”产品，顺利完成“十一五”“十二五”规划节能目标</td><td>监管力量不足</td><td>国务院对完成“十一五”“十二五”规划节能目标的要求</td></tr>
<tr><td>财政部</td><td>补助资金能够确实、安全补贴到购买“节能家电”的消费者手中</td><td>监管力量不足</td><td>国务院对完成“十一五”“十二五”规划节能目标的要求；审计部门对资金安全的监督</td></tr>
<tr><td>工信部</td><td>消费者购买到的“节能家电”产品都是符合国家标准的</td><td>监管力量不足</td><td>国务院对完成“十一五”“十二五”规划节能目标的要求</td></tr>
<tr><td rowspan="2">地方政府层面</td><td>各级财政部门</td><td>1. 本区域相关企业及其产品能够更多获得补贴资格与补贴资金
2. 本区域相关企业能够守法经营，不要骗补，或者其骗补行为不要被发现</td><td>监管力量不足</td><td>财政部、国家发改委的专项检查</td></tr>
<tr><td>各级节能主管部门</td><td>1. 能够较多地推广“节能家电”产品，顺利完成区域性节能任务
2. 本区域相关企业能够守法经营，不要骗补，或者其骗补行为不要被发现</td><td>监管力量不足</td><td>财政部、国家发改委的专项检查</td></tr>
</table>

① 消费者在政策组合执行中需要完成两项工作。第一，在享受“节能家电”补贴的同时，消费者要向终端销售商提供个人身份证复印件及联系方式等，以供终端销售商作为销售依据上报上级经销商、生产企业和政府部门。第二，消费者应积极配合节能主管部门、财政部门，及其委托的社会调查机构对“节能家电补贴推广政策”实施情况监督检查，如入户调查、电话调查、现场走访等。因其在政策组合执行中几乎完全处于被动地位，对政策执行部分失败的影响微弱，所以在后面不再对其进行专门分析。

续表

主体		利益诉求	能力限度	外部压力
企业层面	生产推广企业	1. 产品能够获得更多的补贴资格和补贴资金 2. 产品性能和推广数量达到规定的要求 3. 骗补行为不要被发现	对经销商有足够的监管能力	地方财政部门、节能主管部门的日常核查。财政部、国家发改委的专项检查
	各级经销商	1. 能够分得更多的补贴资金 2. 推广数量达到要求 3. 骗补行为不要被发现	经销能力不足	生产推广企业的监管
消费者		购买到物美价廉的商品	消费能力	无

根据其在政策组合执行中基本利益诉求和行动选择的不同，上述主体可以分为两大类：一是推广经销主体，包括生产推广企业和经销商。它们的利益诉求和行为构成骗补的“内因”。二是监管主体，包括中央政府和地方政府层面的有关政府部门，以及协助性的政府部门和组织。它们构成骗补行为的“抑制力量”。在既定政策组合执行过程中，骗补行为的发生，正是这两类主体博弈的结果。

（一）推广经销主体的行动选择

推广经销主体包括生产推广企业和经销商。《高效节能产品推广财政补助资金管理暂行办法》规定“生产企业是高效节能产品推广的主体”，不仅要负责推广“节能家电”产品，还需要编制节能产品的申报材料和推广材料。经销商是“节能家电”补贴推广政策组合执行链条中重要的但却被忽视的一环。之所以说其重要，是因为：第一，经销商活跃在“节能家电”推广的第一线，肩负着“节能家电”推广的直接责任，在政策执行中很大程度上扮演着“街头官僚”的角色。第二，经销商是推广情况原始数据的编制者，他们直接决定着填报数据的真实性。第三，经销商数量极其庞大①，能否对其有效监管是决定“节能家电”补贴推广政策组合执行成败的关键原因之一。之所以说其被忽视，是因为：在相关的政策文本中，找不到任何关于他们的规定。按照与生产企业的关系，经销商基本上可以分为两类，一类是企业自己的经销商（直营模式），另一类是独立经销商（代理模

① 例如，为了执行“节能家电补贴推广政策”，康佳集团需要与两万多经销商进行沟通。赵秋玥：《节能产品惠民工程：争议中落幕》，《电器》2013 年第 7 期。

式）。在家电行业，除海尔、西门子、伊莱克斯及科龙冰箱等少数企业采用直营模式外，大多数企业采用的是代理模式①，而对于终端经销商——零售商而言，几乎全部是代理模式。因此可以说，“节能家电”的推广实际依靠的主要是具有独立法人地位的经销商。由此也造成单纯依靠生产企业并不能对经销商进行有效监管。综合而言，生产推广企业和经销商在政策组合的执行中主要有两种可能的行动选择：

一是积极争取补贴资金，加强“节能家电”产品生产推广，努力完成推广指标。在这点上，两者是一致的。家电产业发展的基本方向是节能，中央政府出台专门政策并拨出专项资金大力支持“节能家电”的发展，这对于家电企业来说是极大的利好消息。因此，有实力的企业一定会积极争取补贴资金，提升自身“节能家电”产品的生产能力和推广范围，并努力完成推广指标（相关政策组合对推广企业是有着明确的推广指标要求的，见表5-8）。这一点从“实施细则”公布后各个家电企业积极申请补贴资金的现象中可以看出。对于各类经销商而言，“节能家电”产品的销售量关系着其获取的补贴资金数额，为了得到更多的补贴资金，经销商会加大力度推销“节能家电”产品。

二是在完成推广指标有压力，同时认识到监管和惩戒力度不大的情况下，生产企业和经销商有可能会“结盟”骗补。生产、经销企业的推广销售能力受到多方面条件的限制，如本企业经销系统的推销能力、独立经销商的推销能力、消费者的购买力等。从实际看，对于一些企业来说，完成推广指标存在一定的困难。在这方面，有报道指出，虽然大企业完成这个推广规模的门槛并不算难事，但“对于中小企业和热泵热水器行业而言，最低推广规模成为难以跨越的鸿沟”②。因此，一些最初只是为了进入推广企业目录、想借此提升品牌影响力的中小企业纷纷表示：“除非采用特别手段，否则能难完成规定的推广数量。”③ 他们说的“特殊手段”主要有两种：一种是亏本销售，这是企业几乎不会选择的；另一种就是铤而走险，与经销商“结盟”骗补。这在家电企业认识到相关监管并不严、惩戒力度并不大的情况下很有可能成为“更可行”选择。

但是，推广经销主体到底选择哪种行动，则又取决于其受到的外部限

---

① 郑利：《中国家电企业的营销渠道模式分析》，《市场周刊（理论研究）》2012年第5期。

②③ 赵秋玥：《节能产品惠民工程：争议中落幕》，《电器》，2013年第7期。

制——监管主体的监管意愿和监管能力，以及预期惩戒的严重性。

表 5-8　　　　“节能家电”产品年推广指标

“节能家电”产品	年推广指标
空调（2009 年 5 月、2012 年 5 月）	不少于 10 万台（套）
平板电视	不少于 50 万台
家用电冰箱	不少于 10 万台
家用燃气热水器	不少于 3 万台
太阳能热水器	不少于 5 万台（套）
空气源热泵热水器	不少于 1 万台（套）
电动洗衣机	不少于 10 万台

资料来源：相关《实施细则》。

（二）监管主体的监管意愿和能力限制

面对推广经销主体的两种行动选择，如果监管主体的监管意愿和监管能力足够强，则在很大程度上能够抑制前者的“骗补”选择；反之，则不能抑制，甚至还能诱发前者的“骗补”行为。那么，在该政策组合的执行中，监管主体的监管意愿和监管能力到底是怎样的呢？

1. 中央政府的监管意愿及其能力限制

国家发改委、财政部、工信部等中央部委，不仅是“节能家电”补贴推广政策组合的制定主体，也是该政策执行的主要监管部门，负责最终审核并公布推广企业及其产品的规格型号，最终审核并拨付补贴资金，对“节能家电”产品推广情况开展专项检查，以及制定“节能家电”产品标准、指导家电行业的发展。对于节能减排，作为国务院的组成部门和“节能产品惠民工程”的中央责任部门，国家发改委、财政部、工信部都感受到了来自国务院领导层的巨大压力。因此，这些代表中央政府的部委有着强烈的意愿去制定“节能家电补贴推广政策”并监管其顺利实施。

但是，监管力量严重不足又成为限制这些部委监管能力的主要因素。国家发改委、财政部、工信部这三个部委内部都设有不同的内设机构，而内设机构之间是有明确的职责分工的。这样一来，节能家电补贴推广政策的审核和检查工作事实上就变成了某个司局，甚至某个处室的职责。而负责这件事情的某个司局、某个处室又不可能仅仅负责这一项工作，结果就是相关工作往往成为某个司局或某个处室内数量有限的工作人员在特定时期内的工作任务之一。由此造成的实际执行情况可能是，相关的审核工作主要依赖于地方政府相关部门上报的数据；除特殊地方和特殊项目①之外，专项检查工作也往往委托给第三方“产品检测机构”来②。所有这些环节都极有可能降低审核以及专项检查工作的质量。需要强调的是，在规定期限内完成节能减排指标的巨大压力下，中央政府相关部门制定并执行好“节能家电补贴推广政策”的强烈意愿会被放大、被强化，而相关的监管则会出现被无形中放松的结果。

2. 地方政府的监管意愿及其能力限制

在“节能家电”补贴推广政策组合的执行中，地方政府的监管职责是审核生产企业的推广资格申请材料和推广情况的相关材料，通过自己财政部门将中央的补助资金拨给推广企业并对企业的推广情况进行日常核查等。与中央政府相比较，地方政府在履行这些职责时，一方面监管意愿有所降低，另一方面同样受到监管能力不足的制约。

地方政府有其特定的监管职责，因此有一定的监管意愿。但另一方面，地方政府的监管意愿又受到其自身利益诉求的影响。“节能家电”补贴推广资金实际上是中央对地方的一种专项转移支付，有利于地方提振经济、扩大就业、完成节能减排任务，以及营造良好的政府形象。因此，地方对于这项政策无疑是积极欢迎的。这在相关报道中能够明显表现出来。这里仅举一例说明情况：2010 年 6 月 1 日，安徽省政府召开“全省节能工作会议”，省发展改革委主任在会议上强调，要坚决完成节能目标责任，“加大向国家申报工作力度”，“积极争取国家资金支持”③。同时，地方政府的工作成绩很大程度上来自于本地企业的贡献。因此，地方政府有着保护本地重要企业的自发倾向。在这样的情况下，地方政府希望本地企业更多地列入“节能家电”补贴推广目录并愿意为这些企业服务，结果就是地方政府不愿意本地企业及其产品在申报材料审核、日常核查和专项检查中出现问题。因此，受到其自身利益诉求的影响，地方政府的监管意愿往往会降低，而其监管行为则会成为“例行公事”，为本地企业“不出问题”而保驾护航。

同时，地方政府也面临着和中央政府一样的监管能力不足问题。中国政

① 如特别重要的省份和感觉到容易出问题的项目。

② 经财政部、国家发改委委托的产品检测机构，应配合地方财政部门、节能主管部门加强对“节能家电”产品能效及质量的监督管理。参见《关于加强节能产品惠民工程管理工作的通知》。

③ 《省发展改革委采取十项措施确保实现“十一五”节能目标》，安徽省发改委网站。

府体制的一个基本特征是，政府管理部门内部设有不同的机构，每一个机构在特定时期内都面临着多项任务，要完成多项目标。① 因此，与中央政府一样，地方政府的相关管理部门也面临着监管力量不足的限制。在这一体制性问题的制约下，上级政府只能严重依靠下级政府的“认真工作”。而直接监管相关企业的政府部门则往往又没有强烈的意愿和足够的力量去审核申报企业和推广企业相关数据的真实性。在这种情况下，政府得到的相关数据的真实性恐怕只能依靠企业的“良心”了。

3. 协助性政府部门和组织的监管意愿和能力限制

根据相关规定，“节能家电”补贴推广政策组合执行中还涉及一些协助性的政府部门和组织，主要包括新闻传媒组织、各地节能监察（技术服务）中心、投资评审中心、社会调查机构、居委会、物业公司、各级工商部门、质量监督部门、产品检测机构等。根据其功能的不同，这些协助性的政府部门和组织基本可以分为两类：一类在宣传推介环节发挥作用，主要功能是推进政策的执行。如新闻传媒组织采取多种方式向公众介绍“节能家电补贴推广政策”的内容，以加深消费者对这一政策的理解认知，取得其对监督管理工作的支持配合。另一类，也是主要的一类，是在监管环节发挥作用，主要是保证政策组合能够得到有效执行。主要是：第一，节能监察（技术服务）中心、投资评审中心配合各级工业和信息化主管部门，做好“节能家电”企业及其产品能效的审核与监督检查工作。第二，经省级财政部门、节能主管部门委托，有能力的社会调查机构对“节能家电”产品推广信息以及相关标识情况（产品序列号、发票号、销售时间、销售价格）进行核实。在此过程中，社会调查机构要协调好与居委会、物业公司的关系，后二者应支持配合前者的工作。第三，各级工商部门、质量监督部门，以及经财政部、国家发展改革委员会委托的产品检测机构，配合地方财政部门、节能主管部门加强对“节能家电”产品能效及质量的监督管理。②

然而，这些政府部门和组织能否保证政策组合得到有效执行呢？答案恐怕是否定的。原因在于：第一，这些政府部门和组织在“节能家电”补贴推广政策执行中不负直接责任，因此其监管意愿并不强。第二，其中的政府

① Stern，Rachel and Kevin O'Brein. “ Politic at the boundary：mix signals and the Chinese state”，*Modern China*，2012，38（2）：175 - 199.

② 参见《关于加强节能产品惠民工程管理工作的通知》。

部门有其本职工作，对于“增加的”这项监管任务，同样面临着监管力量不足的限制。而对于经委托的、有能力的产品检测机构、社会调查机构而言，其权威性又不够强，监管能力同样受到限制。第三，在政策组合的执行中，有关政府部门是否真正委托这些产品检测机构、社会调查机构去进行监管，也是值得怀疑的。至少笔者没有看到任何相关的报道。

4. 预期惩戒措施

推广经销主体的行动选择，除了受到监管主体的监管意愿和监管能力的制约，还会受到预期惩戒措施的制约。如果预期惩戒措施足够严重，能够威胁到企业的发展和生存，则很可能抑制其骗补行为；反之，如果预期惩戒措施不够严重，伤害不到企业的基本利益，则很大程度上不能威慑企业的骗补行为。

虽然有关规定指出了对违规企业、相关政府部门、相关机构的惩戒措施，但纵观“节能家电”补贴推广政策组合的内容及其执行过程，其最大的风险主要还是来自于违规企业的骗补行为（见前监督管理及惩戒措施）。对于这样的行为，相关规定指出的惩戒措施主要是三条：一是通报批评；二是扣减补助资金；三是取消推广资格。关键问题是，这些惩戒措施对相关企业造成的伤害到底怎样呢？这又取决于惩戒措施的性质。这些惩戒措施基本上可以分为三类：一是获得性利益损失，即如果被发现违规，企业将不能再获得相关的利益，如扣减补助资金、取消推广资格。二是名誉性利益损失，主要表现为通报批评带来的企业名誉受损，如股票下跌。三是机会性利益损失，即来自政府的获益机会——如政府采购的减少。然而，这些惩戒措施及其结果对于企业而言，“威慑力”并不大。首先，对于获得性利益损失而言，企业最多是不能获得这些利益而已，不会损害企业的基本利益。其次，对于名誉性损失，通报批评虽然短期内可能导致企业名誉受损，但也不会根本性损害企业及其产品的形象。再次，对于机会性损失，一方面，来自政府的获益机会仅是企业全部获益机会的一部分而已；另一方面，未来还有一定的不确定性，不一定意味着相关机会的完全丧失。最后，这些损失的前提是监管中发现违规行为，但如前所述，这样的几率并不高。而政府采取的补贴“预拨”机制[①]更降低了发现违规行为的概率。

---

① 即财政部根据推广企业月度推广情况，预拨给推广企业下个月的补助资金。见前政策组合内容。

至此，“节能家电”补贴推广政策组合执行部分失败的内在原因已经非常清晰：首先，推广经销主体有两种行动选择：一种是按照相关规定，规规矩矩执行政策；另一种是违反相关政策，获得不当利益，即骗补。其次，推广经销主体到底选择哪种行为，则取决于监管的有效性和预期惩戒措施的严重性。如果监管是有效的，预期惩戒是严重的，很大程度上可以抑制其骗补行为；相反，则不能有效抑制，甚至还能诱发其骗补行为。再次，可惜的是，监管主体普遍面临着监管能力不足的制约，而监管意愿则有随着政府层级降低而下降的趋势。最后，同样可惜的是，设定的预期惩戒措施并不严重，不能有效威慑推广经销主体的违规行为。在上述情况下，推广经销主体骗补行为的发生，就有了很大的“可行性”。①

二、中国政策执行系统“薄弱环节”位置、根源、外部条件

如果将“节能家电”补贴推广政策组合执行的部分失败放进中国转型期的特定时代背景中去，就会发现其并不“孤单”。可以说，改革开放以来，特别是20世纪90年代中国进入快速转型期以来，在节能减排、环境治理、食品安全、房地产调控等最终对象为普通公众的大量政策执行中，相当程度上存在着或隐或现的政策执行失败。这说明，中国当前的政策执行失败往往并不是“特例”，而很可能是结构性、时代性的问题。对这一问题，结合上述案例分析，本书特提出如下四个观点。

（一）中国政策执行系统“薄弱环节”的位置

正如本书案例所揭示的，在政府系统与政策的最终对象（消费者）之间，存在着政策执行的重要主体（“节能家电”的生产推广企业和各级经销商）。这些主体实际上掌握着政策执行的自由裁量权：政府系统要依靠他们来执行政策；在政策的最终对象（消费者）眼里，他们俨然是政策执行中的“街头官僚”。其实在我国最终对象为普通公众的大量的政策

① 然而，需要说明的是，这一分析绝不是“暗示”所有的企业都存在骗补行为。因为，第一，虽然存在问题，但同样不可否认，监管和预期惩戒措施还是发挥着相当作用的。相关企业的骗补行为并不是轻而易举的，骗补的后果也是有一定的严重性的。第二，大多数入选补贴推广名单的家电企业还是非常珍视自己的声誉的，也是非常重视自己与政府的关系以及来自政府的获益机会的。

执行中，几乎无一例外地存在着这样一种“执行性主体及其行为”。例如，在食品安全领域，政府部门要通过数量极其庞大的各级各类食品生产企业、批发商和零售商来执行相关政策；在房地产调控领域，一个由多个多级房地产商、房产销售商、房产中介组成的网络构成了一个特殊的“执行性主体”。在现代政策执行系统中，大多数国家的政策执行几乎存在着这样一种政府系统和普通公众之间的“执行性主体及其行为”问题，但在中国的特定场景下，这样一种政策执行主体往往依靠其在政策执行中的主动地位，不那么规矩地执行政策，使得来自政府系统的政策到了这里往往就会变形、走样，使带着营养的“政策之水”在最后一公里“断裂”“改道”，由此形成中国政策执行系统中特定的“薄弱环节”。即中国政策执行系统的“薄弱环节”就是政府系统与普通公众之间的“执行性主体及其行为”。称其为“薄弱环节”，是因为公共政策到达这一“执行性主体”时，往往会与政策的设计理念、利益流向等“断裂”，经过这一主体后，政策的理念等往往会以重新改造后的样子出现在政策的最终对象（普通公众）面前。家电补贴推广政策中普遍存在的骗补行为，就是这样一条“薄弱环节”存在的明证之一。

（二）“薄弱环节”的根源

从当代中国历史发展的进程来看，这样一条“薄弱环节”的产生和存在，是中国转型期的特定产物之一，根源于中国政府治理转型的不彻底和社会结构变迁的不成熟，是这两者综合作用的结果。首先，“薄弱环节”的重要根源在于中国治理转型的不彻底。正如前述案例所揭示的，“薄弱环节”的重要表现之一，是政府系统将政策执行权比较“放心地”交给“薄弱环节”上的“执行性主体”。而这正是计划经济体制下政府治理的行为方式。在计划经济体制下，企业组织附属于政府部门，同时也在很大程度上承担着政府的政策执行职责，形成中国特有的政策执行结构。由于受到政府的严格控制，企业几乎没有“胆量”违规执行政策，这基本保证了政策执行的有效性。然而，在改革开放30多年之后的市场经济体制之下，政府和企业之间的关系已经发生了根本性变化：企业已经不再是政府的“附属物”，而成为了自主经营、自负盈亏的利益主体；政府也不能再像计划经济体制下那样控制企业，只能进行宏观调控和政策引导。在这些转变已经发生的情况下，如果政府治理转型跟不上，还像计划经济体制下那样将政策执行权“交给”企业，无疑将面临较高的失败率。其次，“薄弱环节”的另一个重要根源在于中国社会结构变迁的不成熟。改革开放以来，中国的社会结构发生了巨大而深刻的变迁。其中的一个重要内容，就是相当数量来源于社会中下层的成员通过自己的努力，获得了自身财富的增加和社会地位的提升。这是社会进步的体现，是值得肯定的。然而另一方面，中国的社会结构变迁仍然处于进程之中，还不定型、不成熟。一个重要表现是，很多经历过贫穷、发迹于改革开放以来的社会成员对物质利益的追求较为强烈，而“守规矩”的意识则较为薄弱。再加上整体法治环境并不强，这导致其一旦执行政策，往往就会较为“大胆地”“不加分别地”追求自身利益，由此极有可能发生违规行为，带来政策的变形、走样。

（三）“薄弱环节”损害作用发生的外部条件

“薄弱环节”损害作用的发生，有其内因，也需要一定的外部条件。从整个政策过程来看，这些外部条件主要包括以下三个方面：第一，政策制定者对“薄弱环节”及其复杂性的认识不够。政策制定是政策执行的前提，而政策制定的科学性在很大程度上又取决于政策制定者的认识程度。如果政策制定者对“薄弱环节”及其复杂性有着清醒的认识，能够采取有效的预防措施，则在很大程度上可以防止“薄弱环节”损害作用的发生。反之，如果像本书案例那样，政策制定者对“薄弱环节”及其复杂性的认识不够，而是将政策执行权“很放心”地交给“薄弱环节”上的“执行性主体”①，又没有有效措施来预防、监控和惩戒其可能带来的损害，再加上一心要其“迅速”执行政策，那么“薄弱环节”很可能就要发挥其损害作用。第二，政府系统对“薄弱环节”上“执行性主体”及其违规行为的监管能力和惩戒力度不足。在前文中，笔者主要从这方面分析了“节能家电”补贴推广政策组合执行部分失败的原因。可以说，这方面的原因也普遍适用于当前中国整个政策执行系统的“薄弱环节”，这里不再赘述。第三，普通公众的政

---

① 政策制定者认为，采取“节能家电”间接补贴方式（生产企业按正常销售价格减去财政补贴后的价格销售高效节能产品，财政根据产品推广数量和补贴标准对生产企业给予补贴）有三大优点：一是中间环节少，推广效率高。二是方便消费者，可操作性强。三是责任明确、利于监管。参见《实施“节能产品惠民工程”，加快推广高效节能产品——国家发展改革委环资司司长赵家荣答记者问》，国家发改委网站。

策认知水平和维护社会正义的意识不强。受到历史传统、经济社会发展水平和自身知识文化水平的制约，当前中国普通公众在政策执行中往往处于完全的“被动地位”，其政策认知水平和维护社会正义的意识普遍不强，这在一定程度上也助长了“薄弱环节”上“执行性主体”的“胆量”。可以说，在“薄弱环节”上的“执行性主体”本身就有着“大胆”执行政策的冲动，这三个外部条件又给了其“胆量”的情况下，政策执行的变形、走样几乎就会成为一种必然。

总之，我们认为，相当数量的政策执行并不是简单的“政府系统—普通公众”关系，在二者之间，往往还存在着相当数量的“执行性主体”，这些“主体”的意识和行为，在很大程度上影响着政策执行的效果，甚至决定着政策执行的成败。在中国，由于政府治理转型的不彻底和社会结构变迁的不成熟，这些“执行性主体及其行为”构成政策执行系统的“薄弱环节”，在很多情况下成为政策执行失败的渊薮。这是本书最为重要的发现。既有的相关研究虽然分析了中国政策执行系统的“漏洞”，但并没有指出这些“漏洞”中哪个或哪些是最重要的、最为关键的。如果仔细观察的话，当前的中国高层政府并不缺乏政策制定的智慧，而且一定程度上，很多政策的制定理念是非常先进的，政策措施是非常明确的。在执行过程中，政府系统虽然存在监管能力不足、急于求成等问题，但毕竟还是一个统一的“系统”，在这一“系统”中政策还不至于发生特别严重的变形、走样。关键问题在于，当政策出台以后，进入政府系统和普通公众之间的“执行性主体”时，经常发生政策制定者不愿意见到的变化——“断裂”，进而导致政策执行的失败。因此说，这些“执行性主体及其行为”才是中国政策执行过程的“薄弱环节”。

第六章　提升地方政府执行力的路径选择

在前面结合典型案例分析了我国政策执行模式的特征、地方政府执行力的影响因素、变迁及薄弱环节的基础上，本章按照第一章提出的研究思路和框架，旨在从理论上分析并提出提升我国地方政府执行力的路径选择。

正如第一章所述，从政策执行和地方政府执行力研究的发展来看，当前的研究已经进入了从理顺官僚制结构、构建协调的公共治理网络两个方面来分析地方政府执行力问题的阶段。在这样一个阶段，认识和研究地方政府执行力问题，一是要着眼于官僚制结构——政府体制本身，因为官僚制结构中的各级各类政府机构是政策制定和执行的重要主体，在政策制定和执行中肩负着不可推卸的责任。二是要发挥各类主体的积极作用。在现代社会，政府之外的各类主体——企业、社会组织、公民等——也广泛参与政策执行，在政策执行中也发挥着重要的作用，研究地方政府执行力问题，自然也要对这些主体及其与政府主体共同构成的治理网络给予足够的关注。因此，解决地方政府执行中存在的问题，提升地方政府的执行力，也要从这两个方面着手。

第一节　理顺官僚制结构与提升地方政府执行力

如前所述，理顺官僚制结构对于提升地方政府执行力具有基础性意义，因为一个国家的官僚制结构规定了该国政府组织中各主体的基本权责、地位和关系，而这些则从深层次上决定了处于该官僚制结构中的各级各类政府组织在政策执行中能够调动和使用的各种资源的多少，从而也就决定了各级各类政府组织的执行力。作为一个“超大型国家”，在政策执行方面我国的官僚制结构具有特殊的复杂性，这些复杂性对地方政府的政策执行有着多方面的影响，提升地方政府执行力，应着眼于发挥现有的官僚制结构对政策执行的有利影响，同时通过组织变革，克服其不利的一面。

一、我国官僚制结构的复杂性

在我国，官僚制结构是指从中央到基层各级各类政府主体之间的搭配和安排。当代中国政府的官僚制结构是由各级各类主体构成的复杂整体。其复杂性体现在三方面。

（一）众多的政府主体

国家统计局网站年度统计数据显示，截至 2015 年底，全国共有 39789 个乡镇级政府，其中包括 11315 个乡政府、20515 个镇政府、7957 个街道办事处；2850 个县级政府，其中包括 117 个自治县政府、1397 个县政府、361 个县级市政府、921 个市辖区政府；334 个地市级政府，其中包括 291 个地级市政府；34 个省级政府，其中包括 23 个省（包括台湾省）、4 个直辖市、5 个自治区、2 个特别行政区。

（二）主体间关系性质的复杂性

在这些主体之间的关系上，既有一致性的方面，又有不一致的方面。一致性的方面主要体现在单一制的国家结构上。在单一制的国家，地方政府在性质上是中央政府的派出机构，其权力来自中央政府的授权，因此地方政府应当服从中央政府的领导，执行中央政府的政策，相应的，下级政府应服从其所属的上级政府的领导，执行上级政府的政策。《中华人民共和国宪法》第八十九条的规定就是这一问题的依据，即国务院“统一领导全国地方各级国家行政机关的工作，规定中央和省、自治区、直辖市的国家行政机关的职权的具体划分”，有权“改变或者撤销地方各级国家行政机关的不适当的决定和命令”。第一百零八条规定：“县级以上的地方各级人民政府领导所属各工作部门和下级人民政府的工作，有权改变或者撤销所属各工作部门和下级人民政府的不适当的决定。”第一百一十条规定：“地方各级人民政府对上一级国家行政机关负责并报告工作。全国地方各级人民政府都是国务院统一领导下的国家行政机关，都服从国务院。”这些单一制国家的规定性，即使在特别行政区这样中央政府授予的权力最大的地方政府，也是一样的。例如，2007 年 6 月 6 日，在纪念香港特别行政区基本法实施 10 周年座谈会上，吴邦国委员长明确指出：“香港特别行政区的高度自治权来源于中央的授权”，“我国是单一制国家。香港特别行政区的高度自治权不是香港固有的，而是由中央授予的”，“中央授予香港特别行政区多少权，特别行政区就有多少权，没有明确的，根据‘基本法’第二十条的规定，中央还可以授予，不存在所谓的‘剩余权力’问题”①。2017 年 5 月 27 日，在纪念《香港特别行政区基本法》实施 20 周年年度谈会上，张德江委员长表示，在“一国两制”下，中央与香港特别行政区的权力关系是授权与被授权的关系，而不是分权关系，在任何情况下都不允许以“高度自治”为名对抗中央的权力。

不同主体之间的关系上不一致的地方主要体现在单一制国家结构下地方政府地位的不同，以及中央政府对地方政府授权的不同。主要体现在：第一，直辖市的政治、经济地位比作为一般地方政府的省要高，例如，四个直辖市的市委书记一般由政治局委员担任，上海、北京、天津等直辖市在中国经济发展中有着非常重要的作用。第二，自治区、自治州、自治县等民族区域自治地方除了行使《宪法》第三章第五节规定的地方国家机关的职权之外，同时依照《宪法》和《民族区域自治法》以及其他法律规定的权限行使自治权，可以根据本地方的实际情况贯彻执行国家的法律、政策。第三，香港、澳门两个特别行政区根据两个《特别行政区基本法》的规定，在辖区内实行高度自治，享有行政管理权、立法权、独立的司法权和终审权。

（三）“条块关系”引起的复杂性

除此之外，中国政府官僚制结构的复杂性还体现在复杂的“条块关系”上。与世界其他国家相比，“条块关系”是中国政府官僚制结构的独特之处。条块关系就是“条条”“块块”之间的关系。所谓“条条”，是指从中央延续到基层的各层级政府中职能相似或业务内容相同的职能部门。所谓“块块”是指省、地、县、乡四个层级的地方政府。“条块关系”就是以纵向层级制和

① “剩余权力”问题是联邦制国家结构理论中的问题，指的是在联邦制国家结构下，联邦成员政府是权力的来源，联邦政府的权力来自于联邦成员的共同让渡，没有让渡的剩余权力属于联邦成员政府。

横向职能制相结合为基础，按上下对口和“合并同类项”原则建立起来的从中央到地方各个层级的政府大体上同构的一种组织形式。[①] 在这里，“上下对口”是上下级政府之间在设置机构时遵循的一般原则，即上级政府设置哪些机构，下级政府一般也要设置相应机构。“合并同类项”是一种变通措施，下级政府如果没有必要完全和上级政府设置一样的机构，则可选择各大口内若干机构合并设置。“条块关系”一方面将五级政府联结起来，成为一个统一的整体，但同时也使得这样一个五级政府的官僚制结构中各主体之间的关系变得异常复杂。例如，某个地级市的政府部门，如教育局，一方面作为地级市政府的组成部门，要接受其所属的地级市政府的领导，贯彻地级市政府的政策；另一方面，在业务关系上，又要接受来自中央政府教育主管部门的指导，同时也要对辖区内下级政府教育部门的业务工作进行指导。各级政府所有的工作部门都处于这种关系中，其复杂程度可想而知。

二、复杂的官僚制结构给地方政府执行力带来的影响

上述这样一种复杂的官僚制结构，一方面给地方政府执行力带来了较大的“势能”和动力，加强了地方政府的执行力；另一方面，又给地方政府的政策执行带来了很多问题，很大程度上制约着地方政府的执行力。具体而言，其对地方政府执行力的影响如下。

（一）现行官僚制结构有利于地方政府执行力提升的一面

在当代中国的官僚制结构中，中央政府和省级政府主要负责制定政策，地市级政府、县级政府和乡级政府主要负责执行政策。省级政府起到承上启下的作用，一方面是制定政策的主体，另一方面也是执行中央政策的主体。因为，一方面，中央政府的很多政策需要省级政府来实现具体化——制定实施细则，因此省政府在很多情况下也履行着“制定政策”的职责；另一方面，按照现行的立法体制，立法权集中在中央政府和省级政府，地市级以下的三级政府只有很少数事项的立法权，这也在很大程度上决定了地市级、县级、乡级政府更多的是执行政策，而较少有制定政策的权力。

在这样一种“政策制定—执行”的官僚制之下，下述两种机制进而

① 周振超：《当代中国政府“条块关系”研究》，天津人民出版社，2009 年，第 2 页。

保证了中央政府和省级政府制定的政策在地市级、县级、乡级政府的执行。一个机制是《宪法》《地方政府组织法》等法律规定的各级政府间基本的“领导—被领导”关系。这在前面关于我国官僚体系中“主体间关系性质的复杂性”部分已有引述，这里就不再赘述了。这样一种“上级政府有权领导下级政府、下级政府要服从上级政府领导”的基本规定，就决定了下级政府有义务执行上级政府制定的政策。另一个机制是“下管一级”的干部管理体制。在这一体制下，中央政府和上级政府能够决定地方政府和下级政府领导人员的任命和升迁，这就在人事方面保证了下级政府要努力执行上级政府的政策（如果其不努力执行的话，将很可能影响其政治前途）。这样的两个机制，有力地保证了中央政府和上级政府的政策在地方政府和下级政府能够得到较为有效的执行，而地方政府和下级政府也时刻感受到了来自中央政府和下级政府的“压力”。正是基于此，一些学者将当代中国的这样一种政策执行体制称为“压力型体制”。①

（二）现行官僚制结构制约地方政府执行力的一面

我国现行官僚制结构也具有双重性，一方面有利于地方政府执行力提升，另一方面也制约着地方政府执行力提升。关于这一问题，我们在本书的第二章关于地方政府执行力的影响因素的研究中实际上已经有所触及。第二章指出地方政府执行力的强弱主要受到下述五个方面因素的综合影响：政策自身因素、利益因素、政绩考核因素、信息因素、环境因素。在这些因素中，涉及官僚制结构的、不利于地方政府执行力提升的因素主要是：利益因素、信息因素。具体而言，在利益因素方面，改革开放以来，随着中央政府促进地方经济发展政策的不断出台以及税收管理体制的改革（特别是分税制的实行），地方政府在服从中央政府领导的同时，在一定程度上也有了自身的“利益诉求”。这就在一定程度上影响了地方政府政策执行的积极性。一般而言，中央政府和上级政府的政策往往着眼于全国或者整个区域，不会特殊照顾某个特定地方。因此，当中央政府和上级政府的政策有利于本地利益增长时，相关的地方政府

① 所谓“压力型体制”是指一级政治组织（县、乡）为了实现经济赶超，完成上级下达的各项指标而采取的数量化任务分解的管理方式和物质化的评价体系。荣敬本、崔之元等：《从压力型体制向民主合作体制的转变——县乡两级政治体制改革》，中央编译出版社，1998年，第28页。

就愿意积极地执行政策；反之则不那么积极地执行政策，甚至还会采取一些措施消极地、破坏性地执行政策。这种情况在近年来经济结构转型、环境保护政策实施中就有着突出的表现。

在信息因素方面，改革开放以来，我国的政务信息传输系统由改革前的“单通道信息传输体制”① 转变为“‘五位一体’的多通道信息传输体制”②，政府机构的信息传输系统和信息源已经大为扩展。然而不可否认的是，当前的信息传输系统仍然存在问题，其中官僚制结构带来的最大问题是：由于多个政府层级的层层过滤，造成无论是自上而下的信息传输，还是自下而上的信息传输，在很大程度上都存在着失真的危险，而这种失真的危险，几乎又是难以克服的。原因在于，每一个上级政府都同时领导着数十个甚至上百个下级政府，而每个下级政府及其管辖下的区域差别又是非常大的，这势必造成上级政府很难全方位地监督下级政府的所有行为。在这一基本的结构中，基层政府，尤其是政策执行的最基层的“街头官僚”，利用其接近社会信息源的优势，在政策信息的上传下达和下传上达过程中，往往选择性地传递信息，从而造成信息失真。而这种信息失真，尤其是来自街头官僚的信息失真，就像商品生产中的原材料造假一样，几乎是难以弥补的。

除了这两点官僚制结构的缺陷外，“条块关系”引起的政府部门之间职责不清、扯皮推诿等问题也是我国官僚制结构的固有弊端。如前所述，在我国各级政府中，地方政府的职责是按照部门划分的，而某个地方政府的职能部门既要接受来自本级政府（块块）的领导，又要接受来自上级政府职能部门（条条）的业务指导，这自然就容易产生职责矛盾。除此之外，再加上部门利益和对经济社会发展中产生的新问题的一定的“反应迟钝”（指新产生的经济社会问题在一段时间内往往还没有纳入政府部门的职责范围内的现象），则更加重了政府部门之间的职责不清。而职责不清，则造成一些应该由政府处理和执行的事项和政策无人负责，直接降低政府的执行力。

---

① 所谓“单通道信息传输体制”是指影响政府决策的绝大部分有效信息、政府输出的决策信息，以及这些决策在执行中的反馈信息，都是由一个附着于政府本身或为政府所信任的正规通道传输的，也就是说这个“正规通道”是政府“输出信息”与“输入信息”的“二合一通道”。朱光磊：《当代中国政府过程》，天津人民出版社，2002 年，第 202 ~ 203 页。

② 所谓“五位”是指党政机关中的信息系统、官方或半官方的思想—信息库、新闻媒介、民间信息机构和 20 世纪 90 年代补充进来的政府与民间的电子网络信息系统。所谓“一体”就是指单通道的信息传输体制尚未完全被打破，其他四方面的信息机构基本上都是本着为党和政府提供服务的精神和原则而从事信息工作。朱光磊：《当代中国政府过程》，天津人民出版社，2002 年，第 209 页。

三、从理顺官僚制结构方面提升地方政府执行力的路径

明确了现行官僚制结构对地方政府执行力的影响，特别是制约地方政府执行力的一面，就可以有针对性地提出提升地方政府执行力的路径。我们认为，这主要应从四个方面着手。

（一）明确地方政府及其部门的职责分工

现代官僚制是适应近代以来工业化大生产和组织规模不断扩大的需要而产生的一种各主体分工合作的组织形态。这样的组织形态基于纵向的层级划分和横向的部门划分而组成的统一整体，各部门内部基于职责的不同而设置不同的职位，各职位的权力和职责遵循非人格化的倾向，即这些权力和职责源于建立在实践理性基础上的形式法学理论和形式法律规定的制度，而不是来源于血统的或世袭的因素。由此可见，明确的职责分工是现代官僚制的题中之义。而前述我国政府体系中存在的职责不清、推诿扯皮等问题，则是与现代官僚制的要求背道而驰的，也是与规范化政府管理的要求不相适应的。解决这一问题，应结合当前进行的权力清单制改革，明确各级政府及其部门的职责分工。具体而言，第一，应基于公共服务的外溢性、公共服务管理信息的对称性与效率、公共服务支出职责与财力的匹配等三大原则，合理确定各级政府的公共服务职责。第二，根据各种职责的性质，该是哪级政府的职责，就配置到哪级政府。从一般意义上说，中央和省级政府主要履行宏观调控的职责，地市级政府发挥承上启下的作用，主要履行统筹、协调和监督等职责；县、区①、乡、镇主要履行具体社会管理和公共服务职责，因为县、区、乡、镇的基础性和微观性决定了其政府的执行性和直接面向基层的实务性。第三，配置到哪级政府的职责，哪级政府就要建立相关的执行机构，对其职责的履行负责到底。在依法规定的各级政府的职责范围内，各级政府要设立相关的执行机构负责执行本级政府的决策。例如，应由中央承担的职责，比如国防、外交等，中央政府要组建自己的执行系统，部分事务委托给适当层次的地方政府代理。地方政府有贯彻中央决策的责任，上级政府有监督权，但其职责主要

① 指设区的市之下设置的区。

靠自己执行。例如兴办开发区的职责，就适合安排给较大的市，县级政府不要参与；诸如环境卫生、兴办市场、养老幼教、休闲娱乐之类的适合由基层政府去做，上级政府最好不要从事“查卫生”等基础性工作。[①] 第四，通过府际合作的方式，调整一些公共服务职责的配置和履行。对于某一层级的政府基于自身力量确实难以有效履行的职责，可以通过府际合作的方式，委托给适宜的一级政府来实际履行。委托方负责出资与监督，受托方负责具体执行。例如，在英美等典型国家，一般是较高层级政府将这样的一部分公共服务职责委托给较低层级政府履行。第五，确定各级政府职责的过程应是由下而上、由易而难地配置。所谓由下而上地配置，是指公共物品和服务首先“应当由能够完成支付成本和赢得收益的最低级政府提供”[②]，其次再由较高层级的政府，直至中央政府提供。所谓由易而难地配置，是指首先确定比较明确的那些政府的职责，将这些职责剥离之后，再确定较难确定的那些政府的职责。当然，两种配置方式应结合进行。

（二）规制和引导地方政府的不合理利益诉求

如前所述，改革开放以来，地方政府的利益主体地位日益凸显，其行为中的利益诉求也日益显著。客观地看，地方政府有一定的利益诉求也是合理的，而且一定的利益诉求还能够激发地方政府的工作积极性，有利于地方政府努力完成本职工作。但问题是，地方政府的某些利益诉求是不合理的，而这些不合理的利益诉求则很有可能损害本区域或者国家的整体利益和长远利益，因此需要采取一定的措施来化解。所谓地方政府不合理的利益诉求，是指与国家的整体发展战略相背离，或者是与本区域的长远利益相背离的利益诉求。地方政府不合理的利益诉求产生的原因是多方面的，既有主观原因，又有客观原因。例如，主观上对本地发展战略的认识不清，或者出于短期政绩的追求，客观上发展方式转型的困难，这都可能导致不合理的利益诉求。

对于地方政府不合理的利益诉求的化解，应从下述四个方面来着手：第一，加强对不合理利益诉求的规制。所谓规制地方政府的不合理利益诉求，

---

① 薛立强：《授权体制：改革开放时期政府间纵向关系研究》，天津人民出版社，2009 年，第 200 ~ 201 页。

② 世界银行：《1997 年世界发展报告》，中国财政经济出版社，1997 年，第 121 页。

即通过制定相关的规定和制度，规范地方政府的决策行为，加强决策过程的公开性、民主性和科学性，防治“拍脑袋”决策，以抑制地方政府的不合理利益诉求。第二，做好对地方政府不合理诉求的引导和转化工作。所谓引导和转化地方政府的不合理利益诉求，是指通过重新规划和重新制定决策，充分吸收上级、同级、下级、相关专家、企事业单位、相关群众的意见和建议，将地方政府不合理的利益诉求引导和转化到合理的利益诉求方面去，实现利益诉求的“合理化”。第三，加强政府间的沟通协调。这种协调沟通对于地方政府不合理利益诉求的转化具有非常重要的现实意义。其方式主要是，中央政府、省级政府等高层政府在制定发展规划和重要政策时，尽量做好和下级政府的沟通协调，在可能的情况下，高层政府应将总体形势、长远发展理念等尽早与相关的地方政府沟通，同时最大程度地听取和吸收相关地方政府的意见和建议。这样，全国或者本省的总体发展就会与本区域的发展相协调、相一致，就能够在很大程度上避免地方政府的不合理利益诉求。第四，适当运用市场化方式满足或补偿地方政府的合理利益诉求。解决地方政府的不合理利益诉求，除了从不合理的利益诉求本身入手外，还应从合理的利益诉求来着手。因为，满足了地方政府的合理诉求，就能够在很大程度上抑制其不合理诉求。在这方面，除了运用传统的行政手段外，还可以适当运用市场化的方式。例如，在当前的环境保护、产业转型中，对于付出了代价的地方，获利的地方则应给予适当的补偿，以促进其做出适合整体利益的行为。

（三）理顺信息传输和反馈机制

如前所述，信息传输不畅是制约地方政府执行力的一个重要因素。因此，解决某些地方政府执行力不高的问题，应基于我国官僚制结构的特点理顺信息传输和反馈机制。具体的路径有如下一些：第一，除了上级政府向下级政府传达一般信息、发布政策信息，以及下级政府向上级政府请示报告等传统的政府间信息沟通之外，中央政府还可以通过新华社驻各地记者站等官方信息机构反映各地的相关政务信息，以与地方政府上报的信息相互验证。第二，充分重视信访部门获得的各种信息。信访部门是我国专门设立的，收集公民、法人或者其他组织向各级政府及其工作部门反映的情况、提出的建议或意见，以及投诉请求等的部门。在我国的各级政府部门中，信访部门是唯一一个专门收集群众意见、建议、投诉等的部门。改革开放以来，特别是

20世纪90年代以来，随着我国改革发展的加速进行，下岗失业、土地征用、劳动用工、官员腐败等问题引起的信访事件大量增加，成为影响社会稳定的一个重要社会问题。一直以来中央政府和省级政府都高度重视信访问题，通过信访可以有效获取地方政府，尤其是基层政府政策执行方面的信息，有利于及时制止和克服基层政府的违规行为，维护社会稳定和有序发展。第三，充分发挥半官方的思想—信息库、民间信息机构，以及网络新媒体在政务信息传播中的积极作用。由于较少受到相关方面的制约，这些组织和个人传播的各种信息具有较为开放、自由度较大等特点，有的时候能够反映和传播一些正规的政府信息传输系统不能很好加以传播的政务信息，这些信息对于政府正确的决策具有重要意义。因此政府应高度重视并充分发挥这些组织和个人在信息传播中的积极作用。但同时也应做好规范和引导工作，防止不真实以及不良的信息影响社会稳定。

（四）为地方政府的政策执行提供足够的财力保障

在确定各级政府的职责配置的基础上，通过明确各级政府的财权财力配置，为各级政府有效履行公共服务职责和政策执行提供足够的财力资源，是现代政府政策执行的必然需要。值得注意的是，所谓“财权”，是指财政收入权，主要指各级政府的税收权，即哪级政府可以征收哪些税。所谓“财力”，是从财政支出方面讲的，指的是各级政府有多少财政资金可以支付公共服务和政策执行的支出。对于一级政府而言，其财权和财力是可以分开配置的。例如，从财权、财力配置相对较为成熟的国家来看，“一般是财权集中，进行公共服务职责的合理配置，以财力去匹配公共服务职责，而公共服务职责的配置与执行也应适当分开，各级政府（特别是较低层级政府）因履行公共服务职责而引致的财力缺口，由政府间财政转移支付和政府间合作来解决”①。

解决地方政府政策执行的财力保障问题，应进一步推进财政体制改革。具体而言，首先，应进一步推进分税制改革，厘清省级以下各级政府的税源，从而为其政策执行提供稳定的财力保障。其次，应进一步规范财政转移支付体制，尽量满足基层政府提供公共服务需要财力支持的要求。我们的建

① 薛立强：《授权体制：改革开放时期政府间纵向关系研究》，天津人民出版社，2009年，第204页。

议是：把当前形式多样的转移支付形式通过转换结构，归并到一般性转移和专项转移支付等国际上通用的两大类型上来；与此同时要对两大类型的结构进行优化，扩大均等化转移支付的规模以强化财政均等化功能；同时做好相关的配套改革，如逐步降低直到最终取消税收返还；加大一般性转移支付的规模和力度；建立规范化的、服务于特定政策目标的专项转移支付体系。最后，应进一步规范预算外财政，“硬化”各级政府的制度环境。主要措施包括：深化“收支两条线”改革；对预算单位银行账户进行彻底清查，避免有的单位转移或隐匿资金；把预算外资金全部纳入财政专户管理，取消原来对一些单位实行的预算外收入按一定比例留用、不上缴财政专户的管理办法；提高部门预算编制的要求，部门预算编制必须反映该部门收支全貌，等等。

通过上述系统化的改革和创新，能够有效克服现行官僚制结构的不足，从而为地方政府的政策执行提供有力的体制保障。

第二节　构建协调的公共治理网络与提升地方政府执行力

提升地方政府执行力是一个复杂的过程，它不仅取决于地方政府本身，也不仅取决于政府体系，还取决于包括各类经济、政治、社会组织、个人等在内的整个治理网络。因为，政府存在于特定的治理网络之中，仅仅是治理网络的一部分，其特性往往来自于公共治理网络。公共治理网络中的各类经济组织、社会组织以及个人等，深刻影响着政府的行为方式，也在深层次上制约着政府的政策执行行为及其结果。因此，解决地方政府执行力中存在的问题，提升地方政府执行力，除了要关注政府体系本身之外，还应关注政府体系存在其中的整个公共治理网络，着力构建协调的公共治理网络。

一、当代中国公共治理形态的变化与发展

纵观当代中国 60 多年来的发展，其公共治理形态的变化和发展基本上经过了两个阶段：改革开放之前的阶段和改革开放之后的阶段。从公共治理形态的特点来看，这两个阶段的最大不同在于：从改革开放前的“单中心

治理体系”发展为改革开放后的“多中心治理网络”。所谓单中心治理体系，是指以政府为单一治理中心和单一治理主体的一种治理方式。新中国成立以后，随着“三大改造”的完成，旧中国发展起来的“自主运行”的经济、社会组织都被改造成了具有“公家”性质的组织，政府成为了社会治理的唯一主体，整个公共治理体系也成为单中心体系。单中心治理体系具有如下一些特征：一是公共治理主体单一。各级政府或者公立机构成为公共治理的主体，其他主体更多的是进行组织内部的治理，较少参与公共治理。二是公共治理方式单一。作为单一的治理主体，政府和公立机构往往以自己特有的方式进行社会治理，整个社会治理表现出“统治主义”和“管理主义”的特征。改革开放之前，“统治主义”的特征特别明显，很多社会管理、治理方面的问题，往往提升到“政治”高度，用“统治”的方式来解决。三是公共治理效果有待提升。由于治理主体和方式的单一性，治理效果往往有很大的不足。例如，改革开放之前，由于受到持续的政治运动，特别是“统治主义”治理的影响，中国错失了20世纪六七十年代一个很好的发展机会，经济社会的发展受到很大的阻碍和制约。

多中心治理网络是指由多个治理主体共同参与的、多种方式交互作用的一种公共治理形态。在中国，这样一种治理形态是改革开放以后，随着各方面改革的持续进行和经济社会的迅速变化而发展起来的。与改革开放之前的单中心治理体系相比较，多中心治理网络的特点如下。

（一）公共治理主体多元化

这表现在三个方面：第一，民营企业和民营资本成为公共治理的重要力量。改革开放以来，随着经济的迅速发展和民营经济的兴起（见图6－1），民营企业和民营资本成为公共治理的重要力量，不仅贡献了大量的财政收入（见图6－2），吸纳了大量的就业（见图6－3），还广泛参与了基础设施、基础产业、市政公用事业、社会事业、政策性住房建设、商贸流通、金融服务、国防科技工业等领域。除此之外，民营经济还大量参与了国有企业改革，成为我国国际竞争的重要力量（见表6－1）。可以说，当前除了关系国家安全、市场不能有效配置资源的经济和社会领域之外，其他任何领域（包括可以实行市场化运作的基础设施、市政工程和其他公共服务领域）都允许并且鼓励民营资本进入。民营企业和民营资本的兴起及其进入公共治理领域，为公共治理的发展注入了新的血液，成为我国公共治理的重要力量。

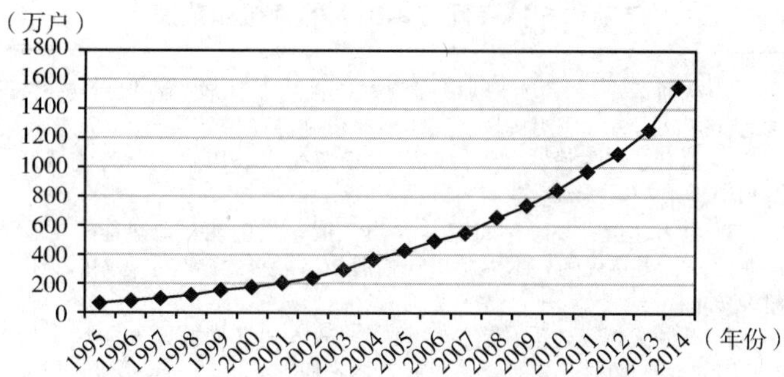

图 6－1　1995～2014 年民营经济发展情况

资料来源：相关年份《中国统计年鉴》数据汇总。

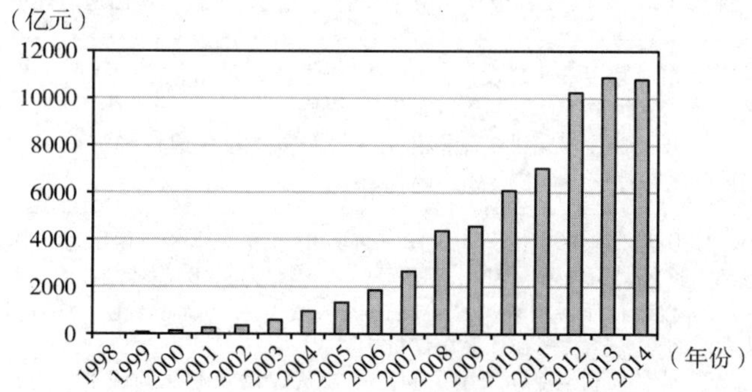

图 6－2　1998～2014 年私营企业本年应交增值税

资料来源：《中国统计年鉴》相关年份。

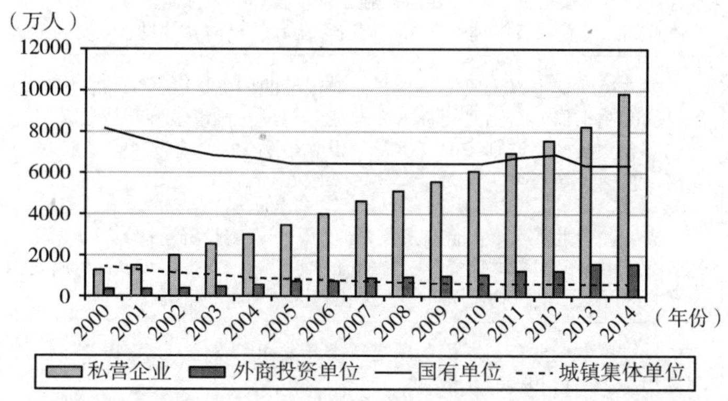

图 6－3　2000～2014 年城镇不同所有制企业吸纳从业人员状况

注：外资企业数不包括港澳台商投资企业数。

资料来源：《中国统计年鉴》相关年份。

表 6－1　　鼓励和支持民间资本进入的领域和范围

领域	内容
基础产业和基础设施领域	1. 交通运输建设：鼓励民间资本以独资、控股、参股等方式投资建设公路、水运、港口码头、民用机场、通用航空设施等项目 2. 水利工程建设：吸引民间资本投资建设农田水利、跨流域调水、水资源综合利用、水土保持等水利项目 3. 电力建设：鼓励民间资本参与风能、太阳能、地热能、生物质能等新能源产业建设；支持民间资本以独资、控股或参股形式参与水电站、火电站建设，参股建设核电站 4. 石油天然气建设：支持民间资本进入油气勘探开发领域，与国有石油企业合作开展油气勘探开发；支持民间资本参股建设原油、天然气、成品油的储运和管道输送设施及网络 5. 电信建设：鼓励民间资本以参股方式进入基础电信运营市场，支持民间资本开展增值电信业务 6. 土地整治和矿产资源勘探开发：积极引导民间资本通过招标投标形式参与土地整理、复垦等工程建设，鼓励和引导民间资本投资矿山地质环境恢复治理
市政公用事业和政策性住房建设领域	1. 市政公用事业建设：支持民间资本进入城市供水、供气、供热、污水和垃圾处理、公共交通、城市园林绿化等领域 2. 政策性住房建设：支持和引导民间资本投资建设经济适用住房、公共租赁住房等政策性住房，参与棚户区改造
社会事业领域	1. 医疗事业：支持民间资本兴办各类医院、社区卫生服务机构、疗养院、门诊部、诊所、卫生所（室）等医疗机构，参与公立医院转制改组 2. 教育和社会培训事业：支持民间资本兴办高等学校、中小学校、幼儿园、职业教育等各类教育和社会培训机构 3. 社会福利事业：鼓励民间资本投资建设专业化的服务设施，兴办养（托）老服务和残疾人康复、托养服务等各类社会福利机构 4. 文化、旅游和体育产业：鼓励民间资本从事广告、印刷、演艺、娱乐、文化创意、文化会展、影视制作、网络文化、动漫游戏、出版物发行、文化产品数字制作与相关服务等活动，建设博物馆、图书馆、文化馆、电影院等文化设施。鼓励民间资本合理开发旅游资源，建设旅游设施，从事各种旅游休闲活动。鼓励民间资本投资生产体育用品，建设各类体育场馆及健身设施，从事体育健身、竞赛表演等活动
金融服务领域	支持民间资本以入股方式参与商业银行的增资扩股，参与农村信用社、城市信用社的改制工作。鼓励民间资本发起或参与设立村镇银行、贷款公司、农村资金互助社等金融机构。鼓励民间资本发起设立金融中介服务机构。支持民间资本发起设立信用担保公司
商贸流通领域	支持民营批发、零售企业发展，鼓励民间资本投资连锁经营、电子商务等新型流通业态。引导民间资本投资第三方物流服务领域，支持中小型民营商贸流通企业协作发展共同配送，推进物流服务的社会化和资源利用的市场化
国防科技工业领域	鼓励民营企业参与军民两用高技术开发和产业化，允许民营企业按有关规定参与承担军工生产和科研任务
国有企业改革	1. 引导和鼓励民营企业利用产权市场组合民间资本，促进产权合理流动，开展跨地区、跨行业兼并重组 2. 鼓励和引导民营企业通过参股、控股、资产收购等多种形式，参与国有企业的改制重组

续表

国际竞争	鼓励民营企业"走出去"，积极参与国际竞争。支持民营企业在研发、生产、营销等方面开展国际化经营，开发战略资源，建立国际销售网络。支持民营企业利用自有品牌、自主知识产权和自主营销，开拓国际市场，加快培育跨国企业和国际知名品牌。支持民营企业之间、民营企业与国有企业之间组成联合体，发挥各自优势，共同开展多种形式的境外投资

资料来源：《国务院关于鼓励和引导民间投资健康发展的若干意见》（国发〔2010〕13 号）。

第二，社会组织成为公共治理的重要主体。改革开放以来，我国各类社会组织获得迅速发展（见图 6－4、图 6－5）。据统计，截至 2014 年底，全国注册的社会团体共有 31 万个，民办非企业单位 29.2 万个，基金会 4116 个。[①] 各类社会组织广泛参与各类社会服务，如养老服务、智障与精神病服务、儿童福利和儿童救助服务、农村低保和五保服务、农村传统救济服务、防灾减灾、慈善事业，等等。在这些领域，各类社会组织成为不可或缺的治理力量，为我国社会事业的发展做出了重要贡献。

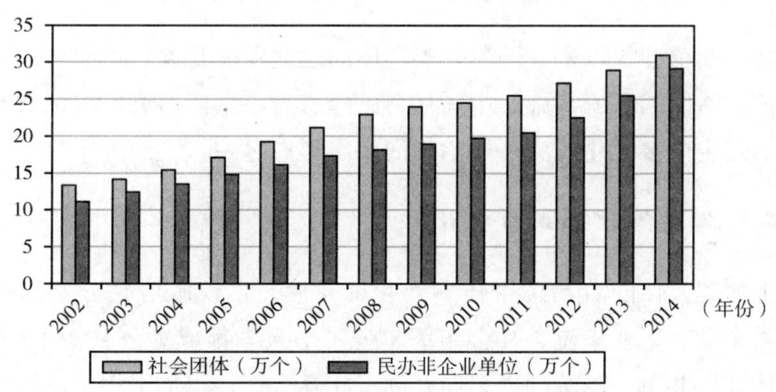

图 6－4　社会团体、民办非企业单位的发展（2002～2014 年）

资料来源：民政部相关年份《社会服务发展统计公报》数据汇总。

第三，公民个人成为公共治理的重要主体。改革开放以来，随着人民公社体制的废除、家庭联产承包责任制的实施、户口制度的松动，以及个体、民营经济的发展，大量的农业人口从原来的土地上解放出来，成为自由流动的人口。在城市，随着单位制的改革、各种自由职业的迅速发展，以及民营经济的发展，大量的公民成为可以自主支配个人生活、工作的人口。与此同时，随着依法治国上升为党执政治国的基本方略和公民个体权利意识的广泛

① 民政部：《2014 年社会服务发展统计公报》，民政部网站。

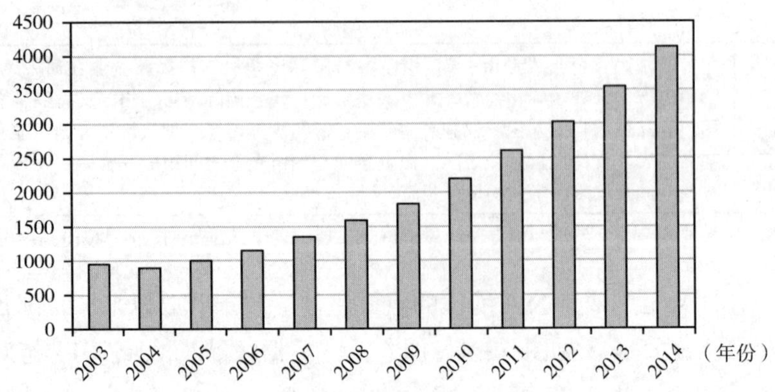

图 6-5　基金会的发展（2003～2014 年）

资料来源：民政部相关年份《社会服务发展统计公报》数据汇总。

觉醒，全社会拥有高度社会自由、个人自由的人们一方面高度关注自身应有的权利和利益，另一方面也深入参加各类治理活动，成为公共治理的重要主体。

总之，改革开放以来，随着各类主体的迅速发展壮大、社会自由度的大发展、依法治国的深入实施，中国社会已经成为一个活力迸发、多元治理的社会，治理主体多元化成为公共治理的基本形态之一。

（二）公共治理形式多样化

如上所述，伴随着治理主体多元化的发展，不仅政府是公共治理的主体，各类企业、事业单位、社会组织、公民个人等都成为公共治理的主体。这些主体在公共事务的治理中多向互动、相互合作，再加上积极学习借鉴西方国家新公共管理运动的经验，创造出了多样化的公共治理形式。这既表现在政府身上，又表现在其他各类主体身上。

第一，政府的公共治理方式创新。21 世纪以来，随着服务型政府建设的推进，各级政府积极进行公共服务和公共治理方式创新。例如，2004 年《行政许可法》实施以来，各级政府大幅度减少了行政审批事项，再造和优化了大量行政审批流程，在多个方面创新了公共服务方式，创造出了一表制、联合会审制、告知承诺制、全程代办制、一站式审批、一窗式审批、超时默许等新的公共服务和公共治理方式。在政府为公众和民间组织方面，也创造出了多种新的、“本土化”的方式，如政务超市、公共服务大厅、社区公共服务平台、慈善超市、民间组织服务中心，等等。①

第二，其他主体参与公共治理的形式。除政府部门之外，国有企业、民营企业、社会组织、事业单位、公民个人等主体都广泛参与到了公共治理中来，这些主体的广泛参与，不仅为公共治理注入了新的活力，也带来了各个领域公共治理方式的创新。例如，各类企业越来越注重其社会形象和对所在社区的社会责任，通过多种形式参与所在社区的治理。国有企业在多个方面参与公共治理，实行了特许经营、承接政府的合同外包、使用者付费等新型所谓公共治理方式创新。民营企业、外资企业（包括民营企业、外资企业控股的企业）积极参与公共服务民营化、市政产权交易等。事业单位在其占优势的教育、公共卫生、社会养老等领域，也实行了教育券制度、基本公共卫生服务包、政府购买社区公共卫生服务、社会养老保险证质押贷款等新型的公共治理和公共服务供给方式创新。社会组织在推进各项改革、建设服务型政府中也积极参与公共治理方式创新，发挥着日益重要的作用，创造出了社会组织参与新型居家养老服务、社会组织购买公共服务等方式。普通公民在参与社区治安、社区环卫、垃圾清理与环境治理、社区文化生活、邻里以及家庭纠纷化解等方面发挥着不可替代的作用，等等。

总体而言，在公共治理方式创新方面，当前呈现出了不同类型主体共同参与、多元合作的新局面。

（三）公共治理效果和水平的提升

伴随着治理主体多元化和治理形式多样化的，是公共治理效果和水平的提升。不可否认，当前我国的公共治理中还存在着很多问题（见后分析），治理水平也还需要进一步提升，但同时也不得不承认的是，改革开放以来，伴随着经济社会的迅速发展，中国的公共治理，无论是在需要处理的问题的数量还是复杂性上，都已经与改革开放之前不可同日而语了。而改革开放以来30多年能够保持经济的持续稳定快速发展以及社会的总体稳定，本身就说明了公共治理的较好效果和较高水平。从理论上讲，公共治理的较好效果和较高水平体现在下述一些方面：第一，当代中国的公共治理是一种在迅速发展的“超大型国家”背景下的高难度治理。由人口规模和地域面积所决

① 这些创新型的公共服务和公共治理方式的内容，参见薛立强、杨书文：《“双向互动”视角下的公共服务方式创新——中国经验的总结》，《中国行政管理》2010年第7期。

定，当代中国的公共治理本身就是一种“超大型国家”背景下的高难度治理。更重要的是，改革开放以来的中国又处在迅速发展的环境中，各方面的矛盾较为突出，而在这样的背景下，其治理难度非其他国家和地区可以相比。在高难度治理的情况下能够保持社会的基本稳定和经济的持续较快发展，说明了公共治理的较好效果和水平。第二，改革开放以来的公共治理积极吸收和借鉴了先进国家和地区的治理经验。中国改革开放的过程也是积极学习先进国家和地区的各方面经验的过程，这些经验自然也包含着先进国家在公共治理方面的经验。例如，20 世纪 70 年代兴起的新公共管理理论很快就被中国学界和实际工作者所认识和掌握，并且应用在实践之中。而对于 20 世纪 90 年代兴起的治理理论而言，中国几乎是与西方先进国家同步研究和运用的，甚至在某些方面，中国的实际运用还走在了西方先进国家的前面。这在前述的国有及民营企业、事业单位、社会组织、公民个人等主体广泛参与到公共治理中来即是明证。

二、公共治理形态的发展对提升地方政府执行力的新要求

公共治理形态的发展在扩展了治理主体、丰富了治理形式、提升了治理效果和水平的同时，也对提升地方政府执行力提出了一系列新要求。清晰认识这些新要求，对于有效调动各主体参与地方政府公共政策执行、有针对性地提升地方政府的执行力具有重要意义。具体而言，这些新要求主要表现在三个方面。

（一）要求地方政府处理好与其他治理主体的关系以形成政策执行的合力

在公共治理主体多元化的背景下，地方政府政策执行遇到的一个重要问题在于，如何摆正自身的位置，处理好与其他各个治理主体的关系，以形成政策执行的合力。如前所述，在中国当前的场景下，地方政府的政策执行已经不仅仅是政府机关的事，各类企业和事业单位、各类社会组织以及公民个人等治理主体几乎都会参与政策执行。在这样的情况下，地方政府就不仅仅是要依靠自身力量执行政策，而是要与其他各类主体共同合作来执行政策。这就必然要求地方政府摆正其自身地位，即要站在与其他主体平等合作的地位、为其他主体提供服务的地位来建立政策执行中的合作关系。对于当代中

国的地方政府而言，这一点具有十分重要的意义。因为在传统上，特别是在计划经济体制下，掌握各类资源分配权的各级政府习惯于以一种统治者、管理者的姿态来对待各类其他主体，其他主体更多的是作为被统治者、被管理者接受政府的统治和管理的。在新的形势下，要改变这种状况，就需要地方政府自觉地调整自身定位，以自身定位的调整赢得其他主体的诚心合作。当然，其他主体也应积极争取自身的应有地位，“倒逼”地方政府调整其定位，更好地与其他主体合作。

（二）要求地方政府有效规制其他治理的主体的不合理诉求以增加公共治理的正能量

正如第五章所指出的，多元治理背景下地方政府政策执行“薄弱环节”的产生，是中国转型期的特定产物之一，根源于中国政府治理转型的不彻底和社会结构变迁的不成熟。其突出表现之一，就是包括个别政府工作人员在内的治理主体，尤其是“体制外”的各类主体，其公共意识、规则意识普遍比较薄弱。例如，一些经历过贫穷也害怕贫穷，改革开放以后富裕起来的社会成员，其“守规矩”的意识较为薄弱，而对物质利益的追求则较为强烈，在这样的情况下，其一旦参与地方政府的政策执行，往往就会“突破规则”来追求自身利益，由此导致政策执行的变形、走样，甚至发生违规行为。因此，多元治理背景下提升地方政府的执行力，就要求地方政府有效规制各类主体的不合理诉求，以增加公共治理的正能量。这对于优化地方政府的政策执行环境，提升地方政府政策执行力无疑具有重要意义，有利于地方政府有效履行其应有职责，实现公共治理的目标。增加公共治理的正能量，又要求地方政府制定出并严格执行各类主体应遵守的“行为规制”，做“较强的”政府（这与前述的地方政府与其他主体合作并不矛盾）；同时也要求其他各类主体认识到“公共”的价值及自身在维护公共价值中的角色和作用。

（三）要求地方政府运用多种方式有效调动其他治理主体参与公共治理

在当前公共治理主体已经多元化的背景下，地方政府应通过什么方式来满足人们对公共治理的不同需求呢？如何有效地为公众提供优质的公共服务和公共治理呢？这都要求地方政府有效地调动各类主体的积极性，合理地调度各种社会资源，以尽可能多样化的方式来进行公共治理。可以说，有效调动各类主体积极参与公共治理，合理调度各种社会资源灵活有效地为公众提供社会管理和公共服务，实现公共治理方式的多样化是提升地方政府执行力的现实需要。除此之外，地方政府公共治理方式的多样化也是满足公众多样化的公共治理需求的内在要求。公共治理的供给源于公众对公共治理的需求，在现代社会，公众对公共治理的需求是多样化的，这必然也要求公共治理供给内容和方式的多样化。地方政府以多种方式调动其他治理主体参与公共治理，有利于满足不同公众对公共治理的不同需求，提升地方政府公共治理和政策执行的效果和水平。

三、公共治理网络构建视角下地方政府执行力的提升路径

提升地方政府执行力，除了前述政府主体内部进行有效调整之外，还需要调动各类主体的积极性，构建多主体参与的公共治理网络，实现政策执行过程的多元主体协同合作。具体路径如下。

（一）构建协同合作的政策执行主体间关系

这方面的主要措施如下：第一，正确处理政府与企业关系。地方政府要通过各种政策引导、扶持和促进企业的发展。一方面，政府要正确处理好政府和市场、效率和公平的关系，通过互惠规则的制定来建立企业对政府的信任，使其更加积极地贯彻和执行政府政策，落实到位，同时政府要实现由管理者向服务者的观念转变，更加优化市场竞争环境，做到不越位、不错位；另一方面，企业要积极配合政府执行过程，接受政府的政策和服务，确保政策执行的力度。第二，引导和扶持各类社会组织的发展。政府应当对社会组织加以引导和扶持，使其分担部分政府职能，逐步建立社会组织与政府部门双向互动的伙伴关系，使社会中介组织成为政策执行的积极力量。同时，社会组织也要积极参与政府的政策执行，这方面既包括针对社会组织的政策执行，也包括其他相关政策的执行，从而实现政府与社会组织的良性互动。第三，扩大政策执行的公众参与。地方政府执行力的提升需要地方政府建立制度化的公众参与机制，重视并欢迎利益相关的公众参与其中，监督和评估执行的效果。地方政府组织及其工作人员应身体力行，自觉树立善治的观念，端正行政伦理意识，取“信”于民，获得公众对政府的信任；同时要通过

政府信息的公开和有效的公民参与渠道的建立来鼓励和引导公民有序参与，以充分发挥公众在地方政府执行过程中的积极作用。作为公众，一方面要坚持执行政策，另一方面要积极参与到地方政府政策执行来，通过政策执行过程中参与渠道的拓宽，参与意识的强化，提高公众参与度，提升公众参与的质和量。以有利于地方政府的政策执行。

（二）加强对各类政策执行主体的规制

这方面的主要建议如下：第一，加强政府依法行政，规制政府的恣意行为。要加强地方政府执法程序建设，使地方政府的执法行为，尤其是其自由裁量权的实行要公开、透明，防止地方政府执法时的恣意行为。这一点属于政府体系自身建设，在本章的第一节的相关部分已经论及，这里不再赘述。第二，加强对各类企业、社会组织政策执行行为的规制。地方政府相当部分的政策执行需要各类企业和社会组织的参与，甚至在某些政策的执行过程中，相关企业和社会组织实际上发挥着政策执行的“街头官僚”的角色，因此，规制相关企业和社会组织的行为对于推进政策的有效执行、提升地方政府执行力无疑具有重要意义。在政策执行的意义上，规制相关企业和社会组织的行为，首先需要政府向相关企业和社会组织清晰解释所涉及的政策内容和要求。其次要在企业和社会组织执行相关政策时加强监管，防止作为政策执行的“街头官僚”的企业和社会组织变相执行政策。再次，政府应开辟通道，及时听取政策的最终对象（普通公众）的反馈意见，通过政策对象的监督与反馈来保证政策执行到位。第三，在调动政策的最终对象（如普通公众）参与政策执行的同时规制其不合理诉求。作为政策的最终对象，首先要做到让其准确知晓政策内容及与自身利益的相关性，防止对政策的理解误差。其次要调动其积极参与政策执行，避免对政策的冷漠。再次要规制其对政策的不合理诉求，其不应获取的政策利益坚决不能让其获取。最后要对政策执行的结果进行检查，及时发现并纠正政策执行的偏差。

（三）积极探索并实行有效的政策执行方式

政策执行不仅只有一种方式，而是多种方式的结合。如第二章“十一五”期间关停小火电的案例中，中央政府由于运用了“上大压小”的“诱导式”政策执行方式，从而有效引导地方政府超额关停了不符合规定的小火电机组。在政策执行和提升地方政府执行力的过程中，积极探索并实行有效的政策执行方式，无疑具有重要意义。探索并实行有效的政策执行方式，应做到以下两个“结合”。第一，“压力”与“诱导”相结合。“压力”指的是政策执行中地方政府，尤其是基层政府感受到的来自中央政府和上级政府关于政策执行的各种要求和任务。“诱导”是指作为政策执行者的各类主体认识到的政策的有效执行将给自身带来的“好处”。“压力”和“诱导”相结合，是指地方政府应将自身的“压力”有效转变为对各类政策执行主体的“诱导”，让其认识到政策对其带来的利益，通过调动各类主体的积极性有效执行政策。第二，传统的“行政命令式”政策执行和新兴的“市场化”政策执行相结合。所谓传统的“行政命令式”政策执行，是指上级政府对下级政府运用行政手段，以及政府对国有企业、事业单位等能够管辖的主体运用行政命令的方式要求其执行政策。在这种政策执行方式中，下级政府、国有企业、事业单位的主体完全处于被动地位，几乎是无条件地“听命于”上级政府和其所属的政府部门。新兴的“市场化”政策执行，是指政府之间，以及政府与其他各类相关主体之间运用“伙伴关系”、公私合作等多种方式来执行政策。在这种政策执行方式中，各主体之间更多的是一种协同合作的关系，强调信息沟通和利益共享，形成政策执行的协同网络。一般而言，对于各级政府之间，以及在紧急的情况下，可以运用“行政命令式”政策执行。而对于政府与其他各类主体之间，以及在相对宽松的情景下，则最好运用“市场化”政策执行方式。

四、结语

提升地方政府执行力的价值目标在于实现善治，推进国家和社会的和谐发展，最终实现国家治理体系和治理能力现代化。而要达到这个目标，离不开对政府与政府、政府与企业、政府与社会、政府与公众等关系的梳理。地方政府执行力的提升离不开各执行主体的同意和默许，离不开社会力量的支持。从理顺官僚制结构和构建协同合作的政策执行网络两个方面完善我国的政策执行模式，对于解决地方政府执行力不足的问题，有效提升地方政府执行力，无疑提供了强大的保障。当然，地方政府执行力的有效提升绝不是一蹴而就的，官僚制结构的理顺和协同合作的执行网络的构建都必然需要长期的过程。通过本课题的研究，清晰地指出了这一方向，这是我们研究的价值所在。

参考文献

［1］中共中央关于全面深化改革若干重大问题的决定［M］. 人民出版社，2013：16.

［2］Bourdieu，P.. "The form of capital"，In *Handbook of Theory and Research for the Sociology of Education*，ed. New York：Greenwood，1985：241－258.

［3］Putnam，R. D. R. Leonardi and R. Y. Nanetti. *Making Democracy Work*：*Civic Traditions in Modern Ltaly*，Princeton University Press，1994：36－73.

［4］Putnam，R. D. Bowling Alone. *The Collapse and Revival of American Community*，New York：Simon & Schuster，1999：203－204.

［5］张俊哲，王春荣. 论社会资本与中国农村环境治理模式创新［J］. 社会科学战线，2012（3）：232－234.

［6］Worldbank，（2004）. http：//worldbank. org/poverty/scapital.

［7］燕继荣. 民主：社会资本与中国民间组织的发展［J］. 学习与探索，2009（01）：60－65.

［8］刘媛. 浅析我国地方政府执行力的提升［J］. 淮海工学院学报，2012（4）：50－52.

［9］周国雄. 论公共政策执行力［J］. 探索与争鸣，2007（6）：34－37.

［10］魏静. 提升公共政策执行力的对策研究［J］. 黑龙江对外经贸，2008（11）：138－139.

［11］许菲. 浅析提高地方政府公共政策执行力［J］. 中共太原市委党校学报，2011（2）：47－48.

［12］周柏春. 提高公共政策执行力的思路选择［J］. 理论学习，2011

(5)：54－56.

[13] 胡象明，孙楚明．地方政府执行力弱化的新制度经济学分析 [J]. 深圳大学学报（人文社会科学版），2010（5）：71－75.

[14] 宁国良．基于公共治理范式的地方政府政策执行力研究 [J]. 湘潭大学学报，2007（3）：15－18.

[15] 陈伟．地方政府执行力：概念、问题与出路——基于公共精神和行政伦理的分析 [J]. 社会主义研究，2014（3）：68－74.

[16] 韩志明．街头官僚的行动逻辑与责任控制 [J]. 公共管理学报，2008，5（1）：41－48.

[17] 宋振全．政府执行力：全面深化改革取得成效的关键 [J]. 政策研究，2014（6）：77－81.

[18] 赵静等．地方政府的角色原型、利益选择和行为差异—— 一项基于政策过程研究的地方政府理论 [J]. 管理世界，2013（2）：96－106.

[19] 孟天广，马全军．社会资本与公民参与意识的关系研究——基于全国代表性样本的实证分析 [J]. 中国行政管理，2011（03）：107－111.

[20] 叶大凤．论公共政策执行过程中的公民参与 [J]. 北京大学学报（哲学社会科学版），2006（1）：64－69.

[21] 贺东航，孔繁斌．公共政策执行的中国经验 [J]. 中国社会科学，2011（05）：61－79.

[22] 鄞益奋．网络治理：公共管理的新框架 [J]. 公共管理学报，2007（1）：95.

[23] 薛立强，杨书文．论中国政策执行模式的特征——以“十一五”期间成功关停小火电为例 [J]. 公共管理学报，2011（4）：1－7.

[24] 李元珍．央地关系视阈下的软政策执行——基于成都市L区土地增减挂钩试点政策的实践分析 [J]. 公共管理学报，2013（3）：14－21.

[25] 金太军．从行政区行政到区域公共管理——政府治理形态嬗变的博弈分析 [J]. 中国社会科学，2007（6）：53－65.

[26] 叶大凤．论公共政策执行过程中的公民参与 [J]. 北京大学学报（哲学社会科学版），2006（1）：64－69.

[27] 周定财．乡镇政府执行力的提升与公众参与 [J]. 行政与法，2015（2）：1－5.

[28] 唐文玉．政府权力与社会组织公共性生长 [J]. 学习与实践，

2015 (5): 88 -94.

[29] 薛立强，杨书文．论中国政策执行模式的特征［J］．公共管理学报，2011 (4): 1.

[30] 方君实，商全红，李琼慧．我国小火电调研分析及建议［J］．中国电力企业管理，2006 (10): 49 -50.

[31] 温家宝．政府工作报告——2011 年 3 月 5 日在第十一届全国人民代表大会第四次会议上［N］．人民日报，2010 -03 -16 (1).

[32] 赵晓丽，洪东悦．中国节能政策演变与展望［J］．软科学，2010 (4): 29 -33.

[33] 王小兵，雷仲敏，李长胜．“十一五”时期我国中部地区节能减排政策推进实施的实证分析［J］．城市，2010 (3): 36 -41. “十一五”时期我国西部地区节能减排政策推进实施的现状及政策建议［J］．兰州商学院学报，2010 (2): 65 -71.

[34] 张坤民，温宗国，彭立颖．当代中国的环境政策：形成、特点与评价［J］．中国人口·资源与环境，2007 (2): 1 -7.

[35] 曾凡银．中国节能减排政策：理论框架与实践分析［J］．财贸经济，2010 (7): 110 -115.

[36] 荣敬本等．从压力型体制向民主合作体制的转变——县乡两级政治体制改革［M］．中央编译出版社，1998: 1.

[37] 朱光磊，张志红．“职责同构”批判［J］．北京大学学报（哲学社会科学版），2005 (1): 101 -112.

[38] 周黎安．转型中的地方政府：官员激励与治理［M］．格致出版社、上海人民出版社，2008: 89.

[39] 钱颖一．现代经济学与中国经济改革［M］．中国人民大学出版社，2003: 185.

[40] 王楠．我国关停小火电机组的形势分析［J］．电力技术经济，2006 (3): 17 -19.

[41] 赵小平．上大压小，加快关停小火电机组——国家发展改革委能源局局长赵小平就电力工业上大压小、节能减排工作答记者问［J］．中国经贸导刊，2007 (4): 32 -33.

[42] 朱娅琼．关停小火电是一场攻坚战——专访国家发改委能源局局长赵小平［J］．中国投资，2007 (12): 24 -26.

[43] 周国栋，李晓军．小火电何以似停非停？[J]．中国电力企业管理，2006（10）：45－48.

[44] 温家宝．政府工作报告——2007 年 3 月 5 日在第十届全国人民代表大会第五次会议上 [N]．人民日报，2007－3－17：（1）.

[45] 董于青．小火电屡关不停，数部委联合调研 [N]．中国工业报，2006－11－14：（B1）.

[46] 发改委：以强力手段关停小火电 [J]．电业政策研究，2007（1）：48.

[47] 方君实，商全红，李琼慧．我国小火电调研分析及建议 [J]．中国电力企业管理，2006（10）：49－50.

[48] 曾培炎：努力完成指标，淘汰小火电机组 5000 万千瓦 [J]．资源与人居环境，2007（02X）：12.

[49] 广东省小火电机组关停实施方案（粤府办〔2007〕28 号）.

[50] 湖南省发展改革委关于加快关停小火电机组实施意见（湘政发〔2007〕17 号）.

[51] 李强．小火电关停的“多赢阐释”——华电云南公司提前半年关停巡检司电厂 10 万千瓦小机组 [J]．中国经贸导刊，2007（16）：36.

[52] 薛立强，杨书文．当代中国政府间纵向关系的变迁：基于三组要素的分析 [J]．山东科技大学学报（社会科学版），2010（1）：60－67.

[53] 国家能源局．电力工业淘汰落后产能取得明显成效，“十一五”关停小火电机组任务提前完成 [J]．中国能源，2009（8）：5－6.

[54] 朱镕基．朱镕基答记者问 [M]．人民出版社，2009：371－372.

[55] 高培勇．中国税费改革问题研究 [M]．经济科学出版社，2004.

[56] 张德志．宏观税负税收弹性企业负担相关性实证研究 [M]．山东人民出版社，2008.

[57] 沈荣华，钟伟军．中国地方政府体制创新路经研究[M]．中国社会科学出版社，2009.

[58] 徐珂．政府执行力 [M]．新华出版社，2007.

[59] 李丽青．“企业研发费税前扣除”政策执行偏差的博弈分析 [J]．科技管理研究，2010（23）：222－228.

[60] 张正．企业负担明显下降，“四乱”现象大为减少 [J]．价格理论与实践，2007（11）：12－13.

［61］杨李．地方政府公共政策执行的制约因素及其对策［J］．西北大学学报（哲学社会科学版），2003（41）：81－84.

［62］宁国良．地方政府政策执行中自由裁量的价值选择［J］．求索，2009（5）：44－46.

［63］黄兴生．提升我国地方政府政策执行力问题研究［J］．中共福建省委党校学报，2006（12）：32－35.

［64］朱广忠．我国地方政府执行中央政策的主要特征［J］．贵州社会科学，2008（3）：11－15.

［65］韩启祥，王二林主编．天津滨海新区统计年鉴［Z］，天津市滨海新区管理委员会，天津市统计局内部资料，2000～2005.

［66］杜西平，王二林主编．天津滨海新区统计年鉴［Z］，天津市滨海新区管理委员会，天津市统计局内部资料，2006.

［67］杜西平，张锐钢主编．天津滨海新区统计年鉴［Z］，天津市滨海新区管理委员会，天津市统计局内部资料，2007.

［68］杜西平，宗国英主编．天津滨海新区统计年鉴［M］，中国统计出版社，2009～2010.

［69］宗国英，杜西平主编．天津滨海新区统计年鉴［M］，中国统计出版社，2011～2012.

［70］杜西平，张锐钢主编．天津滨海新区统计年鉴［M］，中国统计出版社，2013～2015.

［71］牧岩．天津滨海新区创新人口管理．滨海新区政务网，2013 年 1 月 3 日发布．

［72］张继明．市政府发出加快滨海新区发展的通知［J］．天津年鉴，天津年鉴编辑部．2000.

［73］张继明．综述天津滨海新区开发开放从城市战略上升为国家发展战略［J］．天津年鉴，天津年鉴编辑部，2006.

［74］朱春奎．政策网络与政策工具：理论基础与中国实践［M］．复旦大学出版社，2011.

［75］Kenneth Lieberthal and Michel Oksenberg. *Policy Making in China*: *Leaders*, *Structures*, *and Process*. Princeton, Princeton University Press 1988. p22.

［76］Sarah Eaton and Genia Kostka. " Authoritarian Environmentalism Undermined? Local Leaders' Time Horizons and Environmental Policy Implementation in China", *The China Quarterly*, Vol. 218, June 2014: 359 - 380.

[77] 王亚华. 中国用水户协会改革：政策执行视角的审视 [J]. 管理世界, 2013 (6): 61 - 71.

[78] 韩志明. 街头官僚的行动逻辑与责任控制 [J]. 公共管理学报, 2008 (1): 41 - 48.

[79] GeniaKostka and William Hobbs. " Local Energy Efficiency Policy Implementation in China: Bridging the Gap between National Priorities and Local Interests", *The China Quarterly*, Vol. 211, September 2012: 765 - 785.

[80] 彭彩霞. "政策组合" 视阈中的基础教育课程政策变革 [J]. 天津师范大学学报 (基础教育版), 2010 (2): 9 - 12.

[81] 薛立强. 政策组合理论及其应用 [J]. 理论与改革, 2011 (6): 91 - 95.

[82] 高效节能产品推广财政补助资金管理暂行办法 (财建〔2009〕213 号).

[83] 中华人民共和国国民经济和社会发展第十一个五年规划纲要.

[84] 实施 "节能产品惠民工程" 加快推广高效节能产品——国家发展改革委环资司司长赵家荣答记者问〔EB/OL〕. 国家发改委网站.

后　记

本书是在我主持完成的国家社科青年基金项目“我国地方政府执行力研究”（项目编号10CZZ029）结项报告的基础上完成的。在修改过程中，没有改变结项报告的观点和结构，仅调整了一下文字表述方式。

2006年中央提出提升地方政府执行力的问题以来，相关的研究更加深入，具体研究的问题包括地方政府执行力的概念、影响因素、绩效评估、提升路径等，但同时相关理论研究还不够深入、不够具体、对于实践的启发和指导意义还不够强。因此，为了进一步加强这项研究，本书的重点是加强对中国地方政府执行行为的理论总结与提升，以期形成具有中国特色的政府执行力理论，从而为指导地方政府的执行实践提供理论指导。通过研究地方政府执行力，可以探索优化政府政策制定的科学化、政策执行流程和人员配置的合理化的方法和措施，有利于提高地方政府的组织绩效。提升地方政府执行力的价值目标在于实现善治、推进国家和社会的和谐发展，最终实现国家治理体系和治理能力现代化。而要达到这个目标，离不开对政府与政府、政府与企业、政府与社会组织、政府与公众等关系的梳理。从理顺官僚制结构和构建协同合作的政策执行网络两个方面完善我国的政策执行模式，对于解决地方政府执行力不足的问题，有效提升地方政府执行力，无疑具有根本性的意义。当然，地方政府执行力的有效提升绝不是一蹴而就的，官僚制结构的理顺和协同合作的执行网络的构建都必然需要长期的过程。

本书在完成的过程中得到了课题组成员的大力支持。天津商业大学的薛立强副教授完成了第二章的写作。天津财经大学的刘畅副教授完成了第三章的写作。天津财经大学的闫章荟副教授完成了第四章的写作。我作为课题负责人和专著作者，对本课题和本书的结构进行了确定，在完成第一章、第五章和第六章写作的同时，对其他三章进行了统稿，按照既定的逻辑与研究思路对全书的文字表述进行修改，对另外三位作者的书稿进行了结构上的微调，以确保全书行文风格和逻辑结构一致。感谢他们三位在课题结项和专著出版中给予的支持与付出！

感谢我的爱人薛立强，他既是我生活中的伴侣，也是我事业上的合作伙伴，我们自1997年相识，共同经历了本科、硕士、博士的学习，共同结识了一批志同道合的朋友。作为同专业的科研工作者，在本书的构思、写作过程中，我们进行了无数次地讨论并在一些重要观点上达成共识。如对于中国政策执行模式的特征、政策执行的断裂带等问题的认识基本一致。感谢我们的儿子，他活泼可爱的笑脸以及他持久的专注力总是带给我无限动力，让我每天都能充实地工作，开心地生活！

感谢我的领导和同事给予我的大力支持与帮助。我所在的财政与公共管理系是一个和谐与充满干劲儿的团队，在全体老师的共同努力下，我们继承了优良传统不断创造佳绩，努力打造突出财税特色的公共管理学科与强调政府治理的财政学科。本书的出版即受到了黄凤羽教授领衔的天津市高等学校创新团队“天津市地方公共财政研究”的支持！

在研究和写作过程中，我引用了一些前辈、同行的研究成果和相关新闻报道中的资料与数据，并尽量一一注明出处，倘若挂一漏万，请予指正。同时，我国地方政府执行力作为一个宏大的研究主题，我深知在该领域还有众多需要进一步研究的问题，希望学界前辈、同行和政界的朋友们不吝赐教。真诚欢迎所有的批评、交流和建议！我的邮箱地址是 czysw@ tjufe. edu. cn。

杨书文

2017年3月8日